藏书家

BIBLIOPHILE

第17辑

主编 宫晓卫
执行主编 李国庆 王振良 袁鸿蕙

齊魯書社

目录

中国藏书文化研究散议

刘尚恒

昔年作《中国藏书文化散论》，首刊于《图书馆工作与研究》1998年第2期，讲的是藏书文化的意义，不意先后为《北京日报》（2001年7月23日）、《人大复印报刊资料》全文转载，再收入《中国古代藏书楼研究》、《二馀斋说书》（改题《中国藏书文化之三昧》）专著中，可谓颇具一定影响。当时还有作《中国藏书文化研究散议》的设想，愿就藏书文化研究中的一些基本理论问题作一探讨，无奈琐事猬集，心绪不整，一直搁置下来。今逢《藏书家》再度复刊，承李国庆先生之邀，故以此题相呈，把我的一些不成熟想法写下来，抛砖引玉，供同好和同行们讨论，并希望就一些基本理论问题达到共识。

一、藏书家概念限定

中国藏书历史源远流长，春秋时代即已滥觞，唐代印刷术的发明和运用，促使社会书籍大量方便产生，藏书文化初步形成，至宋代有了完整藏书文化体系，明清发展至鼎盛，近现代迄今仍传承不衰。“藏书”一词本意就是书籍的收藏，最早见于《汉书·艺文志》，谓汉孝武帝“建藏书之策，置写书之官”。而“藏书家”一词出现较晚，以笔者所知，最早见于南宋叶梦得《过庭录》，云：“公卿名藏书家，如宋宣献、李邯郸，四方之民如亳州祁氏、饶州吴氏、荆州田氏等，吾皆见其目，多止四万卷。”（《文献通考·经籍考》卷一）将宋绶、李淑以及祁元振、吴与、田伟等列为藏书家（宋代私人藏书家据统计多达近千人），明清之后，称藏书家者指不胜屈。

然而什么是藏书家，即藏书家的概念是什么呢？文献中并无确切记载，更谈不上有确定的标准。记得1996年12月在天一阁建阁470周年学术讨论会上，与会者谢灼华、黄宗忠、徐雁、田涛、骆兆平、顾志兴、范凤书等当代名家讨论了这一问题，围绕“家”一词各持所论，并未形成统一认识。

清代乾隆时开四库馆，征集天下遗书，命各省督抚、学政采进私家藏书，以彰千古同文之盛。乾隆三十九年（1774）七月二十五日上谕指出：“其一人而收藏百种以上者，可称为藏书之家。”（《四库全书总目》卷首）此若以藏书量百种为限，未免失之太宽，若以进呈百种宋元珍本善本书而言，则未免失之过严。

这里我还想到一个故事：清末淮军将领刘秉璋到同僚张树声家谈及家藏书事，树声之子问刘家有多少宋元善本书，刘一时语塞，答不上来，于是树声之子鄙夷地说刘算不上藏书家（见《苌楚斋随笔》）。以所藏宋元本书为标准，显然行不通，即使明清时代也找不出几个，近现代更不用说了。陆心源皕宋楼，号称两百部宋版，实际也只有一百多种，清代皇家的天禄琳琅，汇集历代内府遗珍和私家藏书之精华，然所著录的宋版书，其中也不乏大量的误明刻，甚至清刻的赝品（参见刘蔷《天禄琳琅研究》，北京大学出版社，2012年9月）。

或曰藏书家是“指私家藏书的开创者或私家藏书的传人、皇家藏书的管理者于藏书事业作出贡献的人”（《中国历史藏书论著读本》第7页，四川大学出版社，1990年7月），这显然也不能成为藏书家的概念。前者空泛无实际内容，后者则属于今日之各级图书馆工作者，这些藏书的典守者，在古代都有特定的史官职名（如史监、孔目等）。老子为周之柱下史，即国家图书馆馆长之类，然凭此不能断老子为私家藏书第一人。

概念是事物本质属性的表述，必须找出藏书家的本质属性，方可定概念。藏书家的本质属性应是“收藏”二字，这如同丛书的本质属性在于“书的汇集”一样，考察某人是否属藏书家，就是考察他是否有收藏意识。为此，我不揣浅陋提出：藏书家应是指有明确的鉴赏、阅读目的，且具一定规模的图书收藏者。这里的“图书”是广义的，它包括字画、碑帖等。明代项氏天籁阁中藏名家书画甚多，清代叶昌炽、近代缪荃孙所藏碑帖也夥。至于“一定规模”，应以时代、地域而异，难以用数字来确定。这里宜粗不宜细，然而文献记载中“沉湎书籍”、“酷嗜文史”之类人，应不属藏书家之列。至于书肆、书店等书业藏书，应纳入图书的流通环节，虽属于藏书文化研究范畴，而其主人不能简单地通称为藏书家，因为店主们的收藏目的在于转卖。

二、藏书家的类型

历史上藏书家数以万计，且各具个性。明代胡应麟将其分为好事家和赏鉴家（《少室山房笔丛·经籍会通》），清代洪亮吉分为考订家、校雠家、收藏家、赏鉴家、掠贩家（《北江诗话》），清末叶德辉据洪说修订为著述家、校勘家、收藏家、赏鉴家、掠贩家（《书林清话》），近代缪荃孙分作赏鉴、收藏两类（《古学汇刊序目》），今人程焕文归纳为学问之藏书家、收藏之藏书家、掠贩之藏书家，又依据对藏书的流通态度提出“开放派”和“保守派”两类。

上述这些分类都有一定道理，却又失之有偏。纵观历史上藏书家都与学术文化事业密不可分，同时身为著述家、书画家、考订校勘家者所在多有，很难具体确定为何种类型，因此这些分类并无多少实际意义，譬如黄丕烈，说他是收藏家、赏鉴家，他酷嗜宋版书，有“佞宋”之称，士礼居藏书声满天下；说他是考订校勘家，他的《士礼居丛书》声名卓著，他考订的《战国策》中“触龙言愿见太后”而非“触詟愿见太后”，为1972年发现的山东银雀山竹简证实；说他是掠贩家，他确实在苏州开设“滂喜园”书肆，既卖自刊自藏书，也卖“故家以书籍来售者”。这种从藏书利用上划分类型，确实很难将他们分开。因此我们不妨从其他角度来考虑藏书家类型，如：

从藏书家的身份上可分官宦之家（文官和武官）、士子之家、释道之家等；从地域上可分为全国性的藏书家（如皇室内府、国子监）、各省地县的藏书家等；从时代上分为通代性（如延续数世的藏书世家）、断代的（各时代藏家）等。从藏书隶属上分为官府（从内府到府县衙门）、书院（从国子监到府县学）、寺院（释道寺观）、私家（从官宦到士子）、家族（祠堂、义塾）、社团藏书等。

从藏书隶属上分类，前四类广为人们认同和注意，后两类却不为人们认识。所谓家族藏书，是指某一氏族共同集资、共同管理、共同利用的藏书行为。发轫于唐，兴盛于明清（尤兴于明代大兴祠堂之后），如阳湖孙氏祠堂、高邮胡氏家祠、泾县朱氏培风阁、绩溪胡氏世泽楼等，既不属官藏，也非纯粹的私家，与书院、寺观也无涉。其中朱氏培风阁最为典型（参见拙作《家族藏书重教与家族人才成长——清代中期泾县朱氏培风阁藏书》，载《图书馆工作与研究》2001年第6期）；社团藏书为某社团集资购书、管理，供本社团人员利用的藏书行为，如商务印书馆的涵芬楼。

至于程焕文先生从藏书流通的态度上区分为“开放派”和“保守派”两类，也似乎很难说清。我国私家藏书固然有“鬻与借人为不孝”的保守派，也有“不吝假借”，供乡里士人、贫困学子借读的（甚至为之提供食宿），还有提倡“散书论”（袁枚）和“儒藏说”（周永年）的，更有灵隐书藏、焦山书藏之设，直至清末绍兴徐树兰的古越藏书楼，开近代图书馆之先河。更多的藏书家其藏书供本人、子侄弟子、良朋好友借读，可谓半开放派。对于古代藏书流通，我们不应以近代的流通方式手段来要求、苛求古人。

三、中国藏书文化的优良传统

历史上数以万计的藏书家，他们的藏书历程各不相同，学行有别，然而大多数藏家所走的路子是相同的，并逐渐形成中国藏书文化的优良传统，这就是聚集、校勘、刊印。兹略作分述如下：

一、聚集：藏书家首先是聚集图书，虽然各人身世、经历不同，而聚集图书的方式不外乎购、抄、换、获赠四种形式（或曰手段）。

（一）购：以自己的俸禄或家产，节衣缩食、典当、借贷四方购求图书，乃至因此致贫潦倒，所谓“黄金散尽为收书”即道其状况。

（二）抄：印刷术发明和运用之前，人们只能靠手抄来获得图书，印刷术发明和广泛运用之后，对于无力、无从购得的图书，特别是孤本、珍善本，也只能依靠手抄，同时手抄可以加强记诵。为了抄书，他们不论酷暑严冬，晨昏不辍，十指如槌，目为之眚。为此对心仪久之的图书，朱彝尊不惜被罢官，还有的人家贫无力，靠抄他人书成“家”的（如吴翌凤），而明末毛晋开创的影抄（毛抄），则声满天下，被誉为下原书一等。

（三）换：以田地产、贵重物品（珠宝首饰）乃至心爱奴婢去换他人图书，如明代王世贞以一庄园换宋刻两《汉书》，清马思赞以十亩地换宋刻《陆状元通鉴》，明朱大韶（一说朱承爵）以家中美婢换宋刻《后汉纪》，清陆深以手抄本换刻本等。

（四）获赠：文人之间友谊笃厚，以图书相互馈赠，如宋井度赠书于晁公武，明代杨循吉提出“朋友有读者，悉当相奉赠”，清李延昰赠书朱彝尊，顾湄两赠宋刻本《陶渊明集》给钱曾。还有更高规格的朝廷颁赐书，如明代藩府中的“御书楼”、“赐书楼”之类，又四库馆时马氏小玲珑山馆、范氏天一阁、汪氏飞鸿堂、鲍氏知不足四大家获赠《古今图书集成》、《佩文韵府》等。

此外还有巧取豪夺者，如宋之郡守陈规、奸相之子秦熺夺王莘、王铚父子藏书，明代千夫长汪六水夺项氏天籁阁藏书，奸相严嵩夺四方宋元版本甚多，清丁日昌以苏松太道之官威夺郁氏宜稼堂、顾氏艺海楼藏书。这些巧夺者只是为显富斗奇，将书当做“古董”，既不去认真校读，也不从事刊印传世，除了客观上保存典籍之外，实在没有什么作为，如丁日昌的《持静斋藏书纪要》乃出自莫友芝代编并序，他的《百兰山馆藏书目录》也是林泉达代编并序的，这些另当别论。

二、校勘：藏书家聚集众多版本图书，常以各本之间的文字差异对勘校订，纠正原书中脱漏衍误、鲁鱼亥豕之说，包括书名、作者、内容、版本的考订，形成校勘学，这不仅大大提高了文献质量，而且为后人提供阅读方便。

三、刊印：藏书家刊印书大抵有三类：一是通过阅读形成自己的著述，历史上藏书家几乎都是著述家。二是将自己珍藏的孤本、珍善本刊印传世，化身千百，使罕见之物成为常人易得之物。三是利用自己丰富的藏书编纂、辑佚图书，官府如此，私家也如此，如清代朱彝尊的《词综》、钱谦益的《列朝诗集》、马国翰的《玉函山房辑佚书》等，皆因此而出。

中国藏书文化优良传统沿袭千年之久，直到近现代的藏书家们仍坚持这一传统（如周叔弢、徐乃昌、刘世珩等）。到了当代，由于时代变迁、书籍产生的变化，这一传统被打破了。他们只注重“聚集”，而“校勘”、“刊印”则少见了，可是藏书的路子却大大拓宽了（如连环画之类的新品种收藏）。从总体上说，藏书文化的研究方兴未艾，大有可为。

四、藏书文化研究对象和内容

藏书文化是研究历史上各类官私藏书事业，探讨其规律和特点。它的内容十分广泛，我粗拟出以下几点：

一、藏书与各时代、各地域的政治、经济、军事关系，即时代与地域的特点；

二、藏书与各项文化事业密不可分的关系；

三、藏书与藏书家的概念、类型、传统、历史演变；

四、图书的产生（出版、刻工）、流通（旧书业的兴衰）、收藏三个环节；

五、藏书家生平事迹，其聚集、校勘、刊印历程；

六、藏书传递原委；

七、藏书印鉴（名章、闲章）研究；

八、藏书文化的比较研究（时代、地域，中国和外国）；

九、藏书楼的选址、建筑、管理制度、命名研究；

十、藏书家个体与群体研究；

十一、各类专题藏书研究（如清宫、天禄、七阁等）；

十二、通代和断代、全国性和地域性藏书研究等。

中国藏书历史悠久。季羡林先生说过，中国是一个爱读书、爱藏书的国度。而藏书文化研究却远远落后于此，虽然自《汉书·艺文志》以来，历代艺文志、经籍志都有藏书事实记载，宋以来的笔记杂著也屡有记录，然而作为一种文化现象来研究，只能从明代祁承㸁的《淡生堂藏书约》算起，时间不过三百年之久，自从叶昌炽的《藏书纪事诗》出，藏书研究大兴，各类著述涌现，人才辈出。改革开放三十年来，各项事业欣欣向荣，宽松的政治环境保障了各项研究事业蓬勃开展，尤其近十馀年来，藏书文化作为传统文化中的热点，研究状况如日东升，大量的藏书文化的论文、专著出版之外，还有专门性丛书出版，如《书林清话文库》、《观澜文丛》等，有了全国性的通史《中国藏书史》、《中国藏书楼》、《中国私家藏书史》等，地域性的如浙江、江苏、山东、山西、广东、安徽等省级藏书史以及常熟、宁波、南京、苏州等地市级藏书研究，更出现一批有相当学术水平的中青年研究者，这其间徐雁先生可堪称当代中国藏书文化研究的领军人物。琳琅满目、美不胜收，然而也毋庸讳言，综观当前的研究还是缺乏深度，如个体研究多，群体研究少，一般介绍评述的多，专题和比较研究的少，缺乏把藏书文化放在特定的时代、地域背景下研究与其他事业的关系。三十年前，徐雁先生在《中国历史藏书论著读本》序言里，引用范文澜先生提出的“直通”、“旁通”、“会通”的史学思想，在藏书文化研究实践中依然少见。中国藏书文化研究大有可为，大有拓宽和加深之必要，我寄厚望于未来者。

蒋光焴千里护书

金晓东

在国家图书馆善本书室琳琅满目的典藏之中，有一宗来自浙江海宁硖石镇衍芬草堂的藏书，其中有宋小字本《晋书》、存世孤帙宋本《律》、北宋刻南宋补版《后汉书》、宋绍兴两浙东路茶盐司本《外台秘药方》、南宋本《通典》、平水刻书代表作《重修政和经史证类备用本草》、明弘治十四年（1501）涂桢刻本《盐铁论》等。这些珍本经历数百年，仍被完好保存并最终归公，这都要得益于它们的主人——藏书家蒋光焴。

蒋光焴（1825—1892），字绳武，号寅昉，亦号吟舫、敬斋。海宁硖石镇人。自其祖父开始藏书，历经三代，积数十万卷。清咸丰末，太平天国兵临江浙，蒋光焴携书溯江而上，远赴武昌以避战火，同治三年（1864）方转运回乡。江浙一带藏书大部分被毁，而衍芬草堂所藏幸得保全，蒋光焴可谓功不可没。清代张裕钊在其文集中谈及此事：

> 海宁蒋君寅昉好读书，藏图籍数十万卷，其笃好之深，殆非世人所能易也。遭粤贼陷浙东，西出走海上，溯江以至于楚，转徙江汉之间，然必以其藏书自随，不少时委去。盖好之至于此。（张裕钊《濂亭集·文集》）

然而，蒋光焴当年护书始末相当曲折，既非寥寥数句可以概括，亦非某些文章所言光焴仅凭私己之力将书籍搬上舟车。笔者有幸结识蒋光焴后人，得闻其千里护书始末之详。

咸丰十年（1860）四月，太平军直逼嘉兴，海宁屡有警报，蒋光焴携家渡江至绍兴寿胜，仓皇避难之际，他并没有置藏书于不顾，而是安排专人留守看护，但事态发展却超乎预料。蒋光焴走后，护书人便频繁通信汇报硖石的情况：

> 不料硖石竟遭如此大劫。廿九日王店失陷，初一日屠殿寺失陷，初二日路仲亦陷，初三日寅前至硖，初七日早上退出镇上，焚去半镇……内屋烧去两埭及茶炉子间，其馀五研斋、衍芬草堂一直至后皆不动，惟墙壁坍倒数壁……晚等初三日午前，见火烧冲天走出。现在土匪甚多，乘机抢劫，不可言状。（浙图藏清人信札）

社会混乱，院落被烧，土匪增多等信息，使远在浙东的蒋光焴寝食难安，最终他决定在兵祸尚未殃及藏书之际迅速转移：

> 思不群斋书籍，初八日皆已装赴澉山。衍芬草堂楼上之书并画包十馀个，六月间寄予萧田张福元家楼上固□锁好，此次同归南山矣。（浙图藏清人信札）

衍芬草堂内宋元本置于二楼，明本、抄校本、善本则存于楼内思不群斋中（陈从周《海宁蒋氏衍芬草堂藏书史与藏书楼调查记》），这些藏书都被蒋光焴派人分批转移：宋元本先于六月移出，八月又与思不群斋藏书一同运往澉山。历史很快证明蒋光焴的明智，因为其从兄蒋光煦（1813—1860）的别下斋藏书，就在此时惨遭焚毁：

> （八月）初五。晴。贼焚硖川东南湖大街，生沐、寅昉之居俱成灰烬。又至路仲，掠富室数家而去。未几官兵又至，掠贼所遗。兼土寇纵横，莫能抵御，以至十室九空，立锥无地，痛何如之。（管庭芬《芷香日谱》）

别下斋与衍芬草堂比邻而建，早年都是当铺仓库，墙基异常牢厚，时蒋光煦携家避难于桐乡，把藏书匿于墙壁夹层之中，虽安排专人看护，但无法避免楼毁书亡的结局，大量善本、书版毁于一旦。蒋光煦不久便在悲愤懊悔中辞世。

衍芬草堂藏书被转移至澉山，山中有蒋光焴另一座藏书楼——西涧草堂。西涧本是蒋家丙舍，咸丰七年（1857）修葺后，专门存放蒋氏先人藏书，戴熙曾为绘《澉山检书图》，钱泰吉、邵懿辰各作《图记》。西涧草堂枕山面湖，人迹罕至，匿书墓庐，足见蒋光焴用心良苦。

咸丰十一年（1861）三月，太平军占领澉浦。有位叫朱嘉玉的秀才，避难溆山，无意间发现西涧藏书因事态紧急凌乱堆放，出于读书人对传统典籍的认同感，朱嘉玉开始义务检理书籍，悉数登录，写成《西涧草堂书目》：

箧者、椟者、囊者、束者，纵横纷沓，莫可寻览。既移榻展席，相与排比整齐，签别而簿录之……近东南数千里，半罹兵火，自金陵、维扬以迄吾郡，储藏之家，汗牛充栋，贼所过拉杂摧烧，甚或投诸粪秽，至惨且毒。独主人深匿重闭于萧条寂寞之滨，安然无恙。而予与二三好事，犹得于患难之馀，读未见书，消遣世虑，岂不幸哉。录草目毕，爰书此谂草堂主人。（《西涧草堂书目识语》）

《书目》编成后，朱嘉玉请人转交蒋光焴，并与其友张鼎（字铭斋）每日清点、保护书籍。不久太平军多次入溆山，西涧草堂也陷入危境。咸丰十一年（1861）夏，蒋光焴再次转移藏书。为防不测，钱泰吉帮助联系海盐官吏，为移书寻求保护：

令亲钱兄来，接奉惠书……承示尊处书籍移往绍兴，属为拨差护送。兹晤星海兄谈及，仍附便舟前往，当与护照，并知会防海各船，俾有照应，自可一帆直达，无虑阻滞。乘便肃复，即颂旅安。（蒋鹏骞《故交遗翰·申祐卷》）

期间，蒋光焴共两次取书，计五十馀箱，近万册。九月，太平军占领余杭，移书被迫中止，此时西涧草堂尚有近半书籍未取。蒋光焴由绍兴赴宁波，宁波是对外通商口岸，他认为太平军会对洋人有所忌惮，不料战火如影相随，因又于十月间携书乘船至上海。十一月底，太平军逼近上海，蒋光焴立足未稳，不得不为全家二十馀口和万册藏书再次寻找退路。咸同之际，上海集中了大量难民，争相由港口走水路到后方避难（于醒民《上海，1862年》），蒋光焴的困窘亦可想而知。

就在蒋光焴一筹莫展之时，浙江人周腾虎（字弢甫）为他提供了重要帮助。蒋的挚友邵懿辰一直被曾国藩奉为师友，十一月杭州城破后邵氏失踪，曾一直托人寻找下落。恰好周腾虎受曾的委派至上海催办军饷，于是以委托蒋赴皖报告兵情为由，安排其全家携带藏书乘洋人轮船赴安庆。由于安庆之战刚结束，蒋光焴实际并未赴皖，而是转赴湖北，腊月二十八日到达汉口，历七天，经四省，行程数千里。具体路线为：上海—瓜步—仪真—金陵—芜湖—大通镇—九江—汉口：

周君弢甫，适抵沪壖，相逢道故，承为作书通姓名于左右，并属光焴先游皖会，略述浙中糜烂情形，冀达钦帅。弟亦思一睹官仪，不啻再见天日。无如亲弱上下二十馀人，不能暂泊，舟行若驶，竟达汉皋。（蒋光焴《敬斋杂著》）

翻开地图，谁都会惊叹蒋光焴当年所走的那条蜿蜒曲折的路线，除了大量藏书要在水上漂泊之外，更危险的是轮船必须通过太平天国首都金陵：

自此而上，沿江贼卡直接石头城外，两岸壁垒夹峙，旗帜密布，洋人关舱，禁人眺望。江中舟楫往来，操舟者发长如女子，皆我赤子也……江面最狭之处，洋船去岸不过数丈，一线咽喉，为其所梗，上下游不能通贯。（《敬斋杂著》）

字里行间都透露出身处险境的复杂心情。到达汉口后，由于难民众多，蒋光焴的书籍无处存放，只好转赴武昌。在周腾虎、杨象济介绍下，蒋结识了湖北督粮道张曜孙。张对这位不避风险携书而至的藏书家照顾周详，也颇愿一观蒋氏清秘，其中一部《肇域志》抄本，引起了张曜孙的浓厚兴趣：

亭林先生《肇域志》，德清许积卿驾部所藏。余少游北地，浙中仅一至，未得见也。亡友刘廉方曾见之，为余言。咸丰辛酉，秀水杨利叔又言，海宁蒋寅昉评事抄录一本。是年腊月，寅昉避寇乱，由沪上来鄂，赁宅武昌城中，与寓馆望楹，乃得识寅昉，出是书读之。书凡百馀万言。（张曜孙《肇域志序》）

张、蒋志同道合，相约刊刻此书，以终亭林之愿。不久张奉调上海督办税务，有意聘请蒋为其助手，故两人同赴安庆，面见曾国藩：

同治元年壬戌。侨居楚省。三月，谒曾爵相于安庆省城，从张曜孙观察之约也。仲远先生以中堂之命，筹饷于沪，招光焴司笔札，以六十金为聘。（蒋光焴《庚实斋读书年月谱》）

同治元年（1862）三月廿七日，曾国藩日记云：

早饭后清理档。旋至城外看亲兵营操练。巳正归。见客四次。吴桐云与杨

利叔、蒋寅昉坐最久。未初请张曜孙仲远中饭，申刻散。（《曾国藩全集·日记》）

曾国藩询问了蒋光焴护书经过和邵懿辰的下落，又为蒋氏题写楹联“虹穿深室藏书在，龙护孤舟渡海来”以示表彰，鼓励蒋氏将藏书多刊布于世（查燕绪《外舅寅昉府君行状》）。蒋光焴本计划与张曜孙一同返沪，然后找机会到澉浦转移尚存藏书，但最终决定留在武昌照看家人与藏书：

光焴孤踪，初欲由皖至沪，一省海滨坟墓，兼为收合海滨旧藏书籍。比闻江南日促，浙路日梗，乡僻不免间道难行。因辞观察之招游，还做慈闱之侍奉。中途迫骇涛，他游亦倦，遂即溯江抵鄂。水陆粗安，足纾垂廑。（《敬斋杂著》）

虽然决心留在湖北，蒋光焴依然惦念着浙江的藏书。咸丰末年，太平军攻陷澉浦，朱嘉玉、张鼎仍居山中，看护西涧藏书，其后朱嘉玉赴死于战火，保护藏书的责任便落到张鼎身上。同治元年（1862）春，张鼎致函蒋光焴：

鼎伏处山谷，隐忍偷生，无颜再与士君子相接……尊祠书籍，迭经两次来取，尚多佳者。现在各处庙宇拆毁，深恐波及祠内书籍，能尽取为妙……嘉玉于辛酉冬代兄受虏至奉贤，设法获出两侄以后，杳无信息。料其平日自处，殆捐身矣。（《故交遗翰·张鼎卷》）

蒋光焴积极与亲友联系，商议再次转移西涧草堂书籍，最终拟定请张鼎转移藏书：

现拟暂缓遣人入山，先将尊函寄致铭斋，属其先往澉祠一看，如果所剩无几，即烦其检齐带沪，川资一切，当为应付。倘果无缺失，或所失不多，亦请铭斋先为检点开单，一面函致兄处，赶觅妥人往取，铭斋即偕同照应出来。当于浦东择一善地，租屋数间，安放书籍，即请铭斋安研其中，甚属妥洽……将来楚中书箱寄回，亦存铭斋寓中，托其照应。（《故交遗翰·沈玮宝卷》）

同治元年（1862）七月，在沈玮宝照应下，西涧草堂中部分藏书，被张鼎转移至上海：

鼎蒙仁人再三提携，于十月廿六日奉老母率妻子出门，至十一月初六日抵沪……现寓三吟堂，可纾廑念……尊茔松楸已多毁伤，书籍亦难以收拾，此鼎极疚心之事，下笔泚颜，如何如何。（《故交遗翰·张鼎卷》）

然由张信可知，西涧草堂藏书未尽数运沪。但蒋氏所藏善本，基本得到了保护。同治二年（1863），张鼎回澉浦，仍然看守西涧草堂，此时草堂内尚有书籍：

所谕三书，《三鱼堂笔记》未见；《杨园先生集》旧在第二号大书橱内，似辛酉秋间已取去；中统《史记》，忆去岁携至上海，蔼孙兄有目寄上，务望一查。兹将原目一本及《海宁备倭始末》一本附上，舍下尚有江晋三《音学》等书，迟日奉缴。（《故交遗翰·张鼎卷》）

由此可以断定，蒋光焴衍芬草堂、西涧草堂藏书，在咸同年间分储于三处：一半在湖北，一部分在上海，另一部分在澉浦西涧草堂内。

蒋光焴在湖北，保护家人与书籍仍很难，时有危险出现。同治元年（1862）秋，捻军忽然直奔武昌。蒋光焴携藏书乘船在江上漂泊旬日，一时竟不知再逃往何处：

不意至于秋，而捻逆南扰，及于光黄之间，先生即迁于江舟，至湘至皖，未能遽决，遂在汉口且谋卒岁。及癸亥春，而仍还武昌。（查燕绪《外舅寅昉府君行状》）

湖北当地官员，遵照曾国藩命令，对蒋光焴的家人与藏书多留心保护：

中丞适来，属言奉候，并云汉镇断无可妨，且贼已向西北回窜，请阁下安心镇定。中丞于我公极为关切，断不相诳也。如赐回音，请提及中丞，谢其关注，以便转呈。（《故交遗翰·宗景藩卷》）

蒋光焴居停湖北三年，经由多方关照，妥善保存了藏书，并与张裕钊、汪士铎、周寿昌、莫友芝、张文虎、严树森等文人交游唱和，合作刊校《蓬莱阁诗录》、《忧行录》等书，尽到了一名藏书家的职责。

国人敬天法祖，安土重迁，蒋光焴亦不例外。同治三年（1864）六月十六日，金陵收复。消息传到湖北，蒋光焴决定回乡，张裕钊作《赠蒋寅昉序》

为其送行。蒋氏由汉口出发，登上返乡之路，然而烽火初歇，漫漫长途，护送藏书，实属不易，历时两月，才抵达海宁硖石镇。返乡之后，蒋光焴尽其所能，参与了一系列拯救文化的工作，如利用衍芬草堂藏书帮曾国藩查找战后遗书，为金陵书局翻刻图书提供底本，参与杭州八千卷楼主人丁丙补钞文澜阁《四库全书》活动，刊刻《孟子要略》、《说文解字注》等，洵为清代私人藏书家典范。

蒋光焴千里护书一事意义重大，不仅使大量典籍免于战火，还抢救了大批濒临绝灭的珍稀版本，除《晋书》、《后汉书》等宋元刊本外，清人《肇域志》、《国榷》、《礼经通论》、《尚书通义》、《蓬莱阁诗录》、《甘泉乡人稿》、《北堂书钞》等珍贵稿本、抄本，以及《别下斋丛书》、《涉闻梓旧》等遭毁板的稀见丛书，均被蒋光焴历尽劫波保存下来。此后一百馀年中，虽有数次社会动荡，蒋氏后人始终竭力保持藏书不散，六世薪火传递，最终慷慨归公，成就了中国私家藏书史上一段佳话。

—新书架—

清代笔记丛刊

【清】刘献廷等著　16开　精装　4册　1280.00元

ISBN 978-7-5333-0691-5

本书收录清人笔记著作41种，是了解清人笔记概貌以及清代名人轶事、历史琐闻、典籍掌故、社会风俗的必备图书。

侨居济南的藏书家柳堂

李关勇

柳堂，字纯斋，别号勖庵，河南扶沟人。祖籍陕西朝邑，后迁河南扶沟。道光二十三年（1843）十一月二十六日，柳堂生于扶沟县吕潭集。幼而好学，同治元年（1862）考取秀才，同治十二年（1873）癸酉科拔贡，是年联捷中举，后教读近二十年，光绪十六年（1890）庚寅会试举进士，以知县分发山东，光绪二十一年（1895）署任定陶知县，次年补惠民知县，二十七年（1901）二月，任东平州知州，二十九年（1903）四月，调德平，三十年（1904）六月，复任惠民，三十一年（1905）正月，调乐陵，三十二年（1906）五月复任惠民两次，三十三年（1907）四月，调牧济宁直隶州，三十四年（1908），以新政急迫，不能尽职，再改任章丘，不愿赴任，请求告老，入居济南城西第二虹桥寓所。柳堂宦游山左近二十年，所至有声，民国《德平县续志》、民国《惠民新志》有传。清亡后，每日与诸位遗老徜徉于诗酒之中，并自称亡国大夫，柳堂曾曰："吾将老死圣人之乡。"果然，柳堂侨寓济南不归，民国十八年（1929）春无疾而终，享年86岁，归葬桑梓河南扶沟县吕潭集。

柳堂聚书纪略

柳堂生于一个亦商亦农的家庭。其父柳相林，自幼父母双亡，因而读书不多，后业于商，却耻与市侩为伍，喜与文人交往，探究儒术，且爱书法，抄书临帖，少有宁日。稍有馀资，收图籍，莳花木，尤喜读劝善诸书。柳堂家自其父辈时已有藏书，但多劝善之类。

柳堂八岁束发入学，年二十补博士弟子员，二十五岁开始教读生涯，三十一岁中举人，四十一岁主讲莲溪书院，历时五年，诗友唱和，为其教读生涯的至乐时光。四十八岁中进士，分发山东，之前岁月，柳堂忙于教书、科考，尚无聚书雅兴。分发山东后，官缺少而候官多，正如柳堂给友人信中所说："即用三十馀人，庚辰科尚未补到，挨次轮补，约在二十年外，若酌补到省，四十五日即已合格，然非大有力者不能。"柳堂以随时听差所发补贴养家糊口。光绪十九年（1893），应齐河堤工局总办、同乡叶雨存之邀，为其管理收支。在此期间，柳堂坠入书网中，即如他给项城好友马秀芝信中所述："弟到东后，锐意作官，不复留心典籍，虚掷光阴已三四年。自去岁购得前明《忠义别传》，随笔批点，每传后为作韵语一篇，不拘格律，大抵古体多而近体少，以便于叙述故也。刻尚未完卷，然以此触我痴情，爱书成癖，每遇书贾有一名集，或于书目见此书，购之不得，如有祟然，入我梦寐，驱之不去。近日所积已不下百馀种，而负债亦往往为此，余是以有'家贫总为贾书多'之句也。"

柳堂除从书商处购书外，还到处托熟人购书，如他写信托马秀芝购书，信中道："爱前人名集如拱璧，非读之终篇，不能释手，物聚于好，近来裒集已不为少。查《粤西文、诗、丛载》一书，系国朝汪森官桂林时所编，谢启昆《通志》亦有名，如能代购，顺便掷我，以偿夙愿，则所感当不啻助予改省已也。《山东通志》成，当有以报之。"不久，又函马秀芝："前函托购之书，如能寄到，胜以千金助我矣。"

他还托山东地方官在地方为他搜求图籍，如他致信新城县令史恩培道："经史汗牛充栋，既学不胜学，周秦诸子又未易晓，乃降而搜求各集，而各集亦搜不胜搜，又降而搜求山左各集，盖作齐鲁官，当知齐鲁故实，且文献所关亦非浅鲜。近来搜得数十家矣，而渔洋大集，所传者只三十六种。昨购新城张汉渡《白云山房集》展读，有与诸城李雨村书，中言山人著作甚详，谓三十六种外尚有已刻者若干，未刻者若干，未审汉渡后裔又是何人？与绅董晤可一一问之。表扬先贤，邑大夫之责，且亦风尘吏一雅事，贤如执事，必乐为之矣。再省城购《渔洋全集》，颇不易易，乃零星收买，已有二十馀种，所未得者开单附呈，祈留意焉，并节录张汉渡书，如能照购，书值少昂，无妨也。不胜盼望之至。"他还致信潍县令王天培："弟近有书癖，又爱搜山左著作，查潍县刘氏有《山左古文钞》，并自有著书，一时不忆其名。晤潍县诸生，知板在城内，尚属完好，想必有印成者，祈代购一部，顺便掷下，以慰渴怀。书值如数寄呈，不胜翘企之至。"柳堂聚书，还有一志向在，即编成《山左文献大观》，以资世人，如他致信东阿令张世卿道："弟照旧赋闲，无善可述，惟爱书成癖，债已累累，而搜求仍未能已。东坡谓：'搜检名人字画等件，亦玩物丧志事。'初不解其语，乃今而知其言之非妄也。盖欲得此书几至形诸梦寐，得而读之，又至寝食俱忘，非丧志而何？东坡至晚年方看得开，弟兴致方浓，不知何时了却此癖也。查东阿前明刘隅者有《范东集》，于文定慎行及其弟慎言者有《谷城山房集》、《庞眉生集》，未知犹有存者否？见绅董时，可留心问之。至本朝，想亦著作有人，但系山左人手著，无论经史子集，俱代为购之。购得多时，弟欲汇为一集，以为山左文献之大观，然此等事无官绅中好事者助之，恐未能成，亦聊存此志，以待将来耳。"

光绪二十一年（1895）九月，受巡抚李秉衡的提拔，柳堂署任定陶县，走上了真正的宦途。由于直接与民间接触，加之有稳定的收入，聚书的机会较前更多。如其知东平州时，曾为本州龙山书院购书，可见当时民间存书尚多。龙山书院院长，为聊城傅斯年之父傅旭安，曾在国子监南学充学长多年，主龙山书院时，设策论课，开风气之先，且其本人藏书甚富，生童受益良多。然书院藏书少，生童等深以院长去后无书可读为虑，于是柳堂决心捐廉购买。其后，柳堂买了一批书，并记录了这次购书的经过："适有人持肥城故家书单求售，且云仕宦之后，家道中落，只剩此物，与变价稍值地亩为老幼生活计。卑职阅单，多经史子集，中应用之书，虽间有残缺，然读书与藏书不同，断简残编，皆足资益，惟所开价，较书肆奚啻倍之，而又不忍过为贬损，乃与购书之中寓济贫之意，以京钱四百千购得之，在卑职所损无多，而于该生童为益甚大。"柳堂任州县官，虽案牍劳形，然痴书依旧，且喜金石，他曾致信上官兼朋友部介眉道："尤可笑者，于薄书忙迫中，既癖书籍，又癖金石。癖书籍或偶一寓目，犹可说也，癖金石直不识碑字，其何以解？然物恒聚于所好。"

有时聚书来自友朋的赠与。柳堂在东平任时，给傅旭安的信中说道："嗣又由汪星南带来一函，并尹君著作各件，展读之馀不胜狂喜，不惟山左文献中多此数种增荣篋笥，亦可为考金石之助。"有时还可以换书，如在东平任上给部介眉信中提到："据称金书翁《图书集成》，与弟系属一部，深愿互易，各成其美……惟以互易之数计之，弟多得十数本，殊觉不安。弟有《群芳谱》二部，如金书翁无此书，可以配之。"其在州县官任时，聚书已不少。其友惠民举人李凤冈曾曰："凤冈尝至其室，卷轴堆积，朱墨淋漓。遇词讼案件至，应手批答之，其才有大过人者。所得廉俸，尽以购金石图籍。"

柳堂宦游后期，在济南老城西门外东流水街北，买下道台杜秉寅修宅所馀数亩地，修建住宅一所。此地前为柳堂老友徐世光之徐园，东为道台杜秉寅住处，能够获得此地，多亏县令房学礼与道台徐世光的说合，从而也实现了其与徐世光结邻而居之约。柳堂对在此地建房十分满意，有诗云：“结邻难得诗人雅，前有徐陵后杜陵。”住所有正院、偏院，正院除正房五大间外，有左右偏房数十间，建成后先由道台冯汝恒居住，后由营务处租住。光绪三十四年（1908）春，柳堂交卸济宁州后回到济南，先住偏院，五月初营务处迁走，这才搬进正院居住。柳堂自述道：“喜藏书，然不尽读，涉猎而已。宅西偏草楼五楹，部署几满，楼下以书橱架隔：西曰福地，以嫏嬛自况也；东曰乐天，慕白太傅为人也。寝馈其中，课孙辈读。”柳堂致仕后，愈力于收藏，宋元旧籍亦极力罗致，一生共收藏两万馀册，九十馀箱，其书箱刻有“寿余藏书”。藏书，读书，著述，伴随了柳堂的后半生。民国十八年（1929）春，柳堂无疾而终，殁后藏书由子孙保存。

柳堂藏书流散

柳堂一生聚书数十万卷，生前就有运回家的打算，如他在惠民任时给同乡挚友李衡杓的信中说：“兄年近花甲，仕途岂能久淹，但使宦囊充盈，拟于服官之地留千金以遗爱，归家则仿范文正公义田、义塾之遗意，除赡族人外，拟购宅一区，捐作书院，将十数年在东所购之经史子集分类罗列，公诸同好。”

柳堂致仕后，其家经营运输公司，盛时汽车达四十多辆，由其表侄杨姓兄弟几人具体管理业务。然五三惨案中，日本人的炮火不但破坏了城市建筑，还冲击了济南的商业。此时柳堂家由其长孙柳式古掌管，不知何故运输公司被查封破产，遂至负债累累，如其友人赵真五所言，“此刻境况窘极，家中实际已至吃饭为难地步”。山东省立图书馆馆长王献唐，时正多方奔走，四处搜求典籍。柳式古为家庭计，欲处理其祖父藏书，认为山东省立图书馆有购藏能力。后经赵真五函介，柳式古与王献唐接洽，商定半捐半卖。由于柳堂曾有运书回家的遗愿，适吉鸿昌之父吉筠亭正在办学，力主将书运回河南扶沟，但柳式古为生存计，还是把书留下了。由于债务的关系，地方法院扣押了藏书二十四箱，后来不知去向。据柳堂曾孙柳天慈先生所闻，其家曾有两箱藏书寄于曲阜亲戚家，其亲戚家因此在“文革”中受到冲击。后来音信中断，此二箱书亦不知去向。其家金石字画保存在开封，后被负责管理这批金石字画的柳堂之孙渐渐卖出。捐书交接仪式于民国二十一年（1932）六月二十三日举行，监查人是省政府任方同，监点人是教育厅马汝梅，点收人是王献唐，点查人是郝干忱、屈万里、郑砚农、陶鸿翔，均为省立图书馆工作人员，计接收柳堂藏书1033种，14531册，69箱。点收结束后，根据协议柳式古将其祖父遗著143册取走。事后由王献唐和柳式古编成《扶沟柳氏捐献书籍清册》，油印刊行。书后柳式古、王献唐并记曰："第三十三箱内，所有柳纯斋先生遗著各书，仍归捐赠人取回收藏，每种各留一部，存山东省立图书馆作纪念，合并注明备查。全书总数除取回一百四十三册，共存一万四千五百三十一册。"柳堂藏书虽经、史、子、集、丛五部俱全，但以集部为主，尤多山东地方文献，所捐卖之书中，明刻本68种，明抄本1种，旧抄本1种，抄本2种，其馀为清刻，最珍贵者为柳堂所抄武定李之芳所著《行间日记》四卷附录一卷。王献唐为此宗书向省政府申请经费，只得到一千元交付柳氏。明年，柳式古又携赵真五的信函找王献唐要钱，信中的大意为柳堂藏书应值二万金，半价也应给付一万金，望王献唐念及柳家生活无以为继，继续为柳家申请经费，后无果而终，柳堂后人也迁回原籍。柳堂藏书有如其他藏书家的藏书，终于汇入了山东省立图书馆的书海里，虽然柳氏后人所得偿付仅一千金，然而柳堂大部分藏书得以避开中州的烈火，柳堂在天之灵也应为此庆幸。

藏书家和藏书楼轶闻两则

高洪钧

邵懿辰与项傅霖

邵懿辰与项傅霖，是清代后期两位著名学者。邵懿辰（1810—1861），字位西，浙江仁和（今属杭州市）人，道光十一年（1831）举人，历官刑部员外郎。咸丰四年（1854）罢职家居，专治义理和目录学，咸丰十一年辛酉（1861）死于太平军攻克杭州时。项傅霖（1798—1858），字叔雨，号几山，浙江瑞安（今属温州市）人，道光二年（1822）举人，十上春官不第。与邵懿辰为文字交，晚官富阳教谕。暮年尤喜校书，遇秘籍必辗转钞写，咸丰八年（1858）卒于家。

邵懿辰撰《送项几山序》云："癸卯秋，余在京师，或言瑞安项几山物故，余闻则悄焉……越明年正月，君甥孙庶常锵鸣至自瑞安，乃知君实无恙，向所传闻迂也。"（见《半岩庐遗集》）这就是说，道光二十二年（1842）秋，邵懿辰在京师时，曾听人说项几山已去世，很是忧伤；但第二年开春，项的外甥孙锵鸣自瑞安来，才知道项几山还活着，以前的传闻是骗人的。

邵懿辰在京师时，曾将所见各种图书版本，包括宋元旧刻和钞本等，一一标注在《四库简明目录》相应书名下，并为项几山借钞。今天津师范大学图书馆藏有这鲜为人知的"项钞本"，书后有项几山题识云："咸丰壬子，春闱报罢，长夏无事，借年丈邵位西先生本录一遍。"咸丰壬子为咸丰二年（1852）。"邵位西先生本"即指邵懿辰标注《四库简明目录》原手稿本，或称"邵注稿"，也有作《批目》的，此亦即后来《四库简明目录标注》一书。

《四库简明目录标注》二十卷，初刊于宣统三年（1911），邵懿辰之孙邵章作有《后序》云：“先王父刑部公，平生读书，务求大义，而记览精博，巨细不遗；一时交游，又多方闻赡学之士，随所见载籍，必疏导源流，详考其义例之得失、版本之优劣，就《四库简明目录》中写之。”接着又道：“咸丰辛酉粤寇陷杭州，先王父殉节，城中家藏群籍荡然一空。先是瑞安项几山傅霖先生假钞是书，甫欲寄还，闻变中止。”假借未还使得邵注稿免罹浩劫，得以保存下来。但这里有个疑点，因为据方宗诚撰《项雁湖几山两先生墓表》载，项几山“疾革”于咸丰八年（1858）三月（见《续碑传集》卷八十二），怎会知道邵懿辰咸丰十一年（1861）被太平军打死而不还书呢？显然又是个误传。

邵章《后序》中还说：“尝读先王父辛酉致蒋寅昉札云，《书目》几山允于岁前寄还，此书得不湮没，颇以自慰。”但原札并无落款年月，信是这样写的：“姚载舟有录出《经籍考》二卷，今向借得奉寄，可交生沐写样，刻入丛书。”接着才是“昨得几山书，知其健在，《批目》允于岁前寄回”云（见《四库简明目录标注》附录《节录致蒋寅昉先生论书各条》）。收信人蒋寅昉为藏书家蒋光焴。信中提及的“生沐”即其弟蒋光煦，也是一位藏书家，且兼出版家，卒于咸丰十年（1860），生前所刻最后一部丛书是《涉闻梓旧》，重编于咸丰六年，里面并无《经籍考》一书，说明是书“奉寄”得晚，未及“刻入”（参见《中国丛书综录》）。同时也说明，邵懿辰致蒋寅昉札不是写于咸丰十一年“辛酉”（1861），而是在《涉闻梓旧》重编后至蒋光煦卒前。比较可靠的说法当在咸丰六七年间。因为其时项几山尚“健在”，故曾致函邵懿辰，“《批目》允于岁前寄回”，但不想后来因病而耽搁了。

项几山咸丰八年（1858）病卒后，《批目》仍存项家。直至同治十年辛未（1871）夏，方经项的外甥、藏书家孙衣言（孙锵鸣之弟）向项的后人“索归”邵家。其间又写定副本，流传都下，许多名家转相钞录。最后由邵章勘定成书，成了我们今天用以查找古籍版本的一部重要工具书。

从以上所说邵懿辰与项几山的交往，以及“邵注稿”的传存和完璧归赵经过，乃至《四库简明目录标注》的刊行情况来看，由于那时社会落后，交通不便，信息不灵，加之道听途说，不予深究，故而闹出了诸如“有的人活着，他已死了；有的人死了，他还活着”的笑话。有鉴于此，我们对解放后出版的《增订四库全书简明目录标注》中，未就邵章《后序》里的一些不确切论述予以修订或说明，也就只能谅解了。“项钞本”是“邵注稿”的最早过录副本，他忠实于原稿，不存在后来人的“添注涂改”，也不致“凌乱”得不可辨认，故可供校勘“疏漏之处仍多”的《四库简明目录标注》，应当以“善本”待之。至于邵章《后序》里的一些错误记述，于此也可得到澄清。

传是楼与今传是楼

检索百度，曾见有文如此介绍王揖唐：“《今传是楼诗话》的作者是王揖唐（1877—1948），安徽合肥人，初名志洋，字慎吾，一字什公，后改名赓，字一堂，号揖唐，别号逸塘，晚年号称今传是楼主人。室名因慕清钱谦益藏书楼‘传是楼’，故自称为‘今传是楼’。”此说有误，钱谦益的藏书楼名绛云楼而非传是楼；“传是楼主人”是另一藏书家昆山人徐乾学，而非常熟人钱谦益。王揖唐在《今传是楼诗话》第三五九则中明确写道：“传是楼者，昆山徐健庵尚书乾学藏书之所也……当时藏书之富甲天下。”他并转引汪琬（尧峰）的《传是楼记》说：“昆山徐健庵先生筑楼于所居之后，凡七楹。间命工斫木为橱，贮书若干卷，区为经、史、子、集四种。经则传注、义疏之书附焉，史则目录、家乘、山经、野史之书附焉，子则附以卜筮、医药之书，集则附以乐府、诗馀之书。凡为橱者七十有二，部居类纂，各以其次，素缥缃帙，启钥烂然。于是先生召诸子，登斯楼而诏之曰：‘吾何以传汝哉？吾徐先世，故以清白起家，吾耳濡目染久矣，盖尝慨夫为人之父祖者，每欲传其土田货财，而子孙未必能世富也；欲传其金玉珍玩、鼎彝尊斝之物，而又未必能世宝也；欲传其园地台榭、舞歌舆马之具，而又未必能世享其娱乐也。吾方以此为鉴，然则吾何以传汝哉？’因指书而欣然曰：‘所传惟是矣！’遂名其楼为‘传是’云。此为传是楼得名之始。”这就是说，“传是楼”是传此楼之藏书给子孙之意，而非土田货财、金玉珍玩、园地台榭什么的。

王揖唐在文中接着说：“闺人育季，本亭林支裔，亦昆籍也。其母家比邻楼址，闺人出私蓄三千金购得之，以告余，意谓山水清佳，偕隐可卜，鸥乡娱老，固自不妨。余曰：‘前贤胜迹，何敢自私。顾任其芜废殊可惜，盍就地建一图书馆，为昆山添一故实，可乎？且也公诸横舍，既无专壑之嫌；仍袭旧称，讵有争墩之意？’质诸士论，佥以为宜。时余以南北议和事留沪上，友人无冰君与昆之贤士大夫相习躬任规画。因请以今传是楼定名，余欣然从之。此为今传是楼定名之始。”这里所说与钱谦益无任何关系，只是说“闺人与（顾）亭林同籍玉峰，而亭林与健庵又谊属甥舅，事之巧合有如此者”。

那末，“闺人育季”又系何人呢？除前说“本亭林支裔，亦昆籍也。其母家比邻楼址”外，《诗话》第三六一则说：“丁卯（1927）九秋月圆之夕，恰为闺人归我十有五年初度，以诗慰之云：‘伫苦停辛十五春，同心庑下总前因。黄花晚节秋容好，宦海如君亦幸人。’余戏谓以亚妻跻继室……曩者端毅原配童夫人，于明受封儒人，入清后让善持君，受一品封诰，一门褕狄，播为美谭。闺人既以‘眉楼第二’相尚，似不妨援此解嘲也。”显然，“闺人”原为王揖唐的小妾，后扶正了，否则他也不会把自己与“闺人”的关系，比作“一臣侍三君”（仕明、仕大顺、仕清）的龚鼎孳（端毅公）与原侧室后扶正的顾媚，“余于端毅为同里，而闺人亦姓顾，事之巧合又有如此者”。所以今人《八大胡同》一书载说：“原来，王揖唐的小老婆顾阿翠本是北京韩家潭八大胡同的苏州妓女……从良跟了王揖唐两年后，王的原配老婆在安徽合肥老家病故，王就请段祺瑞主持，将顾阿翠扶正。”这虽是野史说法，但顾氏“出私蓄”在原传是楼废墟上为王揖唐建“今传是楼”，以图“玉峰偕隐之约”当是事实。

但《今传是楼诗话》中也有记述错误的。其第三一八则云：“余姚卢抱经文弨，湛深经学，并精校雠，诗不多见。近见《鹪鹩庵诗集》一册，乃百年前手钞本，或云乃抱经堂未刻稿。中有《赠曹雪芹》诗云：‘满径蓬蒿老不华，举家食粥酒常赊。衡门僻巷愁今雨，废馆颓楼梦旧家。司业青钱留客醉，步兵白眼向人斜。何人肯与猪肝食，日望西山餐暮霞。’又《挽雪芹》云：‘四十萧然太瘦生，晓风昨日拂铭旌。肠回故垄孤儿泣，泪迸荒天寡妇声。牛鬼遗文悲李贺，鹿车荷锸葬刘伶。故人欲具生刍吊，何处招魂赋楚蘅。’‘开箧犹存冰雪文，故交零落散如云。三年下第曾怜我，一病无医竟负君。邺下才人应有恨，山阳残笛不堪闻。他时瘦马西州路，宿草寒烟对落曛。’两人交期，于此可见。”从文意上看，此“两人”似指卢文弨和曹雪芹。但事实上此手钞本《鹪鹩庵诗集》的作者是清宗室爱新觉罗·敦诚，而非卢文弨自撰之“抱经堂未刻稿”。所以《集》中出现的《赠曹雪芹》和《挽雪芹》两诗，表达了敦诚和曹雪芹间的密切关系，而不是指卢文弨和曹雪芹“两人”。王揖唐对此书未作认真考查，致使材料失实而易误导于人。

王揖唐在当时曾被誉为是“学贯中西”的“双料进士”，既是清代末科进士，又曾留学日本。入民国后历任北洋政府内务总长、国会议长和安徽省长等。民国十五年（1926）四月，皖系段祺锡被直系和奉系军阀赶下台后，他也随之逃往天津日租界避居，并以笔名“逸塘”在天津《国闻周报》上连载《今传是楼诗话》，后《大公报》汇集出版单行本。七七事变后，他叛国投敌，出任伪华北政务委员会委员长兼内务署督办，成了民族罪人。抗战胜利后，1948年9月10日以汉奸罪被枪决。假如说钱谦益在南明朝覆亡之际臣服清廷，“乃其一生污点。但亦由其素性怯懦，迫于事势所使然”（陈寅恪语），而反观今传是楼主人王揖唐，并不是“迫于事势”，而是主动积极地事寇，临死也无悔意，所以仅此而言，他也是不能与钱谦益相比的。

文源阁址话今昔

刘蔷

在北京西郊的圆明园遗址中，有一处早已湮没于荒草之中的古迹——文源阁旧址，这里曾矗立着一座恢弘的皇家藏书楼，是清朝乾隆年间庋藏《四库全书》的“七阁”之一。文源阁因存世时间短、实物遗存少，相对其他几阁研究较为薄弱，少见专门文章发表。笔者曾撰《漫话文源阁》一文，发表于《文史知识》1995年第6期，此后一直留意相关材料的搜集。欣闻镇江文宗阁复建，因特翻检旧文，补充资料，探寻遗址，备述成文以志贺忱。

一、庋藏始末

清朝纂修《四库全书》是中国文化史上一次重大的文献整理活动。这次由朝廷倡导的规模空前的修书活动，表面上是稽古右文，渲染文治修明的景象，而实际上是要通过编纂过程中的征书、禁书、毁书和编书等一系列做法，来清除汉族士人反对满族异族统治的思想和典籍，即钳制思想，消灭异己，也就是后世所谓的“寓禁于征”。《全书》广泛网罗了上古至清初的著作，分经、史、子、集四大部分类，共收书3461种，总计79337卷，约97700万字。它不仅全面总结和系统整理了此前中国文化的学术成果，保留了丰富的典籍，而且任职于四库全书馆的官员学者，多是当时学术名流，他们倾心完成的《四库全书》，无疑也是对中国古代文化的贡献。

这部大丛书的主要历史影响除学术成就外，当数“四库七阁”的建立。该书因卷帙浩繁，不曾付梓刊行，只手抄了七部，分别建阁贮之，这就是被称作“内廷四阁”或“北四阁”的北京大内之文渊阁、圆明园之文源阁、承德避暑山庄之文津阁和盛京（今沈阳）故宫之文溯阁，以及被称作“江南三阁”的扬州大观堂之文汇阁、镇江金山寺之文宗阁和杭州圣因寺之文澜阁。阁与书历尽沧桑，伴随着中国近代史上的频繁战乱而饱受摧残，最短的存世仅七十馀年，目前只有文渊、文津、文溯、文澜四阁尚屹立人间。

文源阁位于京郊皇家园林——圆明园内。乾隆三十九年（1774）在园中原有建筑四达亭的基础上，“略为增葺为文源阁”（见清高宗《题文源阁》诗注），于次年继文津阁之后告成，成为七阁中的第二座。它所贮藏的《四库全书》为抄成的第三份，乾隆四十八年（1783）冬抄毕，转年春天装潢竣事后送藏文源阁。此后乾隆皇帝每年驻跸圆明园，几乎都要来此休憩观书，吟咏题诗。伴随着“康乾盛世”，文源阁与藏书确也度过了半个多世纪宁静祥和的时光。嘉道以后，清朝统治日渐衰微，国家多故，清廷已无暇顾及这里的藏书。咸丰十年（1860），第二次鸦片战争爆发，英法联军攻占北京，他们在饱掠圆明园之后，举全园而火焚之，文源阁和其中的《四库全书》以及贮藏于味腴书屋中的一套《四库全书荟要》，都在这场浩劫中化为灰烬。阁与书从告竣送藏到被毁，存世仅七十馀年。

二、阁之建制

中国自古便有重视书籍保藏的传统，上至天潢贵胄，下至平民百姓，对藏书大多珍爱有加，只要条件允许便精心营造专门建筑以庋藏。乾隆皇帝对《四库全书》这部“浩如烟海，委若丘山”的巨书之贮藏是极为审慎的，早在乾隆三十九年（1774）六月，《四库全书》尚在编纂之中，他就想到了如何使编成之书“以垂久远”的问题。乾隆知道“藏书之家颇多，而必以浙之范氏天一阁为巨擘”（见清高宗《题文源阁》），并听说范氏的藏书楼“纯用砖甃，不畏火烛，自前明相传至今，并无损坏，其法甚精”，便特谕杭州织造寅著“亲往该处，看其房间制造之法如何，是否专用砖石，不用木植；并其书架款式若何，详细询察，烫具准样，开明丈尺呈览”（见乾隆三十九年六月二十五日谕，收入王重民辑《办理四库全书档案》，国立北平图书馆1934年排印本）。寅著亲赴杭州，很快就将天一阁的构造、建制等情况一一查明，迅速禀告朝廷。乾隆皇帝见天一阁“间数及梁柱宽长尺寸皆有精义，盖取‘天一生水，地六成之’之意”，乃下令“爰依《永乐大典》之例，概行抄录正本，备天禄之储”（见清高宗《题文源阁》），同时仿天一阁规制兴建藏书之所。

据《日下旧闻考》卷八十一记载：圆明园“水木明瑟以北，稍西为文源

图1 《圆明园百景图志》中所绘文源阁全貌

阁，上下各六楹，阁西为柳浪闻莺。阁额及阁内‘汲古观澜’额皆御书”，阁额及阁内三副楹联均为乾隆御书。阁联为：“因溯委以会心，是处原泉来活水；即登高而游目，当前奥窔对玲峰。”阁内屏扆联为：“宁夸池馆消闲暇，雅喜诗书悦性灵。”檐柱联为：“讨寻宜富波澜，浩矣无涯神智益；披揽直探星宿，挹之不尽古今涵。”

文源阁为一独立院落，东西五十米，南北八十米，开南北二门，有水渠环绕四围（图1）。阁南向而立，平台上有铜鼎、铜鹿各一对，前方凿挖曲池，并放养金鱼于其中，据说大可盈尺。池中还竖立着一块巨石，名为“玲峰”，高逾六米，玲珑剔透，环孔众多。此石产于北京房山，正视之，则如乌云翻卷；手叩之，音色如铜。石宽盈丈，四周俱镌有名臣诗赋，是当年圆明园中最大也最著名的一块太湖石，与颐和园乐寿堂前的“青芝岫”齐名。乾隆皇帝在《御制玲峰歌》中说它“大孔小穴尽灵透，凸突凹窊仍蹇产”，“体大器博复玲珑，八十一穴过尤远”，称赞它周身八十四个玲珑剔透的孔洞，数目超过了北宋书画家、被称作“石痴”的米芾拥有的八十一个孔洞的“一品石”。池南为一大片怪石嶙峋的太湖石堆成的假山，在假山西面有一四方亭，名曰“趣亭”，东面与其相对处筑一平台，上书有乾隆御书“月台”二字。假山与趣亭、月台形式皆仿照承德避暑山庄文津阁修建。阁之北侧亦有一座小型假山，遮掩着北院墙上的月洞门。阁之东侧为御碑亭，碑上勒有乾隆三十九年孟冬御制《文源阁记》。

据光绪朝《圆明园慎修思永及文源阁丈尺册》载：“文源阁一座六间，明间各宽一丈六尺四，次间各面宽一丈二尺五寸，西稍间面宽五尺，前后廊上步各深一丈一尺。”文源阁虽已不存，但其格局当与文渊、文津、文溯三阁无异。从实物来看，现存其他内廷三阁均为正宇上下六楹通为一间，内部则对天一阁予以改进，采取了明两层暗三层的“偷工造”法，即外观重檐两层，实际上却利用上、下楼板之间通常被浪费的腰部空间暗中多造了一个夹层，使上、中、下三层都能用来贮藏书籍，既充分利用空间，又节省工料，体现了清代宫廷建筑师们在工程设计和建造艺术上的高度造诣和技巧。

阁之外观为水磨丝缝砖墙，墙色为沉静无华的灰色，深绿廊柱，歇山式屋顶，上覆绿剪边琉璃瓦。为显示建筑的藏书功能，楹柱间特地绘以河马负书和翰墨卷帙画面，色调清雅。全阁外观古朴典雅，蕴含深意，内中遍藏宏富卷帙，宁静肃穆，堪称中国古代藏书楼的典范。文源阁地处皇家苑囿中，在一片金碧辉煌中卓然不群，独擅朴素之美。

阁名“文源”的原因，乾隆皇帝在《文源阁记》中写道：“文之时义大矣哉！以经世，以载道，以立言，以牖民，自开辟以至于今，所谓天之未丧斯文也。以水喻之，则经者文之源也，史者文之流也，子者文之支也，集者文之派也。流也，支也，派也，皆自经而生。故吾于贮四库之书，首重者经，而以水喻文，愿溯其源。且数典天一之阁，亦庶几不大相径庭也夫。”“七阁”之命名，既表明了乾隆帝推崇儒家经典的宗旨，也借若“渊”、“源”、“津”、“溯”等字，从水而立义，仿效范氏天一阁“天一生水”，以水克火，以求阁书永存。

阁内《四库全书》以开化纸缮写，共抄得36000册，分储经部20架，史部33架，子部22架，集部28架之上。书册封皮采用“经、史、子、集四部各依春、夏、秋、冬四色”的装潢办法，“经诚元矣标以青，史则亨哉赤之类，子肖秋收白也宜，集乃冬藏黑其位”（见清高宗《文源阁记》），即用象征四季的颜色来标明书的类别：经书居群籍之首，尤如新春伊始，标以绿色；史部著述浩博，如火之炽，应用红色；子部采撷百家之学，如同秋收，着以浅色；集部诗文荟萃，好似冬藏，适用深色。以色分部，一目了然。装帧上为软绢包背装，束之绸带，并以楠木为匣，既精致美观，还能防潮防蛀。据档案记载，文源阁《全书》每册的首页都钤有“文源阁宝”白文大方印和“古希天子”朱文圆印，末页则钤上“圆明园宝”白文大方印和“信天主人”朱文圆印，朱色晶莹，又为《全书》增色不少。

“四库七阁”的主要职官由朝廷重臣和翰苑文士担任，如文渊阁于乾隆四十一年（1776）建成后，即于六月初设官兼掌。据《清史稿》卷一一五载：“文渊阁领阁事三人，掌典综册府由大学士、协办大学士、掌院学士兼充；直阁事六人，掌典守厘辑，由内阁学士、少詹事、讲读学士兼充；校理十有六人，掌注册点验，由庶子、讲、读、编、检兼充；检阅八人，由内阁中书派充；内务府司员、笔帖式各四人，由提举阁事大臣奏充。”由这些官员负责阁书的日常管理，注册点验和按时晾晒。七阁全部建成后，改由专人专司其职，内务府提举阁事，建立起一个较为完备的管理机构。为方便查检翻阅，还绘制了《四库全书排架图》，具体标明《全书》及其他藏书的排架位置。

文源阁《四库全书》的利用情况已不可考，只知道乾隆五十二年（1787）和五十六年（1791）两次派人复校阁书，改正了其中诸多讹误，并补充了缺文、缺卷，使质量大为提高。此外，便是高宗御制诗中多次提到他在阁内遍阅经史，可见文源阁藏《四库全书》纯属皇帝私人藏书，只供皇帝“御览”，其馀时间基本被束之高阁。到后来乾隆帝又诏令在江南建三阁时，始下谕称“如有愿读中秘书者，许其陆续领出，广为传写”，“允其广播流传，以光文治”（见乾隆四十九年三月上谕，收入《四库全书总目》卷首），才使这部大丛书嘉惠士林，得以为一般士子学人所利用。

三、遗址遗存

文源阁现已不存，仅馀阁基遗迹，其上青砖仍较为规整（图2）；曲池已涸，高大的“玲峰”石因民国时两股土匪争相盗卖不得，被其中一方炸为数截，轰然坍于蔓草之中（图3）。其上刻写的乾隆皇帝御笔题诗及四库馆副总裁彭元瑞、曹文埴等人题写的诗文，虽湮没在一片荒芜中，但旧迹尚依稀可辨（图4）；乾隆之御碑已移至文津街的国家图书馆分馆院内，文字仅存其半。整个文源阁遗址和旁边的舍卫城遗址遥相呼应，偶有游人凭吊至此，不胜唏嘘慨叹！

国家图书馆收藏有一张样式房图《光绪二十四年文源阁踏勘图》，清华大学城市规划设计研究院“再造圆明园”项目组依据此图及故宫博物院所藏“样式雷”图纸，尝试以3D形式复原文源阁的建筑及园林景观，于2011年秋首次公开展示，引领观众“穿越”历史，走进那座著名的皇家藏书楼，效果之逼真令人叹为观止（图5）。

图2　由假山向北隔曲池较为平坦处即文源阁遗址
图3　被炸为数截的“玲峰”残石
图4　“玲峰”石上的四库馆臣诗文题刻

图5　清华大学“复原圆明园”课题组所绘文源阁全景图

至于阁中所藏《四库全书》，原多以为全毁于1860年10月的圆明园大火，然据现存古籍实物来看，文源阁本《四库全书》尚有丛残存世，今据所知述举于下。

1.《公是集》（图6），十卷，六册，藏香港大学冯平山图书馆

朱丝栏，每半叶八行，行二十一字。书尾副页粘贴黄签，题“总校官检讨臣何思钧　校对官待诏臣胡士震　誊录监生臣朱恩”三行。末录《四库提要》，题云：“四库全书 集部三 别集类二 宋”，提要文字与今本不同。每册首页天头处钤“古希天子”朱文圆印，板框内正中上方钤“文源阁宝”白文大方印，末页天头处钤“信天主人”朱文圆印，板框内正中上方钤“圆明园宝”白文大方印。另钤“吴兴刘氏嘉业堂藏书印”、“刘承幹字贞一号翰怡”诸印，知民国时期曾经湖州刘承幹嘉业堂所藏。

2.《明史》（图7），卷九至十三，一册，藏广东中山图书馆

朱丝栏，版框高22厘米，广15.2厘米。每半叶八行，行二十一字。书上钤有“文源阁宝”、“圆明园宝”、“信天主人”、“古希天子”诸印。《四库全书》编纂工程尚未告竣之时，因清廷下令对原来的《明史》进行修订，此已抄好的文源阁本《明史》即成为需要重修之本，书中的校雠标记和签条，正是修订留下的痕迹。修订完成之后，收入《四库》的是另行缮写的版本。是书虽未能作为正式的《四库》典藏在文源阁之中，但作为早期文源阁《四库全书》之一，是清修《明史》定本之前的修改底本，仍然有其独特的文献价值，其残存的内容和校雠签条中正有清高宗下令修订《明史》上谕中指出的章节，审视其修订前后内容之不同，既可印证我国古代最后一部官修正史的编纂经过，又显示了编纂《四库全书》的细节过程。

3.《南巡盛典》（图8、9、10），卷一百一至一百三，一册，藏中国国家博物馆

书册高31.5厘米，宽20厘米。朱丝栏，版框高22.2厘米，广15厘米，开化纸。每半叶八行，行二十一至二十二字。红绫书衣，包背装。封面题签“史部卷一百一至一百三”，书首贴黄签，书“详校官主事臣谈祖绶”。钤“古希天子”、“文源阁宝”、“圆明园宝”、“信天主人”诸印。此册1996年6月现身于北京翰海古籍拍卖专场上，被中国国家博物馆购藏。

4.《南巡盛典》，卷二十至二十二，一册，藏日本东洋文库

朱丝栏，版框高22.3厘米，广15.2厘米。橙红色绢面书衣，包背装。册首副页签条为“详校官主事臣丁堦”，册尾副页黄签题“总校官候补中书臣潘有为　校对官主事臣陈文枢　謄录监生臣胡瑛”。书上钤“古稀天子”、“文源阁宝”、“信天主人”、“圆明园宝”诸印。书衣尚存泥水污染痕迹，应是圆明园浩劫焚馀流散所致。此册原由东京藏书家和田纤四郎收藏，有“云村文库”印记。

5.《南巡盛典》，卷二十八至二十九，一册，藏日本恭仁山庄

朱丝栏，版框高22.3厘米，广15.2厘米。橙红色绢面书衣，包背装。册首副叶签条为“详校官主事臣丁堦”，册尾副页黄签题“总校官候补中书臣潘有为　校对官主事臣陈文枢　謄录监生臣陈韶”。书上钤“古稀天子”、“文源阁宝”、“信天主人”、“圆明园宝”诸印。此册原亦属和田纤四郎，有“云村文库”印记。以上三册《南巡盛典》残本，应是自一部书散出。

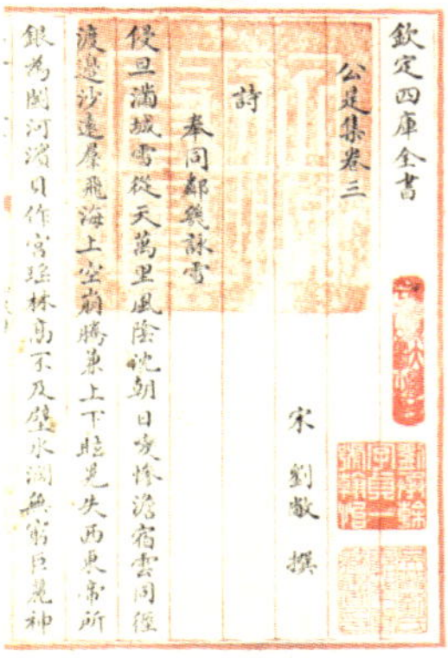

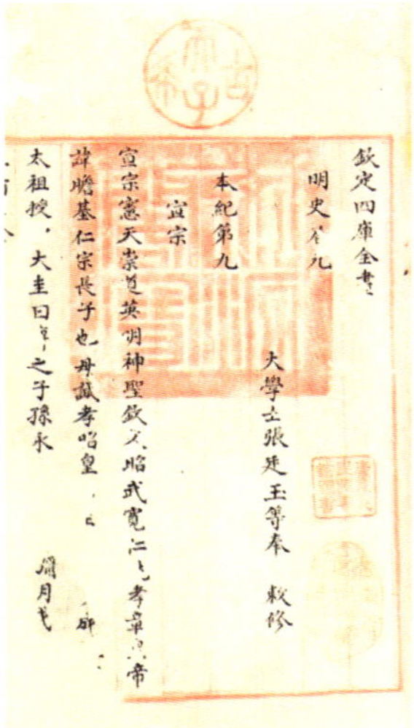

图6　冯平山图书馆藏文源阁本《公是集》
图7　中山图书馆藏文源阁本《明史》残本
图8　中国国家博物馆藏文源阁本《南巡盛典》残册封面

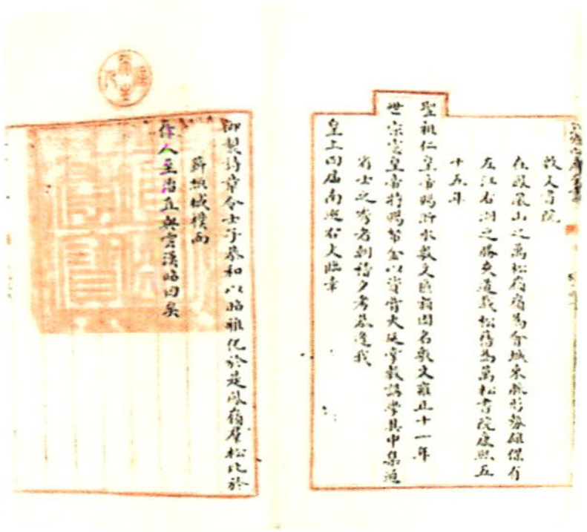

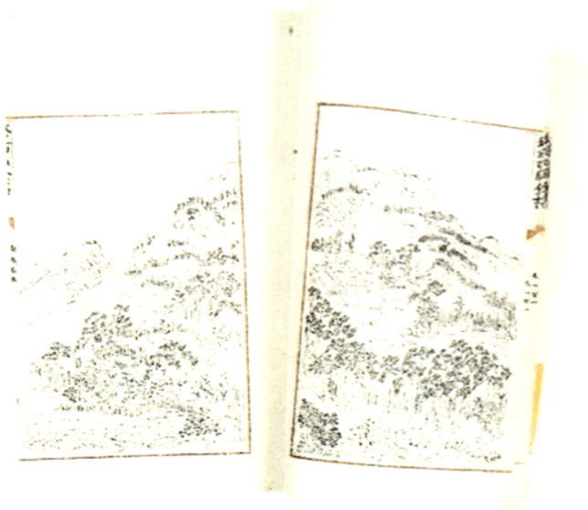

图9　中国国家博物馆藏文源阁本《南巡盛典》残册内页（一）

图10　中国国家博物馆藏文源阁本《南巡盛典》残册内页（二）

6.《草庐集》，十卷，九册，藏日本东洋文库

朱丝栏。册首副页签条为黄签题“详校官郎中臣徐大榕”，无覆核官。册尾副页黄签题“总校官庶吉士臣仓圣脉”，校对官、誊录监生各册不一。提要尾题“乾隆四十八年恭校上”。每册钤“古稀天子”、“文源阁宝”、“信天主人”、“圆明园宝”诸印。《草庐集》不见于现存各阁《四库全书》，此文源阁本或为撤换之本，因而躲过了圆明园大火。

此外，台湾“国家图书馆”（原“中央图书馆”）还藏有精抄卷子本《四库全书简明目录》，其上钤有“文源阁宝”朱文方印，亦当是文源阁劫馀之物。

参考文献：

①张恩荫主编、圆明园管理处编著:《圆明园百景图志》，中国大百科全书出版社2010年版。

②张书才主编：《纂修四库全书档案》，上海古籍出版社2007年版。

前世今生新风楼

云从龙

王咨臣

谈及南昌乃至江右的民间藏书，新风楼及其创始人王咨臣（1914—2001）无论如何都是个绕不开的话题，并且是话题中的核心议题。了解新风楼的人，都能掂量出这座矗立在市井小巷中的藏书楼对于整个江右文化的意义，可不知道的人恐怕连它的影子都难以寻觅到。我最早知道新风楼，是从几位朋友那里听说的，他们说那座楼经历了两代人的坚守，现在已残破不堪摇摇欲坠；后来我不断搜罗案头，从浩繁资料中逐渐看到了这座隐匿于都市深处的藏书楼的轮廓。

民国三年（1914），王咨臣出生于江西省新建县一个贫困的书香之家。民国二十年（1931），考入南昌市第一职业中学，受业于清末名儒吴士才门下。这期间，他一方面接受新文化、新思潮，一方面又对文学和史学产生浓厚兴趣。之后不久，王咨臣结识了当时有名的藏书家张劼，受其影响立下藏书宏愿。也是从这时起，他开始对目录学、方志学产生兴趣，并开始研究江西地方史，先后写成《我的治史方法论》、《敬为修方志者进一言》等文章并公开发表，这时他不过二十岁刚出头。民国二十六年（1937），王咨臣进入江西省立图书馆工作。此后抗战爆发，他四处奔波，但始终未放弃本业，经常参与各类方志书籍编修、整理，学业上亦大有精进。

民国三十四年（1945）抗战胜利，王咨臣在南昌市区北部的重光里寻觅到一

新风楼外景

处地基，自建两层楼房一栋，名为“凯庐”并定居于此。也是在这一年，王咨臣结识了前清举人、南丰士绅包金坡之八女包畅敏女士，并于次年结为伉俪。养家糊口之馀，王咨臣将所有精力都投入到了古籍搜罗和文史研究工作之中。

1955年，42岁的王咨臣就职于江西省文物管理委员会。同年4月，他在西湖区系马桩街94号小桃花巷，购得一栋二层砖木结构楼房。在这一年的诗文中，王咨臣写道：“小楼陈设一时新，清静无声不染尘。最喜冬来风味好，南窗日暖竟忘贫。”这或许是王先生想以一种特别的方式与从前生活告别，又想以另一种特别的方式与即将到来的生活热切拥抱。10月，王咨臣告别了栖居十年的重光里，迁至新购的住宅，这便是最初的新风楼。乔迁两个月后，王咨臣的第一个儿子王令简呱呱坠地。对于年已不惑的王咨臣来说，这无疑是一件值得庆贺和欢喜的事情。所谓“新风”从哪里来？或许正缘于此吧。

自从搬入新风楼，王咨臣再也没有离开过这栋小楼半步，养家教子之外，他将所有心血都倾注在了他终生热爱的古籍收藏、整理与抢救工作中。这是一段不能用只言片语就匆匆抹去的历史，更是一段令人肃然起敬的历史，如果一定要说，那么有几个重要时间点就不能不提：

1959年，王咨臣46岁，奉江西省文化局派遣，前往上海图书馆接收古籍图书。返程途经杭州时，购得乾隆年间修《四库全书》时漏毁的一部《滕王阁诗文汇选》，卷首并有钱谦益和熊文举的序文。这是一部极为罕见的清初刻本，其后入藏江西省博物馆。

1963年，王咨臣50岁，是年2月访得八大山人《孤鹰图》立轴一幅，后转给八大山人纪念馆。

1966年，王咨臣53岁，是年3月重金购得扬州八怪之一李复堂《与侄道源长书》。

1975年，王咨臣62岁，撰成《宋应星资料》二卷。

1987年，王咨臣74岁，是年12月所编《清代名人手稿》（原件藏于新风楼）由浙江古籍出版社影印出版。

1998年，王咨臣85岁，是年12月所编《新建文献五种》（55万字）梓行于世。

在将近半个世纪的岁月里，王咨臣为了古籍的抢救和整理，几乎耗尽了他所有的心血以及积蓄。在王咨臣次子王令策的记忆中，父亲的形象就如同一个有着双重性格的古怪长者。在生活习惯方面，王咨臣往往十分悭吝，甚至有些不近人情。王令策至今还记得，1969年全家跟随父亲下放到江西奉新县，12岁的小令策由父亲带着去探望亲戚，在路上第一次看到黄灿灿的油条。那时一根油条三分钱，而且还不收粮票。小令策怯生生地向父亲提出，想买一根油条吃吃——这也是他头一次向父亲提买东西吃的要求，但即便这样，这个要求还是被父亲毫不客气地拒绝了。而一旦看见自己心爱的宝贝图书，王咨臣又像变了个人似的，在其自撰《新风楼记》曾有这样的描述：“节衣缩食，聚书于新风楼中。”及至1975年退休后，虽然每月只有几十元的退休金，但为了一部定价七百元的线装本《晚晴簃诗汇》，他节衣缩食两年有余，可钱出手时毫不犹豫，得手后则开怀大笑，如获至宝。

2001年5月5日，88岁的王咨臣溘然长逝，留下了他经营大半生的新风楼藏

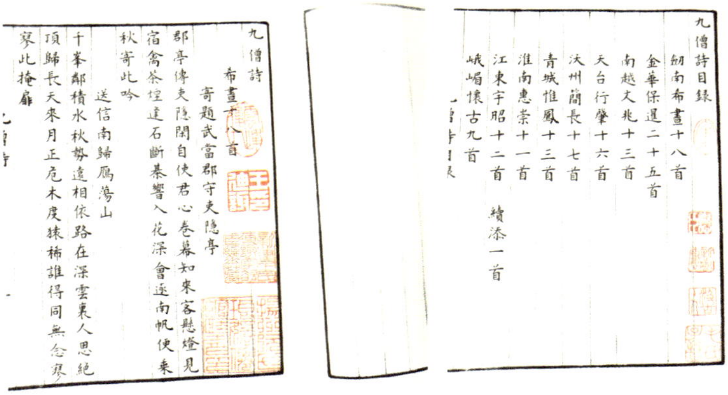

《九僧诗》钤章

王咨臣手迹

王咨臣用过的读书卡片

书以及大量著作。先生的次子王令策，接管了藏书楼的所有事务，并成为新风楼的第二代主人。根据王令策介绍，目前新风楼内仅古籍的藏量就达到两万卷（册），其中有不少都具有相当高的文化和历史价值：如全国唯一保存完整的清初原刻本《净明宗教录》、明弘治十一年慎独斋刻本《资治通鉴纲目》、崇祯间汲古阁抄本《九僧诗》、顺治间刻本《启祯两朝遗诗》等，另外还有大量地方志史料以及包括李鸿章、曾国藩、张之洞、赵之谦、汪精卫、夏敬观、吴昌硕、范金镛等人在内的上千件名人信札和遗墨。上世纪80年代之后，作为江西省名副其实的最大民间古籍藏书楼，新风楼不仅渐为外界所知，还为诸多学人和作家免费提供资料查阅。今天我们熟悉的邱振中、宗九奇、郑晓江等人，当年都是新风楼的常客。

时光荏苒，世事推移。随着新世纪城市化浪潮的推进，今天的新风楼除年久失修之外，已经被盘踞在四周的新建筑以及各类混搭起来的民房，遮蔽得快要辨认不出本来面目了。所谓的小桃花巷，就是条只能容一人一车（电动车）通过的逼仄过道，而远观新风楼，更像是久无人居的破旧空宅，唯一能验证其身份的，是小小门楼上还刻着“立三书屋”四字，那是王咨臣的父亲——王锡藩先生晚年书房的名称。

2012年8月底，我对王令策先生进行了一次专访。其时正赶上南昌这座城市为迎接“七城会”而大兴土木。我和摄影师一路颠簸，由孺子路右拐进入系马桩街，迎接我们的是飞扬的尘土和满地的沙石。这条路正加紧改建，据说完成后将焕然一新，代表着城市文明礼貌的新气象。但是，沿着路牌指示进入小桃花巷，展现在眼前的却是一片凋敝脏乱的老城区，这才是这座城市的真正面目，它一向善用繁华的外表遮掩人们的眼睛，而其内在——只要你沿着任何一条老城区的小巷深入几步，就会看到几乎一致的场景，闻名遐迩的新风楼就坐落在这里。

说起来有些哭笑不得，虽然新风楼在江西享有盛誉，但当我们向行人问路的时候，却没人听说过这里有座专事藏书的新风楼，就连黄秋园纪念馆的工作人员也不知道！其实，新风楼就在纪念馆的后边不远。如果说，黄秋园纪念馆临街而建，规模虽然不甚恢弘，但还多少给豫章人留下点念想，那么默默蜗居在其身后的新风楼所见证的，便是南昌这座城市人文精神的流失和遗忘。

更加令我感到震颤的是，虽然此前朋友早已提醒我——新风楼已经破败不堪，若不是王令策苦心守持，恐怕早就人去楼空了，但当我真正走近它的时候，眼前看到的景象还是让我难以接受：新风楼四周已被新建楼房包裹得严严实实，几乎成了密不透风的“天井”，楼基处生长出的野草随处可见，外墙上的白灰也多处剥落，它们都足以证明这栋小楼的年龄。置身新风楼内，由于四周高大建筑的遮挡，光线明显地阴暗不足，王令策先生——这位追随父亲将保存书香奉为终身志业的传薪者，便常年居住在这里，精心守护着父亲留给这个世界的遗产。我惊讶于屋内陈设的简单和粗陋，偌大的一个客厅里，只有几只高低不一的板凳，除此之外几无其他家具。好在是墙上挂着几幅先贤图画，方才显示出这栋房子与众不同的地方。

王令策时年54岁，但看上去要比实际年龄大得多，并且给人一种严肃谨慎的长者印象。作为第一次的见面礼，他慷慨地赠给我和摄影师两本《新风楼诗词系年》（2012年3月出版），并向我们简略介绍了该书的来历。两个小时的访谈之后，王令策带我们参观藏书。这是我生平第一次真正踏进“私人图书馆”，虽然光线比较昏暗，但我还是被书柜里放得整整齐齐的线装书惊呆了——这些书大都有上百年的历史，无论从文本的完整性上还是保存的品相上都属于上乘。这既让人感慨先人写书、刻书、藏书的不易，也让我对王家两代人的辛勤坚守敬意倍增。在如今处处讲究名利的社会里，还有这样的传薪者，为我们守护着心灵的最后田园，实在是万分不易。而王先生对这些，似乎早已见怪不怪了，他饶有兴趣地给我们一件件介绍新风楼的藏品。王咨臣先生当年写下的读书卡片，还整整齐齐地躺在卡片盒里，那些隽秀的字迹，默默诉说着一个读书人的品位。我的同事—— 一位年轻的摄影师，一再要求王先生摆几个故作深沉的造型，好在镜头里体现出那种书香漫卷的沧桑古意。可我生怕惊扰了先生的心情，时常地有意制止，不想让他全程配合，可摄影师说前倾一点他便前倾一点，说拿本书他便拿本书。也许一个真正的读书人，一个真正与书融为一体的人，他们的内心从来都是这样谦逊。

走出新风楼时，我的脑子里突然闪现出五十多年前王咨臣先生在新风楼里伏案著书的图景：那应该是个阳春时节，小桃花巷的桃花开了，王咨臣读书疲倦时，起身推窗望去，小院里桃花夭夭，西山梅岭也送来一抹抹绿意，赣江上千帆往来，一切都那么惬意和安宁，宛如这栋楼中安放的所有心思。可时间流转到今天，当我们再次登临小楼的时候，极目远望能看到什么呢？除了房子，还是房子，钢筋混凝土的房子！西山的梅岭，春日的桃花，都只能向梦境中去寻觅了。一座曾滋养了无数文化人的藏书楼，今天已被它周遭的物质世界彻底湮灭。

是谁传下这行业，黄昏里挂起一盏灯。保护新风楼，不必再等！

津门读书记（上）

郑伟章

这些年来，我为续撰《文献家通考》明代及明代以前部分，并搜聚有关明末清初汲古阁毛氏藏书、刻书、影抄书等文献资料，必须广泛阅读古籍文献。我除依托国家图书馆善本和普通古籍外，也经常至北大图书馆、清华图书馆、北师大图书馆、中科院图书馆和首都图书馆去读书，还自费至外地诸如上海图书馆、复旦图书馆、上海师大图书馆、南京图书馆、南大图书馆、南京图书馆、浙江图书馆、浙大图书馆、苏州图书馆、常熟图书馆、湖南图书馆、湖北图书馆、武大图书馆、广东中山图书馆、中大图书馆、云南图书馆等著名图书馆去访书读书。

我曾三次至天津读书。第一次是在20世纪80年代前期，当代著名目录学家和历史学家来新夏先生主持撰写《中国古代图书事业史》，承蒙邀我参与并执笔隋唐五代部分，我至南开大学参加会议，商讨如何起草事宜。聆听来先生教诲之馀，我也抽空至南开大学图书馆和天津图书馆读书。记得那次南开大学端木赐先生，为我取出一函三册的稿本古典书目两种，一为《香雪草堂书目》两册，一为《西圃藏书目》一册，图书馆卡片目录上注明不知撰者，而我当时初涉古典目录之学，对香雪草堂、西圃亦懵然无所知。回北京后，我才查考出此二目系黄丕烈之密友潘遵祁所撰、所藏，撰写了一篇《稿本〈香雪草堂书目〉、〈西圃藏书目〉的著者及其世系考》，连续刊登在《津图学刊》1985年第四期和1986年第一期上，后收入拙著《书林丛考》之中。

第二次是在2010年11月15日至25日。那时京津之间城际高铁已开通，往返极为便利。经清华馆刘蔷女士介绍，我结识了天津图书馆历史文献部李国庆主任。李主任为人热情而平和，为我看书提供了诸多方便；还结识了该部季秋华副主任和蒯安、白莉蓉、丁学松、王永华、胡艳杰诸同事。那次我从津图读到了明德藩最乐轩刻本《汉书》；周藩刻本《金丹正理大全》十一种；淮藩刻本《文翰类选大成》一百六十三卷；明钱谷稿本《钱磬室杂录》不分卷；汲古阁藏本宋岳珂撰《棠湖诗稿》一卷，清钱骏祥跋并录钱仪吉跋；汲古阁藏本《风月堂诗话》一册；明胡震亨《秘册汇函》二十七种原刻原印本；明虞山华严阁刻，释道源、毛晋同对之《径山藏》佛经原刻原印本两种；清李瑶泥活字印本《金石例》四种、翟金生泥活字印本黄爵兹撰《仙屏书屋初集诗录》十六卷后录二卷和清翟廷珍撰《修业堂初集文抄》十卷；清代山西耿文光稿本《耿氏藏书目》不分卷；清管庭芬稿本《一瓻笔存》一百十三种、《待清书屋杂钞》五百三十六种；元陈仁子辑《文选补遗》四十卷；清汪立名刻本《中州明贤文表》三十卷、《钟鼎字源》五卷等六十馀种秘籍。

第三次至津门读书是最近，2012年12月3日至14日。两年前那次访书，我住在复康路“一中心”（天津市第一中心医院）对面立交桥旁的环保局招待所，每天中午就在天津图书馆旁边的环保局食堂就餐。这次则住进了天津图书馆对面的南开大学西南村八号楼学生公寓，每天仅四五十元住宿费，出学校西南门经过崇明路桥、水上公园西路、长实道，从天津图书馆后门进入历史文献部，往来十分方便。这次我检读该馆所藏明清秘籍和有关汲古阁文献多达一百四十馀种，现主要就此次所读见，略加择要综述如下。

一、有关明代文献家部分

1. [索书号（以下均径列号码）1236]《少岳诗集》二卷二册，明项元淇撰，明万历三年项氏墨林山堂刻本，书口下镌“墨林山堂”四字。项元淇，本名淇，字子瞻，别号少麓，浙江嘉兴槜李人，是明代天籁阁主人项笃寿（仲弟）、项元汴（季弟）之长兄。是书前有万历三年乙亥皇甫汸之序（已残），后有其仲弟笃寿之《伯兄少岳先生诗集叙》。前序称“槜李项氏子瞻博学攻文，尤长于诗”。二序均未言及其藏书事迹。然其《集》中所载当年倭寇从我东南沿海登陆，侵扰江浙内境，项元淇所咏两诗，具有极重要的史料价值。一题为《倭寇屯聚沙团不归海岛，动以万计，时时侵掠内境，患在几席，御备无策，吾其处梁之燕雀乎》。一首有序云：“乙卯（按即明嘉靖三十四年，1555）春，倭奴据海壖，自八团、七团以次侵入柘林、曹泾等地。盖自去年夏秋间，去住自由，了无沮扼，当事者计无所出，若置此地于度外。正月，稍稍南出二三千，径袭崇德城陷，因剽掠德清、练市、乌镇、南浔、震泽，皆湖州地盘。旋几月四，百馀艘稛载，北自平望，循嘉兴东还，官兵奔溃，死者三千馀，遂安然抵柘林旧巢矣。至四月二十二日，复南出自盐官，趋嘉兴，沿西河、秋泾北去，声将指苏也。会永顺保靖兵征至，遇于吴江东，乘锐斩获殆三千馀，前此未之有也。前是，田州守岑孟妻瓦氏率兵勤王，虽无成功，亦勇矣。”按：短短二百馀字，将当年倭寇在中国肆虐记述得清清楚楚。可见早在四五百年前，倭寇即是中国大患。又按：天津图书馆所藏为不全本。2012年12月17日，我在国图善本部读见（13739）《少岳诗集》四卷四册为全本，前有皇甫汸、仲弟笃寿序，书末多季弟元汴之后序一篇。卷四有《己巳（按即隆庆三年，1569）仲夏七日，乃余初度七十之齿始满》一诗，则可推知元淇当生于明弘治十三年庚申（1500）五月七日。

2.（2780）明文徵明稿本《尊生图要》不分卷，上下册。这是文徵明所撰写的一部养生、医疗、药方之书，有文有图，极为罕秘。按：文徵明，原名文璧，字徵明，以字行，更字徵仲，以先世本衡山人，故号衡山居士，明成化六年庚寅（1470）生，嘉靖三十八年己未（1559）二月二十日卒，享年九十。弘治十二年己未（1499）进士，官至翰林院待诏。嘉靖五年丙戌（1526）谢归，至二十六年丁未（1547）撰此书序云：“人之所重莫如身，功名富贵皆外物也。人不重力，而耽耽劳役于身外之物，谬矣。乃亦有重视其力，而不知力之所以为力，则内伤外感，触处受病，病而望疗于庸医，医亦不知力之所以为力也，妄以药石投之，往往病者益病，而致夭其天年，不亦伤乎！此《尊生图要》一册，余集著书之秘而成之，内而脏腑，外而窍穴，脉络之经，补泻之方，无不具备，盖折衷《内经·素问》，以及仲景、东垣诸说，而归于至当，养生者以是为长生之诀，可也；学医者以是为上池之水，亦可也。嘉靖丁未九月二十又二日，徵明书于玉磬山房。”旁钤“文徵明印”白方及“徵中”朱方。书末又有其门生周天球墨笔手书跋云：“右《尊生图要》一册，衡山先生手图而书之者也，内而脏腑，外而脉学，纤细具备，而又备载补泻诸方，学者观此，如饮上池水矣。先生晚岁极意珍摄，宜乎克享上寿也。后学周天球跋。”下钤“周氏公瑕”白方。按此书封面封底为硬纸板，贴以绫绸面，易磨损残破。自首至尾，皆端楷工书小字。文徵明是明代著名书法家。其仲子文嘉撰《先君引略》云：“少拙于书，遂刻意临学，书法晋唐，小楷温纯精绝，虞、褚而下弗论也。”又王世贞《文先生传》云，文徵明于嘉靖五年五十七岁致仕后，“先生归，杜门不复与世事，以翰墨自娱，诸造请户外屦常满，然先生所与从请，独书生”，如陈道复、陆师道、王谷祥、王宠、彭年、周天球及二子文彭、文嘉等。他“待人温然，无少长无敢慢，至九十犹矍矍不衰。……己未，为御史严杰母书墓志已，掷笔而逝，翛然而蜕者”。文徵

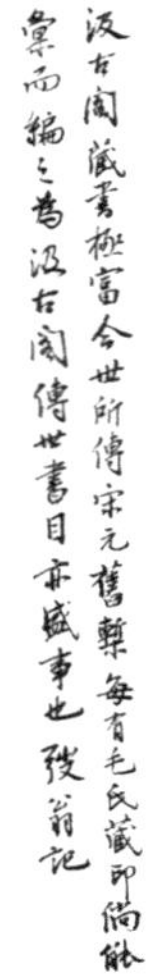
汲古閣藏書極富今世所傳宋元舊槧每有毛氏藏印倘能
彙而編之為汲古閣傳世書目亦盛事也　弢翁記

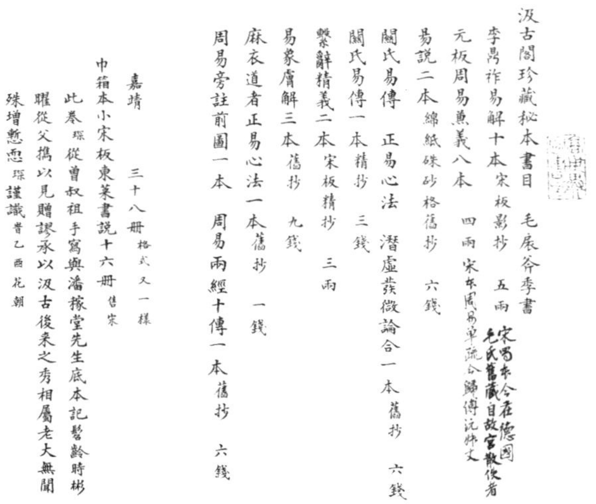
汲古閣珍藏秘本書目　毛扆斧季書
李鼎祚易解十本　宋板影抄　五兩　宋蜀本今在德國　毛氏舊藏自故宮散佚者
元板周易兼義八本　四兩　宋本周易单疏今歸傅沅叔丈
易說二本　綿紙硃砂格舊抄　六錢
關氏易傳　正易心法　潛虛發微論合一本　舊抄　六錢
關氏易傳一本　精抄　三錢
繫辭精義二本　宋板精抄　三兩
易象膚解三本　舊抄　九錢
麻衣道者正易心法一本　舊抄　一錢
周易旁註前圖一本　周易兩經十傳一本　舊抄　六錢
嘉靖　三十八冊　格式又一樣
中箱本小宋板東萊書說十六冊　售宋
此卷琛從曾叔祖手寫與潘稼堂先生底本記髫齡時彬
曜從父攜以見贈謬承以汲古後來之秀相屬老大無聞
殊增慚恧　琛謹識　昔乙酉花朝

《汲古阁珍藏秘本书目》之弢翁题记
《汲古阁珍藏秘本书目》

明之所以享高龄，是与他退休后三十多年中生活充实，性情平和，又特别注意养生分不开的。此书不但文字精美，还有不少其“手图”之彩色人体及五脏六腑之插图。此书既是养生之书，又是艺术精品。今日目睹文先生之稿本，真三生之幸事也。

3．“葛板”书两种：一、（367）《周礼》四十二卷，（汉）郑玄注，（明）金蟠、葛鼒等订，半页9×25厘米，小字双行同，书口下端镌“永怀堂”三字。二、（7875）《昌黎全集》四十卷外集十卷遗文一卷传一卷，封面有弢翁手书题识两则。书名页左下镌“昆山永怀堂藏板”七字，半页9×26厘米，书口下端镌“永怀堂”三字，扁宋体字如刀削，整齐而明快。各卷首署“门人陇西李汉编，后学东吴葛鼒校”。此为清乾隆初年葛正笏缀补翻印本，前有其于乾隆六年（1741）七月初六日所撰序，是关于“葛板”书的一篇重要史料，略为掇录云：此书系“先曾伯祖靖调（按即葛鼒之字）先生校刊本也。后板归东海舅氏心远先生，转以相畀。年久漫漶，不无残缺。今按旧本重加修补，以成全璧。窃以先曾祖端调（按即葛鼐之字，鼒之弟）先生禀承庭训，兄弟八人互相师友，砥行绩学，经史子集，胥钩玄提要，评骘梓行，颇为士林推重，有‘葛板’之目。中更兵燹，悉皆散佚。吾祖吾父极意访求，印本尚不多得，而此书刊板独存，不啻灵光之岿然矣”。又云：“正笏感遗编之零落，忆舅氏之盛心，区区缀补，犹不能自已云。”按：清孙庆增在其名著《藏书纪要》中，屡屡提及“葛板”，云“各家私刻之书亦有善本可取者，所刻好歹不一耳”。他批评“广、浙、闽、金陵刻本最恶而多，陈明卿板、闽氏套板亦平常”，独肯定“稚川凌氏与葛板无错误，可作读本”。又按：明代昆山葛锡蕃（1579—？），字鲁生，号中恬，万历二十九年（1601）进士，官至河南按察使。有八子，现所知其长子葛鼎，字谦调；次子葛鼒，字靖调，又字翼鲁氏；三子葛鼐，字端调；四子葛鼏，字毅调。史称兄弟八人多负才望，“门第鼎盛，声华人物，冠于一时。尤昌明古学，刊正经籍，时葛氏书满天下，其盛如此”。其藏书达三万卷，规模亦甚盛。

4. 藩刻本多种。一、（Z19）《春秋集注》十一卷纲领一卷，（宋）张洽撰，明嘉靖四十三年（1564）朱睦㮮聚乐堂刻本，半页9×19厘米，小字双行同，每页书口上方镌“聚乐堂”三字。朱睦㮮，字灌甫，周定王六世孙，初为镇国中尉，万历五年（1577）举文行卓异，为周藩宗正，有万卷楼藏书。《诸王宗室列传》其本传云，嘉靖三十六年（1557）聚乐堂刻唐李鼎祚撰《周易集解》十七卷，七年后刻宋张洽撰《春秋集注》十一卷，前者国图善本部有藏本（4982），后者则以珍善本弃藏在天津图书馆。二、（233）《历书》十卷（包括《圣寿万年历》二卷、《万年历备考》三卷、《律历融通》四卷，《附录》一卷），明朱载堉撰，津馆目录仅言为明刻本，实为明万历间郑藩刻本。此书蓝绫封面，半页12×24厘米，书幅高大，刻印精美。书前载“万历贰拾叁年陆月拾玖日郑世子臣载堉所呈奏”文十一页，4384字，又有同日所上进书表文三页，书末有“郑世子宝，万历二十三年（1595）六月十九日郑世子臣载堉”一行。《明史》卷一百十九诸王列传四仁宗诸子郑恭王朱厚烷之世子，有其传云“世子载堉笃学有至性”，万历十九年（1591）其父王薨，当时有以其子翊锡嗣王位之议，载堉“累疏恳辞”，“乃以祐檰之孙载玺嗣。而令载堉及翊锡以世子世孙禄终其身，子孙仍封东垣王。二十二年正月，载堉上疏，请宗室皆得儒服就试，毋论中外职，中式者视才品器使。诏允行。明年又上历算岁差之法，及所著《乐律书》，考辨详确，识者称之。卒谥端清”。传中所称即此书及《乐律全书》十二种。万历二十三年（1595）刻《乐律全书》时，此书作为附刻本而刻之。三、（272）《重修政和经史证类备用本草》三十卷，宋唐慎微撰，寇宗奭衍义，书末有“嘉靖丁酉（按即十六年，1537）孟春月吉楚府崇本书院重刊”楷书双行碑式长方牌记，末附宇文虚中和刘祁所撰两篇《书后》。四、（788）《楚辞集注》八卷辨证二卷后语六卷，宋朱熹撰，目录后有“万历丁酉（按即二十五年，1597）季春月谷旦吉府承奉司常山旸谷魏椿重刊”两行。前有次年陆长庚、庄天合所撰序，均说明此书是吉藩殿下命本府给事魏椿所校刊者。五、（688）《唐文粹》一百卷，宋姚铉辑，书前有明世宗朱厚熜的《皇帝复书》，晋藩知烊于嘉靖八年（1529）七月吉旦所上书及《重刊唐文粹序》。我在国图善本部读见晋藩所刊《宋文鉴》（9220），不同处除前有《重刊宋文鉴序》，亦刻有《皇帝复书》，晋藩知烊所上书则完全相同。

南三阁《四库全书》零本寻访记

童正伦

全国古籍普查工作展开之时，陆续有一些图书馆将所藏《四库全书》零本申报“国家古籍珍贵名录”，其中不乏南三阁本。在第四批申报中就有四川师范大学十八种24册、湖南省图书馆三种7册、泰州图书馆四种5册南三阁残本。为鉴定其书真伪，本人2012年10月15日至19日与全国古籍保护工作专家委员会主任李致忠先生、故宫博物院图书馆翁连溪研究员、国家古籍保护中心钱律进女士一同赴南京、长沙、成都实地目验实物。

乾隆四十七年（1782），高宗见《四库全书》蒇工迅速，于是下令再补抄三分，分藏江苏镇江文宗阁、扬州文汇阁和浙江杭州文澜阁。然此南三阁书在咸丰三年、四年和十一年先后毁于太平天国战火。文汇阁“比贼火及阁，尚扃钥完固，竟不能夺出一册”，文宗阁“故亦听付贼炬”（莫友芝同治四年五月十四日《上曾文正公书》，函藏南京图书馆）。文澜阁比之则侥幸，太平军攻陷杭城，文澜阁被摧，藏书大半遭毁，馀则委弃尘埃，被人捡拾。八千卷楼藏书家丁申、丁丙兄弟逃难至郊外留下镇，发现包物之纸竟是文澜阁《四库全书》，遂召人每夜往返数十里至文澜阁捡书，乱后又四处访察，收得残馀8389册。此后经民国及新中国迄今，又陆续收回700馀册，总计9100馀册，归浙江图书馆收藏。本人供职浙图，多年来厮守其书，校订其目，勘比异同，也留意世上尚存文澜阁零本，耳目所及，辄予记录，又循目搜讨，颇有所得，已发现有数十种，另文汇阁、文宗阁之残零也有所发现。

访书第一站是南京图书馆。金秋十月，江南秋高气爽，温暖正宜，桂蕾吐蕊，馥郁醉人。我们一行分别坐高铁从北京与杭州汇聚南京。李致忠先生已七十四岁高龄，仍精神矍铄，躬自四处奔波。南图新馆位于民国总统府侧，漂亮气派，现代化程度高。为便于专家组安排行程，泰州图书馆古籍部颜萍主任先已派专车将书送到南图等候。其馆藏有清徐倬《御定全唐诗录》卷七十六1册、元胡一桂《周易启蒙翼传》存《外篇》一卷2册、明章潢《图书编》卷六十九至七十1册、宋张君房《云笈七签》卷十三1册，合计5册，均非全本，来源已不得而知。封页已改蓝纸面，有污渍痕，卷前后有"古稀天子之宝"和"乾隆御览之宝"。李先生与翁先生仔细翻阅后颔首确认为南三阁本，本人也有如相见老友。至于这些书属南三阁的哪个阁，目前尚难确定。因南三阁与北四阁不同，北阁本用开化榜纸，南阁本用太史连纸，书幅也较之为小，抄胥一色三份，钤印也相同，如同孪生三兄弟。南三阁本是毛装运往，封面、书匣、书架等装潢由江浙自己办理，故封皮、颜色有所不同，能确定区分的在封叶。浙图存有宋周密《癸辛杂识》两部原抄，一部为丁氏所收，已改纸面（丁丙补抄文澜阁缺本时为求统一将书全部换成纸面），另一部为建国后从绍兴民间收回，原装绢面，当是文汇阁本或文宗阁本之一。对照别存之子部原装，可以看出区别。

泰州图书馆藏诸本与文澜阁本差别有二：一是绢色较文澜阁本深；二是封面书名之外框与"钦定四库全书"字是印的（应是盖上去的），其馀双行小字子部、书名、卷数是手写的，而文澜阁本则全是手写的。然此书究竟为文汇阁本或文宗阁本？尚未能知晓。文汇阁和文宗阁虽阁书俱焚，然据莫友芝实地调查记载："比至泰州，遇金训导长福，则谓扬州库书虽与阁书俱焚，而借录未归，与拾诸煨烬者，尚不无百一之存。长福曾于甘、泰间三四处见之。"（《上曾文正公书》）文澜阁也有出借在外之书，当然文宗阁也完全可能存在外借之本，今发现之孑遗也确实不止一种。2004年本人在台北参加会议，值台湾"中央图书馆"举办"馆藏《四库全书》特展"，展出四库零种二十馀部，凡钤"古稀天子之宝"者咸署文澜阁本，而其中实有些非文澜阁本。如明郑若曾《江南经略》八卷14册全（卷一上、卷七下为补抄），宋曾慥《类说》六十卷30册全（中有配补），宋叶廷珪《海录碎事》二十二卷28册全，宋郭知达《九家集注杜诗》三十六卷18册全。以上四种书皆有"臣刘之泗敬藏之印"，这些书浙图都藏有残本，显然非文澜阁本。四种书不但书品新，而且基本完整，当为文汇阁或文宗阁借出在外之本，未付祝融。展柜中的书都打开着，因此未睹封叶。

鉴定毕泰州图书馆藏本，尚馀时间，我遂向李先生提议顺便察看一下南图藏南三阁零本，本人适带有所知六种南图藏本目录。李先生欣然同意。南图历史文献部陈立主任立即派员提书。南图"文革"前曾将所藏文澜阁零本送回浙

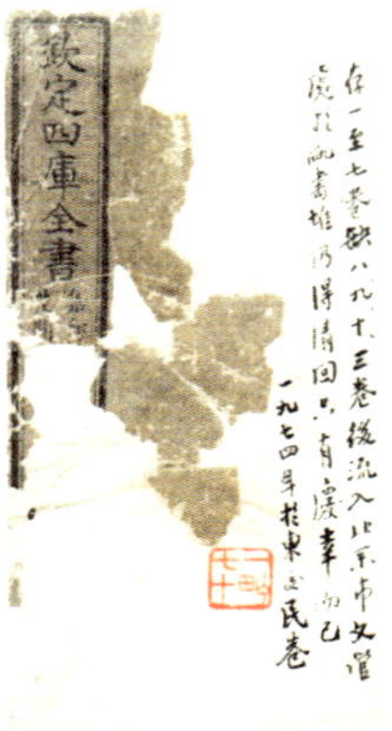

泰州图书馆藏文汇阁本或文宗阁本
四川省图书馆藏本及李一氓题跋

图，后又有续藏：宋吴子良《林下偶谈》卷三至四1册，封面已改装，浙图藏卷一至二1册，正好合为全璧；唐孙思邈《银海精微》二卷1册，原装包纸面；宋宋祁《益部方物略记》一卷1册，原装切过；明钱宰《临安集》卷一至三1册，封叶基本脱尽，仅剩一小块原皮；宋苏轼《东坡全集》卷六十八至六十九1册，已改装；明王逵《蠡海集》一卷1册，改装。凡六种6册，据封皮与残零污损状况以及与浙图存残本比对看，本人以为当是文澜阁本。

第二站是湖南省图书馆。翌日从南京飞往长沙，原历史文献部主任、现文献研究所所长寻霖研究馆员与年轻馆员文君早已等候，老友多年不见，分外亲切。湖南馆坐落市中心，建于1904年，为中国最早建立的图书馆之一，古籍藏量达六十馀万册。雷树德副馆长带领参观书库后，便进入正题。湖南馆申报《名录》的有经、史、子部各一种，然令人惊喜的是另有集部一种。分别是：清张英《易经衷论》二卷2册、宋吴仁杰《两汉刊误补遗》十卷3册、汉孔鲋《孔丛子》三卷2册、《本事诗》一卷1册。四种八册非但内容全部完整，而且原装绢面保存相当好，正好经史子集各一部，俨然一套《四库全书》样本。从装帧上看，这些书当为文澜阁本。书中别无他印，岁久人替，来源已非明矣。

第三站是四川师范大学图书馆和四川省图书馆。二十馀年前曾到过的成都，如今已高楼林立，难辨旧踪，唯不变的是麻辣。在川图古籍部彭邦明主任和林瑛副主任陪同下，我们来到川师大图书馆，范春林馆长等已布置好一切在等候。该校收有四库零种数量较多，竟成馆藏特色。

书清一色全是史部：南朝宋范晔《后汉书》卷六十八至七十1册，唐魏征《隋书》卷二十一至二十二1册，后晋刘昫《旧唐书》卷九十一至九十二

1册，宋欧阳修《唐书》卷一百五十至一百五十二1册，宋薛居正《旧五代史》卷二十四至二十六和一百二十六至一百二十七2册，宋欧阳修《五代史》卷二十一至二十四1册，宋李焘《续资治通鉴长编》卷三百四十六至三百五十六、三百五十九至三百六十、三百七十三至三百七十四5册，宋李心传《建炎以来系年要录》卷一百七十五至一百七十六1册，宋王益之《西汉年纪》卷二十四至二十五1册，清傅恒《御批历代通鉴辑览》卷七十一1册，清傅恒《平定准葛尔方略正编》卷三十五至三十八1册，清阿桂《钦定平定两金川方略》卷四十至四十二、一百十九至一百二十一2册，清马骕《绎史》卷八十六之四、一百四十七下2册，汉刘珍《东观汉记》卷六至十一1册，宋苏辙《古史》卷十七1册，宋郑樵《通志》卷八十七1册，明黄淮等《历代名臣奏议》卷二百一1册。书全部原装，书品基本完好。书均于1960年购自上海古籍书店，末有书店标签，10元1册。2010年北京保利公司拍卖1册已达36万，50年间身价陡长三万馀倍。我们参观了书库及精品古籍，李致忠先生还为该馆鉴定了其他藏品，并解答各种提问。

回到川图，彭主任居然拿出1册馆藏四库零本，真叫人喜出望外，也是我未所知的。《花间集》卷一至七1册。内容完整，封叶残损，有李一氓先生题跋："存一至七卷，缺八、九、十三卷。后流入北京市文管处，于藏书堆仍得清回，只有庆幸而已。一九七四年于东交民巷。" 钤印"一氓七十"。此本封色与浙图藏本同。

数日间马不停蹄行程匆匆，李先生谈锋甚健，殊无倦色。观其饮食，不嗜烟酒，少食肥腻，喜捡豆类与面食，每餐花生米不可或缺。在成都，主人安排早餐时，李先生提出要吃油条，结果满街寻找，最终于委巷小店中找到米粉油条。

此行能见到众多南三阁《四库全书》零本，且有意外发现，真是不虚此行。随着古籍普查的进行，相信将会有更多南三阁《四库全书》零本问世。

《徐夜诗集校注》的误收与失收

陈汝洁

徐夜（1612—1683），初名元善，字长公，号小峦。入清以后，更名为夜，字东痴，号嵇庵。山东新城（今桓台）县人。明末诸生。明亡后，结交反清志士顾炎武、张光启、董樵等人，一度图谋恢复。随着清朝政权的稳固，复明无望，他坚守志节，拒绝参加清廷的博学鸿词考试，在贫困中度过馀生。徐夜不惟志节令后世敬仰，其诗歌成就也堪称山左诗坛名家。《清史列传》、《清史稿》有其传记。

徐夜的外祖父为明末东林党人、著名诗人王象春。王象春为清初文坛领袖王士禛叔祖，故徐夜与王士禛为外从兄弟，二人交往较多。徐夜呕心沥血、惨淡经营的诗作，生前未能刊刻板行，王士禛在徐夜去世十馀年后，于康熙三十七年（1698）为他编印《阮亭选徐诗》二卷，此本仅收诗二百馀首，后多附王士禛评语，清人读徐诗盖多赖此本。由于受当时政治条件束缚，王士禛在选评徐诗时，对其中揭露统治者贪酷凶恶以及表达故国之思的诗篇多未敢评述，在《阮亭选徐诗》中对这样的诗篇也多有刊落。尽管如此，徐夜诗作仍未逃脱遭禁的厄运。乾隆四十四年（1779），江西巡抚郝硕以“中有违碍”，将王选本奏准禁毁，所以此本流传不广。除《阮亭选徐诗》外，徐夜的遗诗也有少量抄本流传。民国二十三年（1934），桓台县徐氏族人因续修家谱，刻印了徐夜诗集，名为《隐君诗集》，共四卷，收诗四百馀首。《隐君诗集》第一、二卷即是王士禛所编《阮亭选徐诗》的翻刻，第三、四卷是徐氏后人保存的部分徐夜遗诗。

1997年，山东大学出版社出版了武润婷、徐承诩整理的《徐夜诗集校

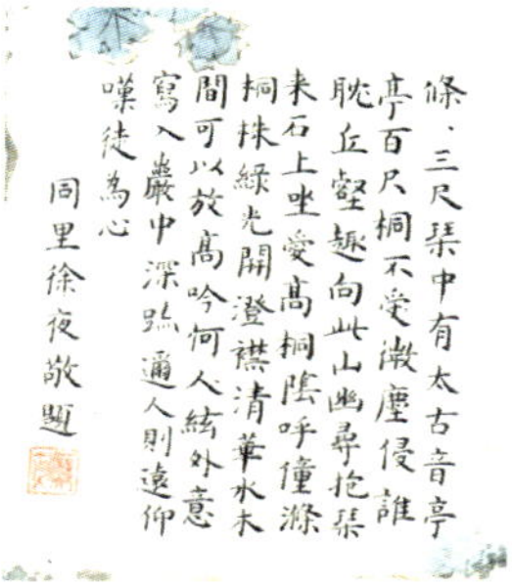

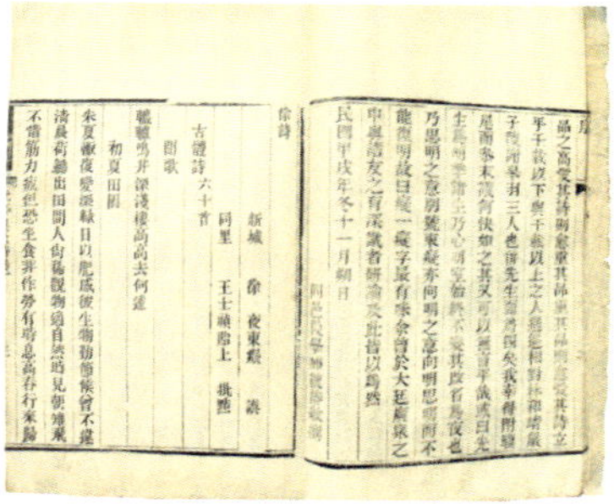

山东大学出版社本《徐夜诗集校注》
徐夜手迹
民国刻本《隐君诗集》

注》。此书以民国本为底本，全部收录了民国本的诗作，并增辑了三首佚诗。武润婷在该书《前言》中说："我们这个注本，共收诗四百四十六首，除《隐君诗集》所收诗外，又补以顾炎武《同志赠言》中所附一首，索镇高氏《古杂录抄诗》中所收一首，民国年间《重修新城县志》中所收赞诗一首。"（第14页）其中辑自"索镇高氏《古杂录抄诗》"的一首为《徐东痴以俭教家诗》："煮饭何如煮粥强，好同儿女细商量。一升堪作三升用，二日堪作六日粮。有客只需添水火，无钱何必作羹汤。莫嫌淡泊无滋味，淡泊之中滋味长。"（第358页）同页注释云："这首诗录自索镇高氏《古杂录抄诗》，题目是原有的，未改。"书中所说"索镇高氏《古杂录抄诗》"为该书校注者之一徐承诩先生所藏。笔者曾见过这个抄本，戋戋小册，杂抄了一些古诗文。印入《徐夜诗集校注》的《徐东痴以俭教家诗》与抄本有两处异文：一是"二日堪作六日粮"句中，"作"字抄本是"为"字；二是"有客只需添水火"句中，"需"字抄本作"须"字。其实，这首诗并不是徐夜作品。明人李诩《戒庵老人漫笔》卷七有《煮粥诗》："煮饭何如煮粥强，好同儿女熟商量。一升可作三升用，两日堪为六日粮。有客只须添水火，无钱不必作羹汤。莫嫌淡薄少滋味，淡薄之中滋味长。"（中华书局1982年版，第305页）这首诗与收入《徐夜诗集校注》的《徐东痴以俭教家诗》是同一首诗，仅是文字略有不同。李诩生于弘治十八年（1505），卒于万历二十一年（1593），其《戒庵老人漫笔》初刻于万历二十五年（1597），徐夜生于万历四十年（1612），故所谓《徐东痴以俭教家诗》肯定不是徐夜作品。

近年来，笔者倒是见到两首《徐夜诗集校注》失收的诗：一是康熙《新城县志》所载徐夜《月华诗》，二是戴苍《渔洋山人抱琴洗桐图》所载徐夜题诗。今将二诗辑录于下。

《月华诗》（有小序）云：

丙辰月夕，适值秋分，月晕中夜，如层锦周环，难以名状。匡庐先生以爱玩景光，留连独见，命酒语客，是为月华。命夜制长歌纪事。

今年节候平天工，中秋适遇秋分中。是宵明月正当望，更无云翳留虚空。百岁几年际此夕，家家围聚开华席。匡庐先生倍清兴，特修故事同嘉客。为看皓魄暂东升，婉转冰轮挂玉绳。水晶帘下疑无地，玉树流光更几层。圆景欲高光较偏，瑶台咫尺将无见。把酒还歌水调头，幔亭仿佛仙人宴。冷露零空浸影团，清辉躏籍玉山边。漏沉酒过客已寝，主人独坐当婵娟。忽然扬首叫奇绝，梦中起客还看月。虹耶蜃耶等莫拟，琉璃五色环银阙。深红碧素绛以黄，合成七宝琉璃装。毫芒外吐内反束，冰心一镜悬中央。明光到晓莫终薄，下照吾人尽欢乐。生世何曾见此祥，重新命酒还斟酌。吾闻升平之世月重轮，晕成合璧光轮囷。征之今时岂遂是，天道玄远难遽论。但知月华见者应昌寿，神明炯与灵光逗。惭无文笔如谢庄，为公作赋存诸后。

此诗见康熙三十二年（1693）刻本《新城县志》卷十四《艺文》。丙辰是康熙十五年（1676）。《小序》中的匡庐先生是王士禛的父亲王与敕，匡庐是他的别字。徐夜是王士禛叔祖王象春的外孙，所以以姻亲而论，王与敕是徐夜的从舅。后来，王士禛在《居易录》中也记载了他父亲和徐夜中秋赏月见月华一事。是书卷三十一云：“康熙己未、庚申间，先司徒府君以中秋夜召客。客散，留徐隐君东痴夜宿，而府君独坐月中，徘徊未寝。漏下三鼓，忽见月华如前所云，五采金光，灼烁射人，不可名状。急呼隐君起，重命觞酌达旦。明日隐君赋《月华》篇纪事，载新《志》中。”（《王士禛全集》，齐鲁书社2007年版，第4318页）文中“康熙己未、庚申间”为康熙十八、十九年间，显然是王士禛误记；新《志》即康熙新修《新城县志》，是相对旧有的天启《新城县志》和崇祯《新城县志》而言。

题《渔洋山人抱琴洗桐图》云：

条条三尺琴，中有太古音。亭亭百尺桐，不受微尘侵。谁耽丘壑趣，向此山幽寻。抱琴来石上，坐爱高桐阴。呼僮涤桐株，绿光开澄襟。清华水木间，可以放高吟。何人弦外意，写入岩中深。迹迩人则远，仰叹徒为心。（同里徐夜敬题）

此诗系徐夜题《渔洋山人抱琴洗桐图》之作，图为戴苍作。此图为2011年5月22日中国嘉德春拍夜场《大观——中国书画珍品之夜》拍品。除徐夜外，图中还有当时诗坛名家施闰章、朱彝尊等多人题诗。

《青崖文苑》第一集

薛冰

《青崖文苑》第一集，康冻著，民国二十三年（1934）一月初版；南京明瓦廊中国日报印刷所印刷，太平路开明书店总发行；32开本，92页。封面有毛笔题签“吟秋先生教正　后学康冻敬呈”。

此书20世纪80年代得于苏州古旧书店，因知受赠者即号吟秋的蒋镜寰先生，有名的版本学家和书法家，故康冻先生以后学自谦。蒋吟秋1981年辞世，身后藏书散入该店不少，他所辑印的《沧浪亭新志》和《吴中先哲藏书考略》，我也是在那时买到的。

从这一册《青崖文苑》中，可以得知康冻颇有些传奇色彩的生平。书首有《青崖居士小传》：“康冻，字素寒，四川西充县籍，其家与青崖洞近，别号青崖居士。先世皆业儒，父母早没，赖兄嫂成立，事兄悌，愿以先人遗产尽归之，自作自［生］计，故至今未为家云。出身系师范生，考入中央军校第五期，毕业后，怀班定远、张博望勤远之志，请命于当道，派往新疆，任戍边工作，事为西北军所深嫉，就其途执而囚之二载。”其入狱在民国十七年（1928）冬，自述时年二十二岁。出狱后，他返回南京，供职于中央军校，“一·二八”事变后，他“辞职组民军备用，未竟成，还川任参谋一年”，因不满军阀争战，辞职还乡。“日寇深入古北口，密云不守，平津危殆，冻又苦别家庭，只身北上，参加抗日。及抵平而双方战事停。慷慨燕赵，无齿之者”。他的抗日激情无人理解，因愤而南行，遁居绍兴兰亭，摹晋书，绘墨竹，“制艺以自食”；后移居南京“半山寺僧舍之西轩”，也就是王安石半山园旧址所在。

康冻自视甚高，书前照片下有自题小诗：“上马操刀，下马挥毫。朔方剪寇，吴市吹箫。人之所丑，天之所骄。亦飞榆枋，亦搏九霄。”在《序言》中他写道：“《青崖文苑》初草成，诸友见而喜曰：再得名人为之题序，可以传矣。冻逊谢曰：传不传，余未计及也。传，亦非幸事也。其文其艺，与时大谬，明知其无传之价值也。文艺本身之价值低，而欲传［借］重名人之价值传，使珠以椟贵，乌以屋爱，冻虽鄙陋，亦深耻之也。”又说：“韩退之谓物不得其平则鸣，然则斯作者，亦自鸣焉耳，固不必求人之共鸣也。”

《青崖文苑》正文分为五编：书画琴品、文、早岁诗（十岁至十七岁作）、壮岁诗（从军后作）、词曲新诗。其诗多述心志，如《西征别京中诸同学》：“三年炼剑告成功，少壮愁看白发生。忧苦当先欢乐后，国防为重个身轻。愿收丧地九千里，凭用吾胸八万兵。志力原须御外侮，哪堪闭户事纷争。”又如《送刘仲雄同学赴淞沪战场》：“戍鼓急，离歌戚，挂霜刀，临大敌。君马骄骄行，我马晰晰鸣。鸣者停蹄行者远，送君易水望君返。不问倭寇多少头，个个砍来堆成巘。”

最值得重视的还是其文。《记兰州狱》一文，说到他新疆之行的缘由，是“怀守在四夷之志，不愿往来冲突于邦域之中以自豪也”，然而其时“西北军突与中央离异，以冻等自京来，深入重地，不无可疑，遂捕而监视之”。一个反对内争的热血青年，偏为内争所误。狱中饱经磨难，他坚持跑步锻炼身体；幸有出狱狱友赠书籍碑帖，可供修学，他无钱买纸笔，遂剪长发扎成大笔，沾水在砖墙上练书法，“狱中书秃发笔五十馀支”；又教狱中农民小贩读书，“铁窗下书声哏哏，为前所未有”。无辜囚禁二十五个月，“政局翻变，中央特派员至，得其情，即慰释”。

在《艺术之我见》中，他有感于“人人争先仿效”海派的流风，“穷乡僻壤，随处皆发现粗犷恶劣毫无意理之帚笔画，随处皆有卷曲臃肿毫无气势之魏体书，犹洋洋得意曰，吾海派也。其他富于文思富于美性之作品，皆因非海派嫡出而贱值”，特别强调艺术的生命力恰在于多样性：“派别愈赜愈文，愈变愈奇，其作法决不能如典范令之条条规定，其作品亦不能似军衣军帽之班班一色也。”他主张“以二分师古人，三分师造化，五分留作自家天才品性展布之馀地”，“文章艺术，当如向阳春花，各就其天赋之姿”，倡扬艺术的创造性。其《论文》亦如此，文人“各有各之学识，各有各之才思，各有各之气慨，各有各之体态与修养，其作品之不同，又各如其貌，唯其不同，所以如锦如绣”。

《一夕滑稽谈》中，他说到自己“弃中级官而作书画士”的原因，是鉴于当时的争权夺利，官场纷扰，“吾人处此粥少僧多官满为患之际，应于官

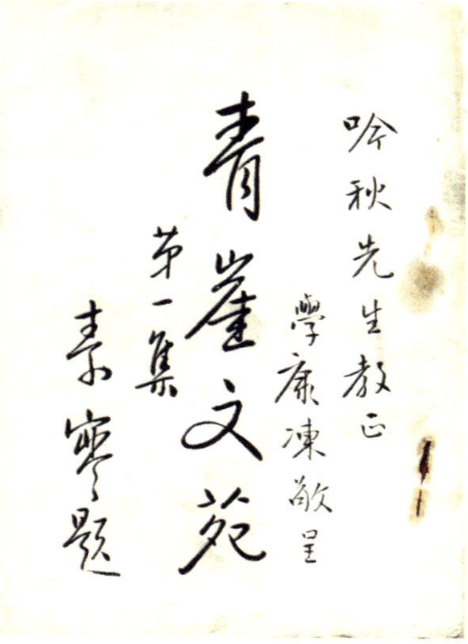

《青崖文苑》

界之外，别寻事做，别讨饭吃，不受人怜，不受人抑，不受官太太车马衣裳之煎逼”，且说“官与人，本无区别，人能立品修行，自视自贵，斯自贵矣；自待自贱，恶得不贱”。《战绩依稀印旧年》中，他更说到因内乱而引外侮的危机：“国家之乱，不乱于民而乱于官。女子有志，即以做夫人为光荣；丈夫有志，即以做贵官为出人头地。芸窗苦读，为做官也；执锐披坚，为做官也。做官则势大钱多，可以驾临一切之上也。中国为世界上第一产官之国，弄得举国皆官，官官皆事权利之斗争，官愈多，战愈纷，官愈大，战愈烈，你诛我诛，战无已时，引此凶毒之日寇张牙舞爪而来。”在《藐大人》中，他敏锐地指出所谓“公仆”实为“大人”，其文云“在民智未确实普遍、民权未确实掌握之前，对三数实力派，吾人不能仆呼之；诚欲仆呼之，则乃仆将予吾人以痛箠也。实际非仆人也，大人耳。瞎捧大人，拥彼掀此，不问百分辛勤，终属糊涂混账”，并得出“小人不起，大人不死，大人不死，大乱不止”的结论。

书画琴品一编，自述其学书、学画、学琴的经历和造诣，盖因其既以“售画鬻书”为生，不能不自作鼓吹。书尾附《康冻书画润格》一页，因半山寺所在荒僻，故另以城中碑亭巷瑞文斋协记纸店为订件处。书中插图十馀幅，看他画竹，画梅，画菊，画荷，画青菜萝卜，笔意雅淡，书法亦如其所言，果有“高旷清寒”之风。

中国烟草著述考（一）

曲振明

烟草传入中国后，许多文人学者留下相关记载，有的是寥寥数语，有的是鸿篇巨制，但都是珍贵的历史文献，是烟草文化研究的资源，蕴藏着巨大文化价值。在以往的烟草文化研究中，人们所关心的往往是文献本身，而对文献作者、产生背景以及研究价值，一般鲜有探讨。本著述考即旨在阐述这些内容，并兼及文献之可信度及其历史价值、内容特色、版本源流等。

一、姚旅与《露书》

姚旅是明代末年著名的学者，所著《露书》是一部颇有影响的著作，其中涉及中国引种烟草的文字，常常为后人谈及烟草时引证。郑振铎先生断言："记淡巴菰之进入中国，当以此书为最早。"

姚旅（？—1622），字园客，初名鼎梅，明万历间莆田县涵江北山村人。少负才名，却屡试不第。曾寄居南京，与陈宁卿、曹学佺、臧晋叔、陈德远等人结成金陵社、白门社，相互酬唱诗文。曾著诗文集，可惜今已不传，仅见钱谦益《列朝诗集》刊载其在"金陵社诗集"一首，"白门社诗集"二十一首。中年后，开始纵情山水，浪迹江湖，曾北上太原、大同，南涉岭海，还到过云南。其非常留心异地风土人情，所见之事都有记述。此外，他还关心域外风情，大量记述了朝鲜、琉球、越南等国的风俗，记载了意大利传教士利玛窦、罗华宗等人来华的事迹。晚年将这些经历著成《露书》刊行于世，内容丰富多彩。

《露书》取东汉王充所言“口务名言，笔务露文”之意命名。该书共十四卷，分核篇、韵篇、华篇、杂篇、迹篇、风篇、错篇、人篇、政篇、籁篇、谐篇、规篇、技篇、异篇。《露书》书前有晋应斗、李维桢、韩位甫和侯应琛的序及自序。据自序云：“自迹篇而上，多稽古，而间附以今；风篇而下，皆征今，而欲还于古。”书中记载了许多颇有价值的史料，如对琴、胡琴、竹唢呐、羊皮鼓、扠喇箕等乐器的记载，可供古典音乐家参考；火把节传说的记载，可供民俗学家进行研究；吴江人陈玄超娶秋香的记载，是后来唐伯虎三笑姻缘的源流之一；关中在地震后所出现的地下水位下降及地温现象的记载，是研究古代地震学的科学资料；中国使节将戏曲、舞蹈带往琉球的记载，是中外文化交流的真实写照；而“错篇”中那段对于烟草的记述，更是我们研究中国烟草传入过程的宝贵史料。他说：“吕宋国出一草，曰淡巴菰；一名曰醺。以火烧一头，以一头向口，烟气从管中入喉；能令人醉，且可辟瘴气。有人携漳州种之，今反多于吕宋；载入其国售之。淡巴菰，今莆中亦有之，俗曰金丝醺，叶如荔枝，捣汁可毒头虱，根作醺。”这段文字中，记述了烟草系明万历间自菲律宾（吕宋）传入我国，始种于福建的漳州、莆田一带，后来种植量大，返销于菲律宾（吕宋）的史实。姚旅为福建人，记载多为亲眼所见所闻。

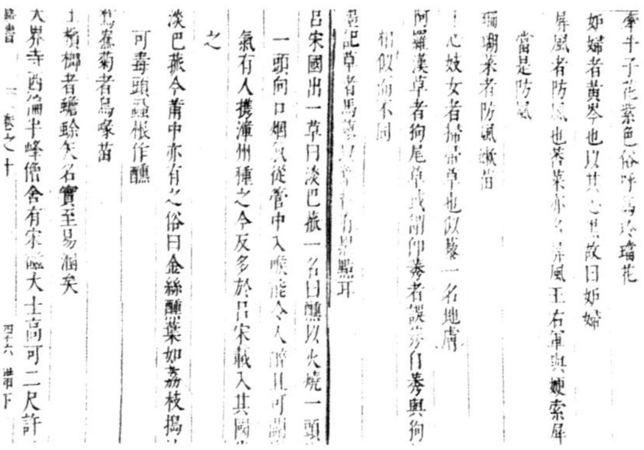
牽牛子花紫色俗呼[illegible]瑞花
妒婦者黃芩也以其[illegible]故曰妒婦
屏風者防風也[illegible]屏風王右軍與嫂索屏
當是防風
珊瑚菜者防風嫩苗
[illegible]妓女者掃帚草也似蓬一名地膚
阿羅漢草者狗尾草或謂仰麥者誤[illegible]仍麥與狗
相似而不同
[illegible]巴草者馬齒莧[illegible]黑點耳
呂宋國出一草曰淡巴菰一名曰醺以火燒一頭
一頭向口烟氣從管中入喉能令人醉且可辟[illegible]
氣有人携漳州種之今反多於呂宋載入其國[illegible]
之
淡巴菰今莆中亦有之俗曰金絲醺葉如荔枝搗[illegible]
可毒頭蝨根作醺
[illegible]蘿菊者烏喙苗
[illegible]檳榔者蟾蜍矢名實至易淆矣
大界寺西偏半峰僧舍有宋[illegible]大士高可二尺許
露書　卷之十　四十六

《露书》

书前作序的时间分别在万历壬子（1612）和癸丑（1613）之间，据此《露书》的写作时间当在1611年以前。《露书》有抄本，有明末刊本。刊本原为莆田涵江藏书家康修其所珍藏，今归福建省图书馆。另外北京国家图书馆也藏有明天启年间《露书》刊本。

二、倪俶谟与《本草汇言》

明代医学家倪俶谟的《本草汇言》取材四十多部医书，记录了许多有关烟草的文字，其价值弥足珍贵。

倪俶谟，字纯宇，钱塘（今浙江杭州）人。约生活于明万历、天启年间。据《浙江通志》载，倪氏“少沉默好古，治桐君、岐伯家言，得其间奥。治疾奇效，多奔走而延致之，不得则怨”。倪倇谟在广泛收集本草文献资料的同时，又“周游省直，于都邑市廛、幽岩隐谷之间，遍访耆宿，登堂请益。采其昔所未详，今所屡验者，一一核载”（见《凡例》），编为《本草汇言》。该书汇集了历代本草书四十馀种，还汇集了采访一百四十八名明代医药家所得的药论或方剂。像这样在采访搜求上百家医药家药论的基础上编纂而成的本草著作，在古代还是十分罕见的。《本草汇言》前十九卷为各论，共收集药物五百八十一种，分草、木、服器、金石、石、谷、土、果、菜、虫、禽、兽、鳞、介、人等十五部。沿袭的是李时珍《本草纲目》的分部方式，但排列次序有所变更。与一般本草书不同的是，该书把总论部分放在全书的最后一卷，列气味阴阳、升降浮沉等药学专题23项，内容亦多采自《本草纲目》。全书共有药图530幅。

《本草汇言》最大的价值是记载了明代后期浙江一带上百名医药家的药物论说，同时还摘录了大量的明代医方资料。这些都是不见于其他本草书的新资料。烟草载于卷五，卷首绘有烟草的墨线图。文中汇集了明万历年间（1573—1620）两位学者有关烟草的记述。其一为：“沈氏曰：烟草，生江南浙闽诸处，今西北亦种植矣。初春下子，种莳喜肥粪。其叶深青……秋中采收，晒干，细切如丝。缕成穗装入筒口，火燃吸之，烟入口鼻，通达百骸万窍。闽中石马镇产者最佳。”其二为：“门吉士曰：此药气甚辛烈，得火燃，取烟气吸入喉中，大能御霜露风雨之寒，辟山蛊鬼邪之气，小儿食此能杀疳积，妇人食此能消症痞。北人日用为常，客至即燃烟奉之，以申其敬。”

沈氏生平不可考，门吉士据同书其他引文注为万历皇帝的御医。两人的著述都是稿本，但不知道书名。从“烟草，生江南浙闽诸处，今西北亦种植矣”、“闽中石马镇产者最佳”、“北人日用为常，客至即燃烟奉之，以申其敬”等句可知，烟草在万历年间已传遍全国。文中还把烟草种植和吸烟叙述得十分清楚。后世有学者认为，这两段的文字记述早于姚旅的《露书》。

倪倇谟《本草汇言》纂于天启四年（1624），书稿由其子倪洙龙刊行于清顺治二年（1645），初印之后又续有增补。此书后世很少翻印。2001年，中医古籍出版社出版由郑金生等人点校的《明代本草名著点校·本草汇言》。2005年，上海科学技术出版社出版由戴慎等人点校的《中医古籍孤本精选·本草汇言》。

三、张介宾与《景岳全书》

明代医学家张介宾《景岳全书》，被后世中医学界奉为至宝。其中对烟草引入、传播的记述颇详，被吴晗先生称之为“第一次提到烟草的历史和故事”。

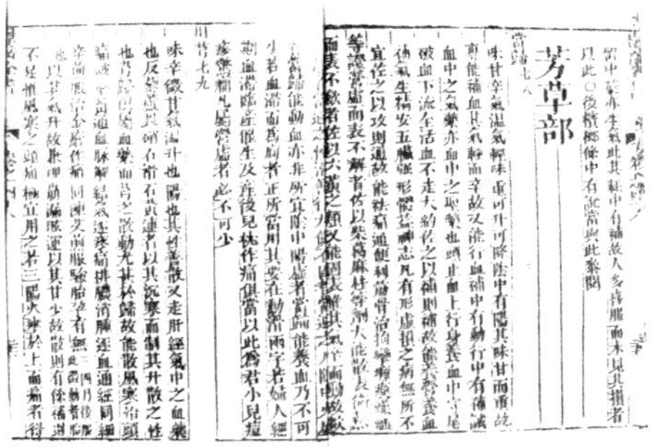
芳草部

《景岳全书》

张介宾（1563—1640），字会卿，号景岳，又号通一子，明代浙江绍兴人。祖籍四川省绵竹县，其先世在明朝初期以军功授以绍兴卫指挥，遂定居浙江。张介宾出身官僚之家，才思敏捷，自幼开始学习，凡天文、音律、兵法、象数等无不通晓，有比较扎实的文学、史学、哲学基础。青年时代，拜当时的名医金英（字梦石）为师，尽得其传。中年时代，又曾从戎幕府，经过了河南、河北、东北等地区，积累了丰富的临床经验。至五十馀岁，张氏才返回乡里，全力研究岐黄之术。由于张氏有多个学科的知识，同时又有丰富的临床经验，因此不仅在中医基本理论方面很有研究，而且在临床治疗方面亦颇有造诣，成为明代一大医家。余姚大儒黄宗羲《南雷文定前集》卷十有其传云：“是以为人治病，沉思病原。单方重剂，莫不应手霍然。一时谒病者，辐辏其门，沿边大帅，皆遣金币致之。其所著《类经》，综核百家，剖析微义，凡数十万言，历四十年而后成。西安叶秉敬谓之海内奇书。”充分说明张氏学经两富的成就。著述有《类经》、《类经图翼》、《类经附翼》、《景岳全书》、《质疑录》等。

《景岳全书》共六十四卷，分十六种。第一种为“传忠录”（卷一至三）、第二种“脉神章”（卷四至六）、第三种“伤寒典”（卷七、八）、第四种“杂证谟”（卷九至三十七）、第五种“妇人规”（卷三十八、三十九）、第六种“小儿则”（卷四十、四十一）、第七种“麻疹诠”（卷四十二）、第八种“痘疹诠”（卷四十三至四十五）、第九种“外科钤”（卷四十六、四十七）、第十种“本草正”（卷四十八、四十九），第十一至十六种为方剂（卷五十至六十四）。

其中卷四十八“本草隰部”记载：“（烟草）自古未闻也。近自我明万历时，始出于闽广之间，自后吴、楚皆种植之矣，然总不若闽中者，色微黄，质细，名为金丝烟者，力强气胜为优也。求其习服之始，则向以征滇之役，师旅深入瘴地，无不染病，独一营安然无恙，问其所以，则众皆服烟。由是遍传，而今则西南一方，无分老幼，朝夕不能间矣。”这段记载，精辟叙述了烟草的传播路线，先由福建、广东，再传江南、两湖一带。烟草传入云南是由于军队讨伐所至，据《明史》卷三一四和三一五记载，万历十一年（1583）调南京坐营中军刘綎、武靖参将邓子龙率兵进滇，平定岳凤勾结缅人所致之祸。此次为明军征滇的最晚纪录，故张介宾所言“征滇之旅”不会晚于刘綎、邓子龙征滇。从现存的资料看，张介宾有关烟草的记载并不是吴晗先生所说的“第一次”。

《景岳全书》撰于天启四年（1624）。系在博采诸家之说基础上，结合个人学术见解及临床经验撰成的。现存版本三十多种，有明刊本、康熙三十九年（1700）刊本、瀛海贾棠刻本、越郡黎照楼刊本、岳峙楼刊本、《四库全书》本、金阊书业堂刊本、敦化刊本、扫叶山房刊本等，1959年上海科技出版社出版影印本。

四、方以智与《物理小识》

明末清初杰出的思想家、哲学家、科学家方以智，与陈贞慧、侯方域、冒辟疆被后人誉为明末四公子。其在《物理小识》中，对烟草的记述非常精辟。

方以智（1611—1671），字密之，号曼公，又号鹿起、浮山愚者等，兼有别号多种，是安庆府桐城县凤仪里（今属安徽省枞阳县）人，出身世家。其祖父方大镇，曾任万历朝大理寺左少卿，治《易经》、《礼记》，著述宏富。父亲方孔炤，万历四十四年（1616）进士，崇祯朝官至湖广巡抚，通医学、地理、军事，著有《全边略记》、《周易时论》等，《明史》有传。方以智自幼秉承家学，接受儒家传统教育，早年随父宦游至四川嘉定、福建福宁以及河北、京师等地，见名山大川，历京华胜地，阅西洋之书，颇长见识。成年后，载书泛游江淮吴越间，遍访藏书大家，博览群书，交友结社。后与陈贞慧、吴应箕、侯方域等主盟复社，裁量人物，讽议朝局，以文章誉望动天下。崇祯十三年（1640）中进士，任翰林院检讨。崇祯十七年（1644），李自成农民军攻入北京，崇祯皇帝自缢，方以智在崇祯灵前痛哭，被农民军俘获。他设法逃脱，辗转奔回南京。仇敌阮大铖把持南明弘光朝政，方以智受到迫害，化装逃离南京，流落在岭南、两广一带，以卖药为生。清兵大举南下时，他联络东南抗清力量抵抗。1650年，清兵攻陷广西平乐，方以智被捕，坚贞不屈，清将为其正义所动，听任其易服为僧，改名弘智，字无可，别号大智、药地、浮山、愚者大师等。晚年定居江西庐陵青原山，自称极丸老人。康熙十年（1671）冬，因他事牵连被捕解往广东，途经江西万安惶恐滩头，因疽发卒于舟中。

方以智学识渊博，一生著述百馀种。其中最为流行的是《通雅》和《物理小识》。《物理小识》全书共十二卷，分为十五类，内容涉及天文、地理、物理、化学、生物、医药、农学、工艺、哲学、艺术等诸多方面。其卷九有关

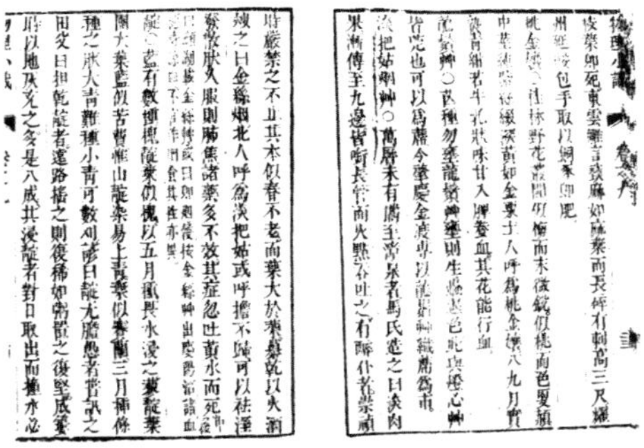

《物理小识》

于烟草的记述："万历末，有携淡把姑至漳泉者，马氏造之，曰淡肉果，渐传至九边，皆衔长管而火点吞吐之，有醉仆者。崇祯时严禁之不止。其本似春不老，而叶大于菜，曝干以火酒炒之，曰金丝烟，北人呼为淡把姑，或呼担不归。"这段文字记载了烟草传播和崇祯时禁烟史实。

方以智从崇祯辛未（1631）开始收集撰写《物理小识》的材料，至崇祯癸未（1643）编成初稿。次年，李自成起义军攻陷北京，方以智匆忙逃离。在其后的颠沛流离生活之中，他仍然不忘搜集材料，予以补充。该书原附于方以智的另一著作《通雅》之后，后由其次子方中通、学生揭暄等加注重编，使其单独成书。现存的《物理小识》刻本中，最早的是清康熙三年（1664）宛平于藻庐陵刻本，其次有光绪十年（1884）宁静堂刻本等，以后流行的铅印本有"万有文库"丛书本、商务印书馆本等。

五、谈迁与《枣林杂俎》

明末清初史学家谈迁的《枣林杂俎》是一部历史笔记，其中对烟草的传播和禁忌的记载，颇有价值，常被后人引用。

谈迁（1594—1658）原名以训，字仲木，号射父，明诸生，海宁马桥人。其祖籍汴梁（今开封），随宋室南渡，定居于盐官西南枣林村，后江沙坍落，迁至马桥麻泾港西（今海宁马桥）。明亡后改名为迁，字孺木，号观若。自幼刻苦好学，家贫，靠缮写、代笔或作记室（秘书）维持生活。南明弘光元年（1645）为阁臣高弘图的记室，出谋划策，力图恢复。颇受高弘图、张慎言等赏识。后拟荐为中书舍人及礼部司务，他感到"时事日非，不足与有为"，坚辞不就，引退回家隐居。

谈迁博鉴群书，善诸子百家，精研历史，尤重明代典故。他立志编撰翔实可信的明史。天启元年（1621），谈迁二十八岁，母亲亡故，他守丧在家，读了不少明代史书，觉得其中错漏甚多，因此立下编写一部真实可信明史的志愿。在此后的二十六年中，他长年背着行李，步行百里之外，到处访书借抄，饥梨渴枣，市阅户录，广搜资料，终于用五年之功而完成初稿。以后陆续改订，六易其稿，撰成了百卷五百万字的巨著《国榷》。岂料两年后，清顺治四年（1647），书稿被小偷盗走，他满怀悲痛，发愤重写。经四年努力，终于完成新稿。顺治十年（1653），六十岁的他，携第二稿远涉北京，走访明遗臣故旧，搜集逸事遗文及有关史实，并实地考察历史遗迹，加以补充修订。书成后，署名“江左遗民”，以寄托亡国之痛。顺治十四年（1657），去山西平阳（今临汾）祭奠先师张慎言，病逝于客地。著作另有《枣林集》、《枣林诗集》、《枣林杂俎》、《北游录》、《西游录》、《史论》、《海昌外志》等。

《枣林杂俎》分智、仁、圣、义、中、和六集十八门，其中土司一门有目无文，实有十七门。书中对南明弘光朝史事、明代典章制度及户帖式的真实记录，具有较高的史料价值。如对“袁崇焕受贿”，“老公”原为太监（李自成进北京后即有“打老公”之事）的记载，颇有史料价值。其对烟草的记载云：“金丝烟，出海外番国，曰淡巴菰，流入闽粤，名金丝烟。性燥有毒，能杀人。天启二年，贵州道梗，借径广西，始移其种。叶似薤，长茎，采而干之，刃批如丝。今艺及江南北。崇祯十六年敕禁，私贩至论死，而不能革也。”文中叙述了烟草传入西南的经过和崇祯年禁烟的历史，颇具研究价值。

《枣林杂俎》有浙江巡抚采进本。铅印本有中华书局本和上海古籍出版社本。

六、杨士聪与《玉堂荟记》

史学家杨士聪生活在明末清初之际，其《玉堂荟记》把晚明社会描写得淋漓尽致，书中对崇祯皇帝禁烟、解禁的历史描述颇为真实。

杨士聪字朝彻，号凫岫，山东济宁人；明崇祯辛未进士，官翰林院检讨。入清以后，官至谕德。今山东济宁有条翰林街，是宽不到十米的小街，就是因为杨士聪住在这里而得名。据乾隆四十三年（1778）的《济宁直隶州志》记载，这里原叫杨翰林街，1928年时改叫翰林街。杨家翰林园大院后水坑被称为翰林坑，翰林坑边的街道就叫翰林坑涯街，这些名称一直延续到现在。上世纪的90年代这里的翰林园仍存在，后来变成霍家街小学。

杨士聪是明崇祯朝的翰林院检讨，在科举制度下是出类拔萃的骄子。但是他仕途命运多舛，逢崇祯朝甲申之变，李自成起义军攻下北京，杨士聪之妻和两个小妾自缢，爱女也投井身亡。杨士聪本人则做了起义军的俘虏。其著述流传至今的有《甲申核真略》、《玉堂荟记》、《寒夜丛谈》等，真实记录了明末清初的社会历史变迁。

《玉堂荟记》四卷，为史料类笔记小说。其中如杜三策册封琉球，旁及彭湖岛（今澎湖）及东岛（按指台湾）情况；又记曾樱事，并及郑芝龙辇金入京等，史料价值相对较大。其在记述中将烟草称为烟酒，说：“烟酒古不经见。辽左有事，调用广兵，乃渐有之，自天启年中始也。二十年来，北土亦多种之。一亩之收，可以敌田十亩，乃至无人不用。已卯，上传谕禁之，犯者论死。庚辰，有会试举人未知其已禁也，有仆人带以入京，潜出鬻之，遂为逻者所获。越日，而仆人入死西市矣。相传上以烟为燕，人言吃烟，故恶之也。壬午，余入京，鬻者盈衢，初以为异，已而知为洪督（按指洪承畴）所请开其禁也。”这段文字介绍了烟草传播到北方是由于“辽左有事，调用广兵，乃渐有之”。天启年间烟草种植广泛， 崇祯十二年（1639）开始禁烟。明成祖朱棣早年被封为燕王，北京亦称燕都，相传禁烟即与“烟”“燕”同音避讳有关。崇祯十三年（1640），有一位进京赶考举人的仆人因吸烟论死，崇祯十五年（1642），烟草解禁，北京遂至“鬻者盈衢”。据说这次开禁是蓟辽总督洪承畴提出来的。

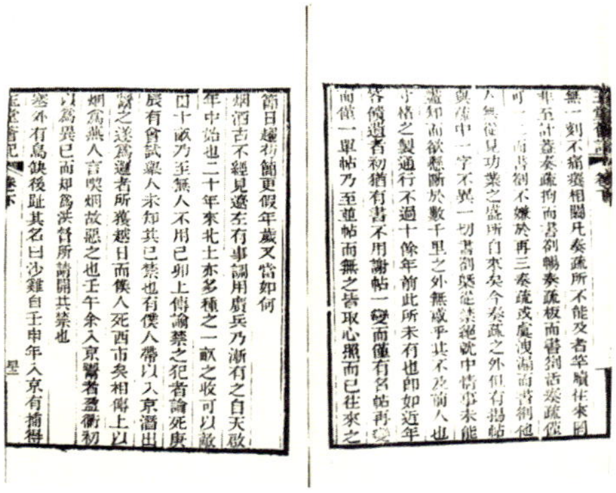
無一刻不痛癢相關凡奏疏所不能及者竿牘往來因
非至計蓋奏疏拘而書劄暢奏疏板而書劄活奏疏僅
可一二而書劄不嫌於再三奏疏或虛漏而書劄
人無從見功業之盛所自來矣今奏疏之外但有揭帖
與中一字不異一切書劄緣從禁絕就中情事未能
盡知而欲懸斷於數千里之外無惑乎其不及前人也
寸楮之製通行不過十餘年前此所未有也即如近年
答候過者初猶有書不用謝帖一變而僅有名帖再變
而僅一單帖乃至並帖而無之皆取心照而已往來之

節日擁街簡更假年歲又皆如何
烟酒古不經見遼左有事調用廣兵乃漸有之自天啟
年中始也二十年來北土亦多種之一畝之收可以敵
田十畝乃至無人不用已卯上傳諭禁之犯者論死庚
辰有會試舉人未知其已禁也有僕人帶以入京潛出
鬻之遂為邏者所獲越日而僕人死西市矣相傳上以
烟為燕人言喫烟故惡之也壬午余入京鬻者盈衢初
以為異已而知為洪督所請開其禁也
不有烏鉠後趾其名曰沙雞自壬申年入京有捕得
玉堂薈記 卷下

《玉堂荟记》

《玉堂荟记》的版本很多，常见的有副都御史黄登贤家藏本、嘉业堂板和大通书局印本等。

郑文焯批校词集略记

杨传庆

郑文焯（1856—1918），字俊臣，号小坡，又号叔问，晚号大鹤山人。奉天铁岭（今辽宁铁岭）人。隶内务府正白旗。郑氏为晚清四大词人之一，终身致力于词学，一生批校词集甚夥。龙榆生曾云：“凡前人词集，经先生批校者，散在海内藏家，不可指数……各家或一本，或屡经批校至三四本，莫不朱黄满纸，具有精意。”（《大鹤山人词话·题记》，收入《词话丛编》）由于郑氏著述散佚颇多，对其批校词集一直缺乏全面的认识。有鉴于此，本文尝试对其批校词集略加梳理，条述如下。

《花间集》

郑文焯自称撰有《花间集校勘记》，龙榆生《大鹤山人词话·题记》中亦提及郑有手批《花间集》，龙氏《唐宋名家词选》及李冰若《花间集评注》皆有引录。郑逸梅《艺林散叶》也记云：“倪寿川藏有郑大鹤手批之《花间集》。”可证此书民国年间尚有流传。今郑氏手批稿本已不可见，然过录本尚存，上海图书馆藏“邵武徐氏丛书”二集第四十册《花间集》上，过录了郑文焯所批内容，其卷末记云：“己巳小年前三日，借龙师榆生过录朱彊村本，四日始录竟。”由此可知，郑氏手批稿本为朱祖谋所藏，过录者乃是龙榆生的弟子，其据龙氏过录朱藏本再次过录。郑氏批语有云“是本为王半塘前辈景宋淳熙鄂州旧椠”，可知其批校的底本为王鹏运从聊城杨绍和海源阁借得南宋淳熙鄂州本所影刻的四印斋本。

《金荃集》

郑文焯致朱祖谋书云撰有《金荃词考略》，张尔田《与龙榆生言郑叔问遗札书》云:“叔问尚有考证《金荃集》一长跋，写于卷纸，未装裱，亦为□□借去，又不知落入谁手矣。”（《词学季刊》第一卷三期）可见，郑文焯曾校读《金荃集》，且用功不浅，所得甚夥，只是稿已亡佚。

《乐章集》

郑文焯批校《乐章集》所据底本为吴重熹石莲庵刻本的初印本，后由台湾广文书局据张寿平所藏稿本影印。有郑氏亲书“《乐章集》石莲庵刻本”题识。据郑氏所记时间“己亥之岁中春校过”及“辛亥夏五”，可知是书经郑氏十一年反复校订。

《东坡乐府》

郑文焯批校《东坡乐府》计有二种，所据底本均为朱祖谋刻《彊村丛书》本。一种为徐乃昌所藏，龙榆生曾见此本，并过录批语，龙氏记云“南陵徐积馀先生藏《彊村丛书》本”。此本今已难见，龙榆生曾辑录批语二十六则，先载于《词学季刊》第一卷第三号，题为《大鹤山人词话》，后由唐圭璋收入《词话丛编》。另一种为南京图书馆藏本。邓子勉《郑文焯手批〈东坡乐府〉》一文有详细介绍。此手批本扉页题词云：“辛亥秋，樵风客舟校于小城东墅，时江南警息四至，汌苇萧然。”可知此本批校于宣统三年（1911）秋，辛亥革命爆发之时。在这一批本中，郑文焯所批之语与龙榆生所录徐藏本批语多不相同。

《清真集》（《片玉词》）

郑文焯于清真词用力最深，自言校美成词凡三十馀过，批校之本，至再至三，当时有“清真教”之雅谑。今知郑校清真词集计有五种：

第一种为《大鹤山人校本〈清真集〉》，上、下二卷，《补遗》一卷，为周邦彦词集的第一部校刊本。后附《校后录要》一篇，末云“光绪上章困敦之年大梁月既望”，是知《录要》为光绪二十六年（1900）稿。此本刊刻于宣统三年（1911），是在友人朱祖谋、夏敬观、诸宗元的帮助下刊出的。是本以毛晋汲古阁刻《片玉词》为底本，参校陈元龙注本，劳巽卿钞校本及《乐府雅词》、《草堂诗馀》、《花庵词选》、《西泠词萃》等，又多辅以宋元说部，故于周词文字、格律等订正颇精。

第二种为批校本《片玉词》。据《四库简明目录标注》著录，郑文焯有批校本《片玉词》。郑氏致朱祖谋书有云："承索樵风近作洎《清真》校本……即《片玉》亦有续斠。"（戴正诚辑，黄墨谷录《大鹤先生手札汇钞》，收入《词学》第六辑）由此可知，郑氏是《清真集》、《片玉词》两本同校。批校原本今已不明去向，吴则虞生前曾藏有此批校本的杨寿枏过录本，其所校《清真集》（中华书局1981年4月版）参校此过录本，并将其中的校记、批语、题识附在作品校记与书后的参考资料内。

第三种为批校本《清真集》。此本为刘崇德教授所藏，不见著录。底本与前两种本子不同，为四印斋仿元巾箱本《清真集》。朱笔圈点，蝇头细批，字体清隽，偶有点窜涂乙。此本题识中署款仅一见，为"鹤道人"。其他未有署年月者。比较起来，其批校、题识的内容与前两种多有不同，有些则为此本所独有，而不见于刊本。详情可参看刘崇德《关于郑文焯批校本清真集》。

第四种为《石芝西堪校订〈清真词〉》一卷。是本为郑文焯手稿本，今藏国家图书馆。此本原名《〈清真集〉详校》，后郑氏圈去，易为《石芝西堪校订〈清真词〉》，钤有"石芝西堪"、"吴兴刘氏嘉业堂藏"印。周子美编《嘉业堂钞校本目录》著录此本，可见此稿本曾为嘉业堂所藏。是本共批校周词七十馀解，与上述诸本在文字上有互见，但不完全相同，评语比较丰富。

第五种为批校本《清真集》，藏于河北大学图书馆。详情可参看刘崇德《词学的宝藏：郑文焯批校本清真集再现人间》。此本批校内容以校勘为主，兼及事迹考订、词学批评和文字交游，有万言之多，较杨氏过录本及刘氏藏本内容丰富。此本文字非郑文焯笔迹，而是"括庵"过录本，底本为刊行的《大鹤山人校本清真集》，过录原批来源于四印斋影刻明钞元巾箱本、冯梦华《六十一家词选》本及《石芝西堪校订〈清真词〉》稿本三个本子。此过录本中批语，部分互见于杨氏过录本和刘氏藏本，但不完全相同，或有详略之别。从此过录本落款时间看，郑氏直到1916年尚在批校《清真集》。

《白石道人歌曲》

郑批《白石道人歌曲》亦有多种版本，今知计有四种。

第一种为批校《白石道人歌曲》四卷《别集》一卷。乾隆八年（1743），陆钟辉水云渔屋刻符药林传钞楼敬思家藏陶宗仪钞本《白石道人歌曲》，陆刻将原本第二、六卷并入第四卷，题为是名，并与《白石诗集》合刊。郑文焯云："今世传白石道人诗词合刻善本，则以乾隆癸亥冬，江都陆钟辉从云间楼敬思旧藏陶南村手钞本开雕者为最精完。"又记云"据乾隆己巳秋华亭张奕枢景宋本旧刻校定"，"据乾隆二年仁和江炳炎钞南村旧本校勘"，可知郑校以陆刻为底本，参校张奕枢刻本、江炳炎钞本，将同一渊源的白石词三个版本比照校勘，同时又参照姜忠肃祠堂钞本，希望校出白石词完善之本。是本批校考述版本、校订文字声律，又有词学批评，同时考校白石词旁谱。该书目录前衬页有鹤道人题记，从批语所记"鹤记，时年五十有三"、"壬子冬孟记"、"元黓困敦之年辜月己未朔又七日乙丑日禺中"等，可知郑氏从1908年到1912年间，一直在批校此本。

第二种《白石道人歌曲》批校本也是以陆刻为底本，今藏于嘉兴图书馆。是本所批内容与上一种有雷同，但不及上一种丰富，后附有张祥龄跋。从郑氏所记"光绪辛巳岁中春，郑叔问校读，时客苏州"以及"光绪丁亥汉州张祥舲书后"可知，此本校读在1881年至1887年间，其时郑氏正从白石入手学词。

第三种为批校《白石道人歌曲》六卷《补遗》一卷。乾隆十四年（1749），张奕枢据周畊余校录楼敬思本刻《白石道人歌曲》六卷《补遗》一卷。郑文焯批校本底本则为宣统元年（1909）沈曾植用安庆造纸厂新造纸影印张奕枢初刻本，他对此本的优点有充分认识。是本保留六卷本面目，其内容可资校正陆钟辉刻本之误，其云："虽同时出于南村手钞之遗迹，又皆云间楼敬思所藏，传钞之本。然参互研核，涣然有淄渑之别焉。"（陈柱《白石道人词笺平》）夏承焘曾记及此批校本，他说："接榆生寄郑叔问校白石词本，甚喜。郑氏本校沈逊斋本白石词者。郑殁后，归南海康氏，闻已辗转入吴兴刘氏嘉业堂。榆生友人陈柱尊从康氏子假得，以许氏榆园本移录之。榆生又以入彊村本。"（夏承焘《天风阁学词日记》）此批校本原稿今已不见，从夏氏所记可知，原稿郑氏殁后为康有为所得，后流入刘承幹嘉业堂。陈柱通过康有为子借得此书，并以许增刻本为底本过录，龙榆生又据陈柱过录本再次以朱祖谋刻本为底本过录。陈柱与龙榆生过录本今已不见，所幸的是陈柱将其大量的批校内容录在其编著的《白石道人词笺平》中，从陈氏所录内容看，批校之语与批校陆刻本有互见者，但显得更完善，此本可以说是郑文焯批校《白石道人歌曲》的一个总结本。郑氏批校涉及文字、声律、鉴赏，特别是对白石词旁谱的考述内容丰富，为词乐研究的重要材料。

第四种为批校《白石公诗词合集》，今藏于上海图书馆。是本批语不多，前有郑氏题记一则。此批校本底本为乾隆九年（1744）姜虬绿《白石公诗词合集》钞本，又称乾隆写本。姜虬绿取各刊本校雠，附历代诗话掌故，写为此本，其中有三跋，谓姜夔晚年手定。此本后为江标灵鹣阁所藏，题为“白石公诗词合集未刻本”，后江标以之贻郑文焯。郑记云：“乾隆写本《白石道人集》，灵鹣阁旧藏，旋于光绪戊戌之冬，江建霞以之见贻。”（陈柱《白石道人词笺平》）郑文焯于此本评价不高，称其对研核姜词无甚裨益。

《梦窗词》

今见郑批《梦窗词》计有两种。一种底本为王鹏运四印斋刻《梦窗词甲乙丙丁稿》。光绪二十八年（1902），王鹏运以所刻《梦窗词甲乙丙丁稿》赠与郑文焯，郑氏遂据此书批校，其间不断修改订正，历时十馀年乃成。是本原藏浙江大学图书馆，吴熊和先生曾撰写专文加以介绍。台湾“中研院”1996年以《郑文焯手批梦窗词》之名将其影印出版。

另一种郑批《梦窗词》的底本为杜文澜曼陀罗华阁刻本。批校时间早于浙江大学藏本，郑记云“光绪祝犂之岁大梁月既望，叔问复校过题记”，又据郑氏所记“越明年，庚子孟陬月既望”可知，郑文焯重校此本的时间为光绪己亥年（1899）。此批本批评了杜文澜校本延续戈载之谬误，并抨击了戈载于宋词用韵严于部居，妄改梦窗词的错误做法。

《和清真词》

据郑文焯《大鹤山人遗著·校本宋元人词目·石芝西堪校本》所记，他曾校阅方千里、杨泽民二人的《和清真词》（《青鹤》第二卷十九期）。上海图书馆今藏有郑氏所著《杨泽民〈和清真词〉校录附记》一卷，校词三十馀阕，多采用以律校词之法将和词与清真原词比勘。

《西麓继周集》《日湖渔唱》

吴昌绶双照楼钞本《西麓继周集》跋云：“此据何梦华原本过录……草草一过，求沤、鹤两师（指朱祖谋与郑文焯）指正。”（蒋哲伦、杨万里《唐宋词书录》）郑文焯在致朱祖谋书中亦云及校《西麓继周集》一事，其云：“昨甘遯书来，并见近钞《西麓继周集》……而甘遯校列简眉，亦失之疏漏为多，已随笔改正，嫌于老草。俟斠竟就正有道何如？”（《大鹤先生手札汇钞》，收入《词学》第六辑）由二人所云可知，郑校底本为吴昌绶据何梦华钞本的过录本，郑在吴校基础上再校，并云校后就正朱祖谋。郑文焯与朱祖谋合校之《西麓继周集》，文字丰富，后为吴湖帆所藏，其图影见《词学季刊》第三卷第三号。

据蒋哲伦、杨万里《唐宋词书录》著录，今上海图书馆藏有郑文焯、吴昌绶校陈允平词三种，分别为：钞本《日湖渔唱》一卷、《西麓继周集》一卷，钞本《日湖渔唱》一卷，何梦华钞本《西麓继周集》一卷。

除上述批校词集外，尚可见到郑氏批校其他词集的相关著录，如《增订四库简明目录标注》记张先《安陆集》有“朱祖谋、郑文焯校本”，蒋捷《竹山词》有“郑文焯批校本”，可惜这些批校本今天已不可见到了。

在淘宝网上『淘宝』

杨栋

网络觅书，时常会有意外收获。随手拉杂记下来，或介绍，或感慨，或评论，也算个人的一点收获。今整理若干以飨读者，勿怪零散不成片段。

《李劼人晚年书信集》

四川大学出版社出版。李劼人为川味文学大家，其巨著《大波》，如历史长卷，人物生动，影响深远。这本书信，是作者与亲朋好友在生命最后三年的通信，记录了自己的生活，也反映了一个时代。此集书信附了手迹影印件，使人同时能欣赏到李先生的书法。老辈文人的风采，一代文豪的心迹，更使人如坐春风也。

《张爱玲私语录》

在网上见到香港出版了一本新书，叫《张爱玲私语录》。书中收录张爱玲的语录。这些语录，不像其他语录，是人们从其文章中节录的，而是张爱玲的朋友邝文美平时与其闲谈，回家后又随手记下，多少年后才整理问世的。这一方面显示了文美女士是个有心人，另一方面语录原汁原味，显示了生活中的张爱玲也是才华横溢，性情真率，出口成章，妙语如珠。这样的语录，是研究张爱玲的第一手资料。

该书我在当当网、卓越网、孔夫子网求购，均未找到。一日上淘宝网，竟有许多在线销售，一本价才五元，加六元运费，共十一元，而本书定价就是二十八元。想这么便宜的书，肯定是盗版书，但有人盗版，也是“慰情聊胜无”。儿子在淘宝有支付宝，我让他为我订一本，收到后果然是盗版书，纸张粗劣，别字连连，但还是很有兴味读了一遍。

这本书分四部分：一是邝文美的《我所认识的张爱玲》，二是宋淇的《私语张爱玲》，三是张爱玲语录，四是张与宋淇夫妇的通信。据介绍，她们的通信有六百多封，四十多万字，正在整理，将来问世，必会让“张迷”兴奋不已。

我最喜欢的是语录，从中可看出张与闺中密友无话不谈，也反映了她的性情，她的读书兴趣。张爱玲很爱书，她说：“我喜欢的书，看时特别小心，外面另外用纸包着，以免污损封面，不喜欢的就不包。”她还说“书是最好的朋友，唯一的缺点是使我近视加深，但还是值得的”。张爱玲读过的通俗小说不少，她说：“喜欢看张恨水的书……也喜欢看《歇浦潮》这种小说。”“喜欢看王小逸的书，因为没有真实感，虽然写得相当流利，倒情愿看《野草闲花》之类的小说。”“我一生只甘心情愿地买过一部书《醒世姻缘》。”她对《红楼梦》情有独钟：“我们下一代，同我们比较起来，损失的比获得的多，例如，他们不能欣赏《红楼梦》。”

在语录中，还透露出张爱玲对“遵命文学”的不满，她受“美新处”委任写一本宣传反共的小说《赤地之恋》，她自己也觉得是败笔。她说写《赤地之恋》的“大纲”公式化，“好象拼命替一个又老又丑的女人打扮，一要掩掉她脸上的皱纹，吃力不讨好，一样替人化妆，为什么不让我找个年青的美女做对象？”可见她写这部小说是不情愿的。她幽默地说：“这几天总写不出，有如患了精神上的便秘。”“我写《赤地之恋》，却是旧瓶装新酒，吃力，冤枉。”“有时《赤地之恋》实在写不出，我才看出别人为何不肯写作，任何人都有理由不写。”从这些私下谈话可看出，她实是有些“既在矮檐下”的无奈。她感慨地说：“写小说非要自己彻底了解全部情形不可（包括任务，背景的一切细节），否则写出来像人造纤维，不像真的。”此前，张爱玲的文笔是灵动的。她自己在闲谈中就说：“从前胡兰成就说我写的东西‘有鬼气’。我的确有一种才能，近乎巫，能够预感事情如何发展，我觉得成功的一定会成功。”

她的语录也有许多对生活的俗趣，她说：“我小时候没有衣服穿，后来有一阵拼命穿得鲜艳，以致博得‘奇装异服’的美名。”“每次我看见你指甲上涂的粉红，总看个不了，觉得真美丽。”她的话表现了女作家也是女人，也爱美，爱衣服，爱化妆，甚至喜欢一个别致的卧室。她赞美宋氏夫妇的卧室曰：“你们卧室的小露台像‘庐山一角’，又像‘壶中天地’。”使人想象那是多美的神仙境地。她有宋氏夫妇这样的朋友，才写下了这本别致的书，还用她的话说："好朋友，可以说是精神上的兄弟姐妹。"

读张爱玲的语录，感觉她不庄严，不做作，不作秀。从语录中感觉：她更是一个俏皮的女人，善解人意的女人。

《听雨楼随笔》

上布衣网，见香港作家高伯雨先生出了文集《听雨楼随笔》。这是一部向往已久的书，以前看过辽教版的，很单薄。读高先生随笔,佩服他资料翔实,文笔轻盈,不因讲史而沉闷。这部书要出二十卷，先出的十本为：第一册为香港社会理论出版社1991年出版之《听雨楼随笔》，第二册为《听雨楼杂谈》、《听雨楼随笔初集》、《听雨楼丛谈》，第三册为高伯雨在《大华》杂志的文章合集，第四至七册为高伯雨在各种报刊发表之专栏文章合集，第八册为读小说札记等，第九册为《中兴名臣》等，第十册为名译著《紫禁城的黄昏》。近代的掌故名家中，高先生可算其中的白眉。一个世纪的经历，见闻广博，交游遍天下，自然有丰富的素材可写，而文笔简约，见解不俗，尤为难得。

高伯雨（1906—1992），名秉荫，又名贞白，笔名林熙。出生于广东澄海的一个殷富之家，是民国时香港著名的元发行后人。网上有文评他的文章说："好的掌故随笔作家，需要博闻强记，爱好广泛，交游广，读书多，兴趣杂，笔下有识见和才情，这些因素高伯雨都具备，高氏具有多方面的文艺才能，精通文学、历史、翻译，也喜欢绘画、金石、书法。阅读和收藏中国古代和近代的笔记是他一生的爱好，他曾经撰文介绍他自己经眼和收藏的明清罕见的笔记上百种。他和近代著名的掌故大家都有交往，如驰名当时北方报坛的徐凌霄一士兄弟，笔记大家黄秋岳、瞿兑之、陆丹林，以及近代的以写小篇补白的掌故名家郑逸梅等。高氏文风活泼，笔墨含情，尤其重要的是笔下的从容和幽默的气度，徐缓有致，笔藏机锋，幽默于不经意间流出。他是个讲究趣味的性情中人，下笔庄谐杂陈，偶以广东俚语夹杂文中，行文波俏，会心处，有时让读者简直有引为老友记的感觉。"据说高氏很服膺郑逸梅，实际上他自己的随笔比郑好看得多。郑逸梅的随笔，整饬有馀而活泼不足，而听雨楼随笔则不同，无论是题材的广博还是内容的深度，都是郑所无法比拟的。买他的一部书，可以打发好多无聊的日子，也是读书人一乐也。

《董桥七十》

胡洪侠编选，香港牛津大学出版社2012年初版。这本书仍是选本，但喜欢董的书，又在淘宝上买了一本。编辑说：“选‘董桥七十’为书名，其含义有二：其一，这是为贺董先生七十岁编选的一本集子；其二，书中共选董先生文章七十篇。”虽多是冷饭，也算是一种版本，就当向先生祝贺七十寿诞吧。

《刹那》

此为周梦蝶的新诗选集，他的诗孤绝冷艳，宁静至美。寒斋收有他的台版新集数种，评家称其为“宝玉转世，曼殊再来”。此为“海豚书馆”之小精装书，贪其精致而购之也。

《散文中的散文》

余中先主编，译林出版社出版，这是《世界文学》杂志的散文精选。《世界文学》与《外国文艺》是我国外国文学的权威刊物，发表的作品多为世界文学大师的经典之作。这本集子选了文坛巨匠泰戈尔、纪伯伦、福克纳、伍尔夫、川端康成、普鲁斯特等名家的散文随笔，一册在手，尽览佳作。叶兆言先生在序中说是“就像一串璀灿的珍珠”，是“精华中的精华”。读书应读精品，这套书当是外国文学的精选精编，名家名译，因特购之。同时，还买了《小说中的小说》两册，分别为“亚非美洲卷”和“欧洲卷”。

《薄荷一样美好的事》

乔叶著，江苏文艺出版社出版。此为作者小随笔之选集，文笔轻松，哲言在耳，篇幅短小，情感真纯，读之如品香茗。乔叶之作，无论小说还是散文，其情致皆委婉多姿，构思出奇制胜，文笔优美，语言有味，女子才情，芬芳四溢。余见其书必买之，亦成一“乔米”耶?

《会评会校金瓶梅》（增改本）

评校者吴敢、刘辉，香港天地图书有限公司出版。图书介绍曰：“二十世纪以来虽有《金瓶梅》的多种版本，而该《会评会校金瓶梅》实为第一部《金瓶梅》的会评会校本。由著名《金瓶梅》研究专家、原中国《金瓶梅》学会会长刘辉教授，和著名张竹坡与《金瓶梅》研究专家、原中国《金瓶梅》学会与中国《金瓶梅》研究会（筹）副会长兼秘书长吴敢教授联袂辑校的《会评会校金瓶梅》，以《金瓶梅》第一奇书康熙乙亥本为底本，以《金瓶梅》绣像本与《金瓶梅》第一奇书其他版本为参校本，费时十年，遍访海内外公私庋藏，抉择爬梳，审慎甄别，衡其优劣，将所有带有评点之《金瓶梅》版本，搜集全备，逐字细校，集其大成。”此书早就想购买一部收藏，在淘宝网见到，购藏一部，也是圆一个书梦耳。

《不二》

此为当代小说，香港天地图书有限公司出版。内容简介曰：“这是一场性爱的盛宴。唐高宗李治，文学家韩愈，禅宗五祖弘忍、六祖慧能，都拜倒在名妓鱼玄机的石榴裙下。白日宣淫，就地正法，肆无忌惮，一晌贪欢，佛门清净地，成了风情万种的极乐世界。性爱如此天然、本真。”这本书是港版，为好奇而购读也。作者冯唐，真名张海鹏，1971年生于北京。协和医科大学临床医学博士，妇科肿瘤专业，美国Emory大学工商管理硕士。现居香港，为华润集团战略管理部总经理。已出版有长篇小说《万物生长》、《十八岁给我一个姑娘》、《北京，北京》、《欢喜》，散文集《猪和蝴蝶》、《活着活着就老了》等。其中，《十八岁给我一个姑娘》、《万物生长》、《北京，北京》为“北京三部曲”；《不二》、《天下卵》、《安阳》为“子不语三部曲”。豆瓣读书有读者发表了读后感：“12月的第一个周末，星期六，阴冷的天气把我禁锢在家里，去古旧书店和观前街文化市场看来是没戏了。无聊的我用了一下午，读完了这本大名鼎鼎的所谓的黄书。说它大名鼎鼎，是因为冯唐还没有写出来就大造舆论，出版之前又整个电子书满世界发给圈内好友。这边书还没在香港出版，那边网络上已经有人写书评了。当然，没一个说坏话的。这就是圈子啊。”看来许多书，是不能够只从书评和广告而去判断其好坏的。

《中国文物大辞典》

中央编译出版社出版，2008年5月一版一印，定价498元。此书是中国文物学会组织编印的一部文物工具书。近年来喜欢上古董类书，读之可增新知，可怡性情。买此书是贪其有三千多幅彩图，价虽昂，但有了这些彩图，如同买了一座纸上博物馆，一个文物知识库。书中收录玉器、陶瓷、金银器、青铜器、工艺、绘画、书法、建筑、考古等十八大类文物，包罗万象，也是一本文物鉴赏书也。

《中国民间银器》

余之曾祖，作过民间银匠，幼时见姥姑存有银锁、银簪等物，精美绝伦，光泽温润。几年前，学生段恒送余一银镯，上刻“龙凤呈祥”，做工精细，甚为可爱，后送拙荆戴之。今年购得杨之水谈金银器之书三卷，名为《奢华之色》，大饱眼福。又见网上售此新书，花148元购归，闲时欣赏，银光耀目，得大享受。披金戴银乃贵族特权，余出身寒门，能在纸上睹其风采，于愿足矣。

《杂项收藏鉴赏》

《收藏家》杂志编，轻工业出版社出版，定价58元。此系列包含陶瓷、铜器、家具、书画、玉器、杂项六种，余独购此种，喜欢小玩意，喜欢图文书也。一册在手，可鸟瞰杂项之纷繁，古玩之珍奇。自感比在呛人烟雾中“围城”大战，昏暗灯影下“卡拉OK”，优雅多矣。

新文学特印、限定本举隅（续）

蒋颖馨

在《藏书家》杂志第16辑上，笔者曾发表一篇《新文学特印、限定本举隅》。距今三年有馀，恰好手头又积累了一些材料，可作续编，聊存野人献芹之意。体例仍以文献可征的初版印量三百册以下为限。初版印数难有准确统计的，不在本文范围内。

（一）《诗二集》 诗集，刘荣恩著。1945年作者自印本。扉页题："诗二集，私人藏版限定版壹佰本，此为第　本。"空格处填有编号。

（二）《锦帆集外》 散文集，黄裳著。1948年4月上海文化生活出版社初版。此书有三种特殊版本：一是宣纸线装本，印制两册；二是改题"凤"字精装本，道林纸印，蓝布硬面精装，印十册；三是毛边本，印数不详。（据黄裳《过去的足迹·题跋一束》）

（三）《旧戏新谈》 剧论集，黄裳著。1948年8月上海开明书店初版。另有两种特殊版本：一是重磅道林纸特印本十许册，作者黄裳自存赠人。二是"宣纸大册"本，印制四册，即排校竣工后，作者黄裳买了宣纸，请排字工友打一份"大样"，因此版心仍是原样，只不过天地头特别宽大而已。马叙伦先生题签，请刻字摊照原大雕版，下面还有"黄裳作叙伦署"六个小字。此外还手写了一块"牌子"，也用木版雕成，双行，有边。托荣宝斋装成四册，册前各有绫制书签，并用蓝色泥金纸做封面，宣绫包角，外加锦套。（据黄裳《过去的足迹·题跋一束》）

（四）《外套》 俄国果戈理著，韦素园译。1926年9月未名社出版部初版，平装毛边本。1929年，韦素园曾特地制作一册蓝色布面精装本，以赠鲁迅先生。扉页上的题字是："鲁迅先生惠存　素园敬赠　嘱霁野代题字　二九年七月十二日。"这时韦素园已病重，所以赠书时请同为未名社中坚的李霁野代题。这个版本上还有鲁迅先生的题字："此素园病重时特装相赠者，岂自以为将去此世耶，悲夫！越二年馀，发箧见此，追记之。三十二年四月三十日，迅。"

（五）《莎士比亚全集》第一辑　十册，曹未风翻译。1946年9月自印本。版权页题有"莎士比亚全集第一辑十册精装一百册"。扉页有翻译者签名，并有说明："此莎士比亚全集中译本，第一辑十册之第一版精装本共印一百本，此为第　号。"空格中填有编号。

（六）《域外所藏中国古画集之一·西域画》中辑　郑振铎编辑。线装，1947年12月申记珂罗版印刷社初版，上海出版公司出版。版权页题："本书限印二百部此为第　部。"

（七）《魔鬼的门徒》　萧伯讷著，姚克译。1936年8月上海文化生活出版社初版，译文丛书之一，精装本。版权页题："初版精印本五十册。"

（八）《苏联木刻》　十六开精装，郑振铎序，葛一虹编。版权页题："中华民国三十六年五月，天下图书公司据中苏文化协会供给材料，用金属版翻印一千五百五十部。内木造纸丝绒封面五十部为纪念本不发售，米道林纸一千五百部为流通本，分布面和充皮面装两种。"

（九）《秋》　特装本，巴金著。版权页标为1940年4月初版发行。某册特装本扉页上有巴金的亲笔题词："一九四零年四月初版本《秋》，用辞书纸加印十五册，大半毁于战火，我这里还有两本，分一本给慧园。"说明特装本共印了十五册。

（十）《一幅喜神》　独幕趣剧，宋春舫著，自印本。版权页题："民国二十一年（1932）正月初版，青岛天主堂印书局印刷。1至500号（1号至100号为非卖品）。"

（十一）《毋忘草》　诗集，常任侠著，土星笔会1935年2月初版。土星笔会丛书之一，麻布面精装纪念本，印五十册。

（十二）《浮士德百三十图》　FRANZ STAFFEN绘，郭沫若编述。1947年12月群益出版社刊行，共印一千五百册，计白报纸平装八百册，次道林平装五百册，次道林充皮一百册，次道林布面一百册。

李盛铎李滂父子致王文进信札选注

栾伟平

选注者按：《文禄堂藏各家手札》，不分卷，北京师范大学图书馆藏。内有大量信札，为民国藏书家周叔弢、李盛铎、傅增湘、陈清华等致文禄堂主人王文进（字晋卿）。笔者从中辑出十七封，为李盛铎（号木斋）、李滂（字少微）父子写给王文进的，包括李盛铎信札十通，李滂信札七通。内容主要包括买书、卖书、借款及托王文进办理杂事四方面。从这些信中，可以了解藏书家与书商的交往细节，以及李盛铎藏书的来源与散失，李盛铎晚年的经济危机等。比如，李氏藏书中的宋刻本《通典》、明嘉靖刻本《唐百家诗》等，或购自王文进处；李滂代友转让《越缦堂日记》，请王文进催讨《周礼》馀款，等等。1934年前后，李滂向王文进借款1000元度节，从中可看出李家经济之困难，这也是李家在20世纪30年代两次大规模转让藏书的背景。伦明《辛亥以来藏书纪事诗》提到，李盛铎晚境窘迫，曾将数种宋本抵押给北平某书店。从这十七封信札来看，李盛铎、李滂当时与王文进交往颇多，此书店或即是文禄堂。

李盛铎信札（十封）

一

来信悉。十五日前尚不入都，迟则不能定。此复

王掌柜

李

按：李盛铎信札一至九，装订在一册之中，且这些信的顺序前后相连。据第九封末尾王文进补记年月逆推，信札一至九应不晚于1928年（民国戊辰）10月。因这些信是王文进于“三四岁间得之”，大致应写于1925年至1928年。

二

来信悉，宋本各书可要，须阅后才能定。其抄本各书，俟新年再议可也。此复

文禄堂

李

廿九

三

来信悉。《名贤文粹》文友堂有三十馀卷，售一千元。未知即此中抽出者否？此书稍迟再议。《演繁露》尚嫌贵，能再减，或可要。此复

文禄堂王先生

李

四

来信悉，《礼记》如确悉宋椠，可以收买。即希便中携下一阅，便可定准也。此复

王先生晋卿

李复

五

来信阅悉，书价仍嫌贵，可另售。《通典》俟到京阅看全书后再定。

王掌柜

李

按：《文禄堂访书记》卷二“通典二百卷”条：“唐杜佑撰。宋浙刻本，存十八册。半叶十五行，行二十六至二十九字，注双行三十五六字，白口。”所记行款册数等恰好与李氏书LSB/8892同。李盛铎应购买了此宋刻本。

六

来信阅悉，《通典》可要，惟须代择叶数略多、模糊较少者为要。《语

类》再议。《荀子》如何？《文粹》、《攻愧》他处经售，已售出否？此外尚见他书否，便望示知。

文禄堂王晋卿掌柜

李

七

来函悉，《汉书》、《集古录》可要，《论语》、《毛诗》须阅后方能定也。

文禄堂王先生晋卿

李

廿二日

八

来信悉，《唐百家诗》拟留，已函令新开路寓中八爷付给壹佰五十元，希向前途商减买定，或酌加数元，即代为办理为幸。

文禄堂王先生

木斋

按：此交易很可能已成功。北大李氏书专藏中，有两套《唐百家诗》，分别是：唐百家诗四十七种，(明)朱警编，明嘉靖刻本，14册（3函），LSB/6085；唐百家诗一百种，(明)朱警编，明嘉靖刻本，36册（6函），LSB/7252。

九

来信悉，《打马图经》可要，惟价能少更好。

文禄堂王晋卿

李

按：信札第九封末尾，附有王文进补记："以上德化李盛铎字木斋先生来函，亲笔手札数通，留存尚有对联一付，敬写。三四岁间得之，真不易也。戊辰十月晋卿记。"

十

厂肆房可照租，惟须殷实铺保，租价本贰拾元，略减至十七元，不能再少。如前途须要，即烦代为订定三分，照通行办法可也。

文禄堂王晋卿先生

木斋

按：此信在另一信札册，其封面有王文进题字“辛未四月”，故此应不晚于1931年（辛未）4月。

李滂信札（七封）

一

来书悉，《三苏文粹》吴既不要，无法可想。《周礼》两部及《李文公集》仍嫌价贵，不愿留。此复
文禄堂晋卿先生。

李少微复状 岁在屠雍大荒落上巳后七日

慎余

按：写信时间“岁在屠雍大荒落上巳后七日”，即1929年3月20日。

二

来书均悉。补刻书版如已刊竣，速将样张寄下各一纸，雠勘之后，即将款汇上也。《越缦堂日记》敝寓所存者早已让出，适有友人托售两部，如有人要，俟执事来津走取，或转托文在堂寄平均可。惟书价每部须四十五元，不能少耳。专此手复。即颂
晋卿老友财安

李少微启 初三日

按：李滂致王文进的信札二至六，装订在同一信札册中。王文进在封面题有“甲戌三月”，也就是说写作时间应不晚于1934年（甲戌）3月。

三

志敏来，出示大札，诵悉一切。《周礼》馀款，无论如何速筹寄津，以应急需。想吾兄必为援手也。泐复即请
晋卿仁兄夏安

李少微启

家严今日稍受热，身不适。志敏来，稍谈即去。

四

来书诵悉，额已写就。黄昆山一节，因此间无住处，家严之意，嘱其先在贵铺中借居，每月寄去工钱。盖昆山乃多年老友也。此复

晋卿书友

少微手泐

十九日

五

昨志敏来，知新号不日开张，宏发兴隆可以预贺。舍间需款度节，拟请代挪壹千元，以应急用。利息期限，均希酌为办理。愈速愈妙，能于一星期内寄下，尤为盼祷。直寄敝寓亦可。叨在爱末，务乞援手。候台从来津时再行面谢，专此奉恳，并祝新发。此颂

晋卿贤友财安

李少微顿

五月十三号

六

日前厚扰丰馔，谢谢。志敏久不归，《周礼》馀款无法催讨，望便中询志敏归期，至要。此事足下亦不能尽辞其责也。匆肃即请

晋卿仁兄夏安

李少微启笔

七月十九日

慎余

七

示悉，税契一切，均乞费神办理，幼田意欲迁居一节，实难向原住房客启齿，以其无故耳。专此奉覆，顺候

晋卿仁兄财安

李滂手启

八月十九日

慎余

按：此信所在信札册，封面有王文进题“廿六年十月”，也就是说写作时间应不晚于1937年10月。

陶陶室藏『两陶集』流传始末（上）

李致忠

“陶陶室”是清代著名藏书家黄丕烈藏书的室名之一，以同时藏有宋刻递修本《陶渊明集》十卷和宋淳祐元年（1241）汤汉刻《陶靖节先生诗注》四卷《补注》一卷（以下简称“两陶集”）而得名。陶渊明以高尚的品格与醇厚的诗风，为历来文人雅士所推重，宋刻两陶集亦因之而为藏书家所青睐。二百年来，宋刻两陶集辗转递藏，演绎出许多感人而有趣的故事，最后归藏于国家图书馆。

一、陶渊明其人其诗其集

陶渊明（365—427），东晋至南朝刘宋时人。晋时名渊明，字元亮；入宋更名潜，字渊明，自号五柳先生。唐时避高祖李渊名讳，又作深明、泉明。浔阳柴桑（今江西九江）人。渊明早年丧父，母孟氏，为名士孟嘉之女，将其抚养成人并深深影响他的为人处世。渊明自幼志趣高远，闲静寡言，不慕荣利，但好酒。任彭泽令时，欲将三顷公田悉数种植高粱以酿酒，妻子固请种植粳米，才拨出五十亩种粳米，另二顷五十亩仍种高粱，可见其已嗜酒成癖。渊明好读书而不求甚解，学综儒、玄，笃意真古，平和恬淡。晋孝武帝司马曜太元十八年（393），初仕为江州祭酒，因不堪吏职，很快解甲归田。晋安帝司马德宗隆安四年（400），为荆州刺史桓玄幕僚。次年，母病故，奔丧归里，躬耕自资。元兴二年癸卯（403），桓玄称帝。三年（404）刘裕等起兵讨玄，玄兵败西走，渊明又入刘裕幕为镇军参军。不久，又入刘敬宣幕为建威参军。义熙元年（405）为彭泽令。郡遣督邮至县督查工作，属吏请渊明束带整衣迎之，渊明则以为"不能为五斗米折腰向乡里小儿"，又适值其妹病逝于武昌，乃于同年十一月辞官归里，并作《归去来兮辞》。归田之后，躬耕陇亩，赋《归田园居》五首。"久在樊笼里，复返得自然"；"晨兴理荒秽，戴月荷锄归"；"相见无杂言，但道桑麻长"等朴实而脍炙人口的诗句，就写在这时，充分反映了诗人厌恶官场牢笼和追求田园生活的悠然自得情怀。

陶渊明志行高洁，蔑视富贵，躬耕力田，故其诗格高标，独步一时，在南朝绮丽诗风中显得格外清新自然，后世亦多宗为诗中冠冕。惜仅有一百二十馀首传世。其散文亦风格独具，意韵深长，《归去来兮辞》、《闲情赋》、《桃花源记》、《五柳先生传》等，都是千古传诵的名篇。南朝梁昭明太子萧统慧眼识珠，推崇其诗文，谓："有疑陶渊明之诗，篇篇有酒，吾观其意不在酒，亦寄为迹焉。其文章不群，词采精拔，跌荡昭章，独超群类，抑扬爽朗，莫之与京。横素波而傍流，干青云而直上。语时事则指而可想，论怀抱则旷而且真。加之贞志不休，安道苦节，不以躬耕为耻，不以无财为病，自非大贤笃志，与道污隆，孰能如此者乎！"（南朝梁萧统《昭明太子集》卷四《陶渊明集序》）正因为萧统对其诗文独具慧眼，所以才有上述极高的评价。正因为有如此的评价，所以他才"更加搜求，粗为区目"（出处同上），编成了《陶渊明集》八卷，并亲为之序。此集传入北齐后，颇受阳休之认同。阳休之《序录》说陶集"先有两本行于世，一本八卷，无序；一本六卷，并序目"。但这两本都因"编比颠乱，兼复阙少"而为阳氏所扬弃。"萧统所撰八卷，合序目、传、诔，而少《五孝传》及《四八目》，然编录有体，次第可寻"，故在萧统所编陶集基础上动手补入《五孝传》和《四八目》，合序目，厘为十卷。可惜萧编八卷本及阳编十卷本均未能传至今日，难言其状。至隋、唐，别本纷出，流传日广，但亦大部分未能流传下来。至北宋，宋庠又重新加以整理，仍厘为十卷，上木刊行，始有定本。此后由宋经元，直至明清，官、私、坊三大系统所刻陶集多由此本所从出。

二、陶陶室宋刻两陶集的版本

陶陶室的宋刻两陶集，一指《陶渊明集》十卷，宋刻递修本，清金俊明、孙延题签，汪骏昌跋；一指《陶靖节先生诗注》四卷《补注》一卷，宋淳祐元年（1241）汤汉刻本，清周春、顾自修、黄丕烈跋，孙延题签。这两部宋刻陶集，前者向被藏书家视为北宋刻本，备受珍重；后者因有汤汉的诗注和补注，亦为历来藏书家所垂青。

（一）宋刻递修本《陶渊明集》

宋刻递修本《陶渊明集》十卷，末附《宋丞相私记》，宋丞相即宋庠，说明此本属于宋庠重新编定本的系统。框高20.15厘米，宽13.7厘米。每半叶十行，行十六字，白口，左右双边。书之外封题《陶渊明集》，据汲古阁毛扆说“签题系元人笔，不敢易去”（上海古籍出版社2005年出版《中国历代书目题跋丛书》中之《汲古阁书跋》）；内封题《陶靖节集》，乃清初苏州名士金俊明手书；书外锦套签题《宋版陶集》，乃清初苏州名士孙延手笔。

此本钤有“桃源戴氏”、“啸庵”、“商微子后自亳之吴再迁于鄞”等印记，黄荛圃《百宋一廛书录》认为这些印的主人都是元朝人。又有“文彭”、“文寿承氏”印记，文彭乃明代中期著名画家文徵明之子。又有“毛晋之印”、“汲古主人”、“宋本”、“甲”等印鉴，表明此书由元至明传迹可征。至明清之际，此本入藏于虞山毛氏汲古阁。《汲古阁珍藏秘本书目》将之著录为“北宋刊本”。毛氏藏书，即或是宋本，也要分出等次，“宋本”、“甲”两印的钤盖，说明汲古主人将此书视为宋本中的甲等，格外予以珍重。上引《汲古阁题跋》有毛晋之子毛扆于清康熙壬辰五十一年（1712）所写跋文，谓“宋板《陶渊明集》十卷，与世本夐然不同，如《桃花源记》中‘闻之欣然规往’，今时本误作‘亲’，谬甚……即《四八目》注，比时本多八千馀字……”说明此本不仅开版较早，在文字上也远胜其他传世通行本。后来此本辗转收归黄丕烈所有，黄则在《百宋一廛书录》中称道此本：“书分十卷，卷末附北齐阳仆射休之《序录》、《宋丞相私记》、《曾纮说》三通。曾云‘亲友范元羲寄示义阳太守公所开陶集，想见好古博雅之意，辄书以遗之。宣和六年七月中元，临汉曾纮书刊’，盖此北宋曾氏刊本也。”因知黄丕烈不但继续推定此本为北宋刊本，还进一步谓此书是北宋曾纮刻本。可知他们定此书为“北宋刊本”的主要依据便是书后所附的这篇《曾纮说》。然检书中“構”字，已缺末笔，表明此书刊版时已届南宋，否则南宋高宗赵構的御名不会缺笔避讳。且检刻工方成、洪茂、王伸、施章等，亦都是南宋初期杭州地区的名工。其中王伸、方成、洪茂，都参与过绍兴二十八年（1158）在明州（今浙江宁波）开雕的《文选注》六十卷。方成、王伸还参与过其后此版的补修工作。可知他们应该都是南宋高宗赵构至孝宗赵昚之间的刻字工人。洪茂还参与过南宋绍兴九年（1139）绍兴府所刻《毛诗正义》的刊版工作。他们这几个人又出现在此本《陶渊明集》上，证明此本《陶渊明集》也当刻在这一时期。而补版工人则多与明州本《白氏六帖》、《文选》六臣注相同，所以赵万里编辑出版之《中国版刻图录》便将此本《陶渊明集》类归在杭州或宁波，而在行文中则说：“刻工施章、王伸、洪茂、方成，皆南宋初年杭州

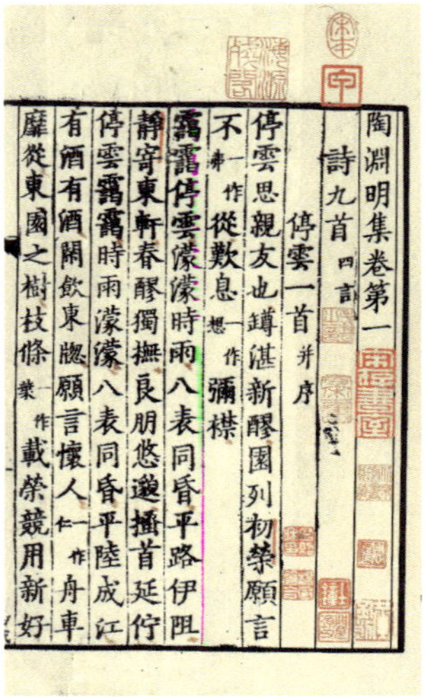
陶淵明集卷第一
詩九首 四言
停雲一首 并序
停雲思親友也罇湛新醪園列初榮願言
不一作從數息一作彌襟
靄靄停雲濛濛時雨八表同昏平路伊阻
靜寄東軒春醪獨撫良朋悠邈搔首延佇
停雲靄靄時雨濛濛八表同昏平陸成江
有酒有酒閑飲東牕願言懷人仁一作舟車
靡從東園之樹枝條一作載榮競用新好

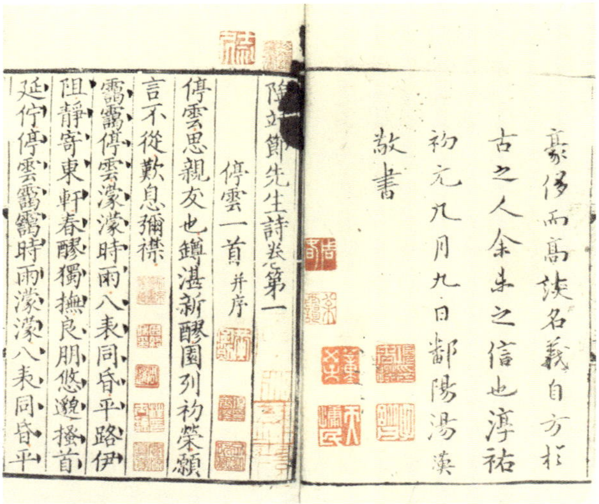
豪俊而高談名義自方於
古之人余未之信也淳祐
初元九月九日鄱陽湯漢
敬書
陶靖節先生詩卷第一
停雲一首 并序
停雲思親友也罇湛新醪園列初榮願
言不從歎息彌襟
靄靄停雲濛濛時雨八表同昏平路伊
阻靜寄東軒春醪獨撫良朋悠邈搔首
延佇停雲靄靄時雨濛濛八表同昏平

《陶渊明集》正文首页
《陶靖节先生诗》序末页和正文首页

地区良工，绍兴十七年又刻明州本《徐铉集》。补版刻工与明州本《白氏六帖》、《文选六臣注》多同，因疑此本亦当为明州本。”今细审此本的印纸墨色、字体风格，既非北宋刻书的敦厚风韵，也不类南宋初期杭州地区所刻之书的格调，定其为南宋初期明州刻本，当属可信。然此论一出，颠覆了两百年来定其为“北宋刊本”的结论，但并不意味其版本价值就因此而降低，它仍是此集较早的刊本，仍是不可多得的珍本。

（二）宋汤汉刻本《陶靖节先生诗注》

汤汉（1202—1272），字伯纪，号东涧，饶州安仁（今江西余江）人。与兄干、巾、中皆知名当时。淳祐四年（1244）进士，授上饶县主簿，江东转运使赵希塈则说：“汉，今海内知名士也，岂得吏之州县哉！”于是改任信州教授兼象山书院山长。十二年（1252），差充史馆校勘，改国史实录院校勘。宝祐二年（1254），授太学博士，迁秘书省校书郎，升秘书郎。提举福建常平，召为礼部郎官兼太子侍读。景定初，又为福建运判。五年（1264）又出知福州兼福建安抚使。其后，擢为太府少卿，累官权工部尚书兼侍读。《宋史》卷四十六《度宗纪》载咸淳四年（1268）夏四月“汤汉三辞免刑部侍郎、福建安抚使”。同年十一月“福建安抚使汤汉再辞免，乞祠禄。诏别授职”。五年冬十月“以汤汉为显文阁直学士、提举玉隆万寿宫兼象山书院山长”，进华文阁学士，以端明殿学士致仕。卒，年七十一岁。谥文清。

可知汤汉从景定初为福建运判；景定五年（1264）又出知福州兼福建安

抚使，咸淳四年（1268）他再三请辞刑部侍郎及福建安抚使；到咸淳五年（1269）为显文阁直学士，提举玉隆万寿宫，前后在福建任职大约有五六年时间，他所注的陶诗大概就刻在这个时间段。

汤汉为陶诗作注的缘起，据其自序说是因为陶诗“精深高妙，测之愈远，不可漫观”，犹恐“千载之下，读者不省为何语”，“因加笺释，以表暴其心事”。汤序作于淳祐初元（1241）九月九日，这应该是他笺注陶诗基本告竣的年份，以此推算，其时汤汉才三十出头，因知《陶靖节先生诗注》乃汤氏早年的作品。而真正将之付诸剞劂，版行于世，则是在汤汉晚年出守福州兼福建安抚使时期，即景定五年至咸淳五年（1264—1269）之间。其时理宗无子，景定元年（1260）六月，立其侄赵禥为皇太子。景定五年十月理宗崩，受遗诏，太子即皇帝位。十二月，度宗赵禥下诏改明年为咸淳元年（1265）。所以景定五年与咸淳元年之间只差两个月，因知此书付梓实际当在咸淳元年至五年（1265—1269）之间。此书刻工有蔡庆、邓生、吴清等。这三个人都是福建建宁地区名工，咸淳元年（1265）共同参与过吴革在建宁府镌印朱熹《周易本义》的开版工作。邓生参与过福建漕治镌印《龟山先生语录》的开版工作，他们又同时出现在此本《陶靖节先生诗注》上，进一步证明此书确当刻在咸淳前几年的时间里，与上述汤汉在福建任职时段亦相吻合，所以它的版本应著录为“南宋咸淳汤汉福建刻本”。

此本框高19.5厘米，宽13.8厘米，每半叶七行，行十五字，小字双行同，白口，左右双边。外封签题“汤注陶诗，甲戌春孙延题”。甲戌为清乾隆十九年（1754）。孙延原名衡，字寿之，号蔚堂，家有古梅九棵，因自号九梅居士。吴县（今苏州）人，诸生。工诗词篆隶，善写生，擅墨梅。两陶集都有他的题签，大概就是因为他写字好。此书向被誉为“世间所稀有宋刻之最精者”而争相购藏。

老蠹鱼札记（一）

沈津

“名重天下”的《针灸资生经》

去年某拍卖公司有苏州顾氏过云楼藏书拍卖，宣传造势了得，后以2.2亿元人民币之天价成交，其事在社会上影响甚大。藏书拍卖宣传中，称之为“名重天下”者，有作元广勤书堂刻本的《针灸资生经》七卷目录二卷。津按：是书非元刻本，应为明正统十二年（1447）叶景逵广勤书堂刻本，国内中国国家图书馆、上海图书馆、浙江图书馆均有入藏。早在1978年，浙馆何槐昌先生曾在江西南昌的《中国古籍善本书目》编辑工作会议上，发言指出浙馆所藏《针灸资生经》，原作元广勤书堂刻本，后改为明正统十二年叶景逵广勤书堂刻本的过程。

叶德辉《书林清话》卷四“元建安叶氏刻书”中载有：“正统十二年孟夏三峰叶景逵刻《针灸资生经》七卷，有墨图记，云‘广勤书堂新刊’，见《瞿目》、《陆续志》、《丁志》。误作元刻。又有‘峰叶景逵谨咨’牌记，见《森志》、《陆志》、《陆续跋》。”傅增湘《藏园群书经眼录》著录的即是顾氏过云楼本，作“元刻元印本”，那是看高了。那个时代，条件没有这么好，没有那么多的书目可以核查，可以比对，鉴定中有此讹误，也不算什么。但将此书误成“元刻本”，明显升了一个档次。

此书在《中国古籍善本书目》里，清楚地著录为明正统十二年叶景逵广勤书堂刻本。最妙的是，既然“名重天下”，那国图、上图、浙图三馆所藏理应进入《国家珍贵古籍名录》才是，然第一、二、三批《名录》竟没有入选。

这批书中列名“名重天下”者还有题为元刻《皇朝名臣续碑传琬琰集》，作者是宋代杜大珪。不要说过去从没有人提到过这部书，怎么会一下子冒出个“名重天下”呢？津曾专门研究过杜大珪的《新刊名臣碑传琬琰之集》，此书多作“宋刻元明递修本”，这个本子流传居然有十馀部之多，分别藏于北京、南京、上海、浙江、台北、美国、日本等处，这个所谓的宋本极可能是“明刻本”（津另有专文论述）。我的几位擅版本鉴定的朋友告诉我，此作元本的《皇朝名臣续碑传琬琰集》中有挖补、描笔、染色等问题，都涉嫌后人作伪。又书中的清鲍廷博跋，非是，而是廷博子正言之笔。

叶恭绰跋《医籍考》

前几年，写哈佛燕京图书馆藏中文善本书中的医家类图书提要时，曾参考过日人丹波元胤撰《中国医籍考》，那是1956年北京人民卫生出版社印的本子，最近在中山大学图书馆又得见许宝蘅校、叶恭绰跋的《医籍考》八十卷，二十七册，是叶先生在1928年至1929年初时，出资请人在日据稿本传抄之本。

丹波元胤，字奕禧，一字绍翁，初名安良，后改安元，号柳沜。文化二年（1805），谒将军家齐，八年三月续家长权而为医师，又承父元简之后而为医学馆督事，另赐俸米三十八。文政五年（1822）被叙为法眼，十年六月三日殁，年仅三十九岁。又有《难经疏证》、《体雅》、《疾雅》、《药雅》、《名医公案》等。

是书成于1819年，乃据各种有关文献广泛收录中国历代医籍三千余种，部署井然，勾玄提要，搜采惟勤，盖作者以毕生心力，覃精是事，对研究中国古代医学文献有重要参考价值。书仿朱彝尊《经义考》之体，每书先揭其名，次示卷数，再言存佚及未见，又录诸家序跋并撰者履历，后附作者按语。

叶恭绰跋云：“此书为日本汉医秘籍，向未付印。廿年前，余访知在日本富士川博（医史专家）游所，因介人往日过录，一如原书，丹黄篇幅，不失旧状，计糜日币八百元。归后，拟加以精校，设法付印，未果。旋闻沪上有宋某者，不知从何亦得一本，将付印行，介丁仲祜来商，欲取以互校。余未及应，而宋所印已出版，且对余加以指摘，余置之不理，盖仍拟相机校印，以副初志也。嗣转徙流离，所藏尽散，仅浼许君宝蘅粗校一过，今卷中墨笔所书者是。衰年困乏，已无印行之望，聊志其缘起经过。此本虽未与宋印互勘，然或有其胜处。至日人盛行汉学，时对吾国典籍钻研如此，与比年攻究西学相同，深足畏惕。邦人君子，欲持空谈救国者，其鉴诸。三十六年秋日，叶恭绰志。”

丁仲祜，即丁福保，医学书局主人。宋某者，即宋大仁，湖南长沙人，上海中西医研究社主持人。许宝蘅，字季湘，号巢云，又号耋斋，浙江杭州人，张元济内侄。学者、诗人、书法家。光绪举人，任学部主事、军机章京。民国时先后任总统府秘书、国务院秘书长。1927年任故宫博物院图书馆副馆长，兼管掌故部。1949年后，为中央文史研究馆馆员。

《医籍考》最早有1935年日本东京国本出版社据日本北里大学白金图书馆藏本影印本。1936年又有上海中西医研究社石印本，四册，为《无患室丛书》之一。石印之底本，乃丹波家旧藏，明治末年时，范行准得之于日本书贾浅仓屋。无患室本收有叶恭绰致中西医研究社三函。1975年，台北大新书局又予排印，1983年人民卫生出版社再次排印出版。2007年北京学苑出版社有郭秀梅及日人冈田研吉校释本。

按，《许宝蘅日记》1929年4月5日，载“阚霍初来，《医籍考》已由日本抄补来，计十八册，可喜之至。”4月17日，抄《医籍考》目录。4月20日，抄《医籍考》目录讫。4月25日，抄《医籍考》三页。此后至7月23日，时抄时辍，每日抄书少则千馀字，多则六千字。11月18日，“阚霍初来，知《医籍考》下半部已校回，现有人愿出资刊印，须另抄一分（份），余允任抄。……八时到阚子贞寓访霍初，取回《医籍考》，校阅一过，原四十一卷，改为四十五卷，第分卷不同，所增者不过数事耳，欲编一简目先发表”。

阚霍初，即阚铎，字霍初，号无水，安徽合肥人。毕业于日本东亚铁路学校。后任北京政府交通部秘书，全国烟酒事务署秘书，临时参政院参政，国民政府司法部总务厅厅长，东北铁路局技师、奉天铁路局局长兼四兆铁路管理局局长。

明代书法范本《镌古今名笔便学临池真迹》

今人爱好书法，想临池习帖，可去书店购求各种古代书家字帖，唐宋元明清，乃至近现代，书家多多，正草隶篆，大字小楷，这碑那帖，应有尽有。然古人要窥晋唐宋元大家书迹，却非易事，真品要么贮入内廷，要么流落豪门或士大夫府中，即使是明清重要书家的真品，一般民众也难睹庐山真面。人们喜好书法，想觅得前人或当代书家手迹者，只能通过交易或馈赠。竖石为碑，横石为帖。民间又有将原迹双钩摹刻于石或木之上，而后偌大的一整张碑拓，通过剪裱，方能成经折装的拓本。看来想化身千百，也只有靠石刻（或木刻，如丛帖）拓本（拓片）来流传了。那时没有影印、石印，而想得到难得的墨迹或佳本，只能靠借得原件去双钩保存了，我见到的清翁方纲双钩本《熹平石经》、《刘熊碑》等即如是。

我以为，除了法帖的流传外，还存在着另一种流传方式，即书本式的流传。二十年前曾翻过一部明代末年的本子，书名是《镌古今名笔便学临池真迹》，书没有分卷，计三册，或可得见明清两代的一般市井百姓，如兴趣所至，是怎样去选得范本而去临池的。

第一册收梁武帝、唐太宗；三国钟繇；晋山涛、卫夫人、王羲之、王献之；唐欧阳询、褚遂良、虞世南、柳公权；宋米芾、苏轼；元赵子昂；明文徵明、陈继儒、沈度、董其昌、徐贲、张瑞图、王淑民。附俞汝忠仿王羲之《圣教》体，郭况仿王羲之、赵子昂二家行书，台仲仿欧阳询《九成宫》，穆四维仿米元章《天马赋》。第二册收宋拓十帖、暝雨山房上下（苏轼、米芾、黄庭坚、蔡襄四帖）、赵子昂书《赤壁赋》。第三册收钟繇四表、旧拓兰亭真迹（附兰亭图）、旧拓圣教真迹。我相信，这些内容都是从明代的法帖中辑出来的。

由此想到的是，书法为中国独特之艺术，有着悠久的历史。即使是帝王的字写得一般，也会放在头里，这大约是尊崇的原因吧。字写得漂亮，也能讨人喜欢，甚至可以阶梯乃至做官。黄佐《翰林记》云："国初令能书之士，专隶中书科，授中书舍人。永乐二年，始诏吏部简士之能书者，储翰林，给廪禄，使进其能，用诸内阁，辨文书。"

《镌古今名笔便学临池真迹》当为明末坊间所刻，亦推进书法临池之范本也。然于书中并可窥见明人普遍重视书法之审美价值，古代书法中，大约晋人重韵，唐人尚法，宋人尚意，元人尚态，而明人书法，多标举魏晋风格，于前代惟重赵子昂一人，明代初年的刻本，字体多赵书，盖赵书清真俊逸也。

《临池真迹》第一册末收当代书家仅七人：文徵明为"吴中三子"之一，董其昌、张瑞图为"晚明四家"中人，三人皆为大家；陈继儒与董齐名，书法苏、米，刻有《晚香堂帖》；沈度为明成祖所赏，凡金版玉册，用之朝廷，藏秘府，颁属国，必命之书，书法婉丽飘逸，雍容矩度；徐贲为明初长洲人，累官河南布政，工诗善画，小楷法钟兼虞，秀整端慎，草书雄紧跌宕，出入旭、素，无不淋漓快健；王淑民则不知其人。此书所谓"古今名笔"，可见目录页附注："以上诸帖俱系古今推重翰墨，及近日海内脍炙名笔汇为一编。""便学"，也可算是广告语，是吸引顾客眼球的话。明代书家虽多，然由此也可推见编选者选择当代书家之标准。

此本有扉页，然佚去部分，仅存"镌朱批古今名笔临池真迹。刻墨字□□□□"。另页刻有翰墨林主人识语，云："此帖择古墨刻并近日名笔剪裁成篇，构良工刻以黑字，凡十馀种，汇为一编，以便置案头，时常把玩。且字迹较墨刻丝毫不差，而更□□易临，其中有点划不全，亦悉依原刻，不敢增以至失真。翰墨林主人识。""翰墨林"应该是一处书铺。从纸张看，不应是福建地区的出版物，似是江浙地区的。所附的《兰亭图》，计九页，镌刻颇精，若复印后粘连起来细细阅看，必滋味多多。

宋代以来，乃至清末，属于丛帖者，约有五六百种，今天的书法爱好者鉴赏，多有选择。不过，这部书可是和我们平常所见的碑帖不同，如文徵明刻《停云馆帖》、邢侗刻《来禽馆帖》等各种书法拓本，给人最直接的视觉印象，乃为强烈的黑白对比。而此《临池真迹》为书本形式的木刻本，也因为它是明末书坊店里的出版物，是通俗的流通品，即一般知识分子及市民百姓在得不到拓本（拓片）的情况下，他们可以买这种本子去应付临池。在当时的民间来说，人们可临池，可卧游，虽比不上拓本的价值（丛帖多私家藏石），但因价格便宜，也是老少咸宜的。总之，说“翰墨林”的生意经也好，或通过某种形式（这也是一种）去传承中国书法艺术传统也好，流传到今天，这个本子却是难得一见（虽说国内各大图书馆未有存藏，我也不敢说它是孤帙）的流传中国书法的一件佐证。

“民国第一善本”《校注项氏历代名瓷图谱》

此《校注项氏历代名瓷图谱》，1931年北平觯斋书社印本，一册。书后有云：“本书系以郭君所藏旧摹本明项元汴原谱为依据而印，书之纸由郭君本其经验指授方法，就原产地江西铅山县与福建崇安县交界之分水关内外选匠督造，其料为新发嫩竹，纸帘按书页大小特制，系依南唐澄心堂造法，砑花于上下端，并标明‘觯斋制’字样。纸质无论在何气候中，皆能历数百年而不变，且砑印若干次，而纸面愈见光泽，一无损伤，故于彩印最为相宜。”

是书用纸均为西式水印特制，水印中有“觯斋制”字样，有如纸币、西方信笺内暗纹水印图案，此与中国传统木版水印方式不同，故制作此书，可谓不惜工本，为民国间豪华出版物之一。

觯斋，为郭葆昌（1879—1942）斋名，盖因郭氏藏有稀见青铜觯，故号。葆昌，字世五，号觯斋主人，河北定兴人，瓷器鉴赏家和收藏家。十七岁至北京，为西四羊市大街古玩铺学徒，后为袁世凯“陶务总监督”。郭氏府邸在北京安内街秦老胡同十一号，府内设有觯斋印书社。

有关郭氏制作觯斋纸的记载甚少，多为零星点滴，津尝读《许宝蘅日记》，1931年1月1日载及“郭世五来，以所印《校注项氏历代名瓷图谱》见赠。项氏原谱系彩画，英人得李氏摹本，曾经影印，世五亦有李摹本，加以校正，以彩色印之，首列釉色名品表，其所用颜料虽多取外国，而亦参以中国之品，惟白色以砗磲研粉和以珠粉制成最为精美。其纸亦于赣闽间定制，不知者或认为外国品，而外人则以为彼所不及。此册经历二年有馀始印成，靡款十八万元有奇，购机制纸，教授工作，皆世五精心独选，可谓中国印刷开创者，外人颇重视之，恐国内尚少知者，每册售价叁百元，余以题写封面，得享此厚馈”。

又津编先师《顾廷龙年谱》时，读先师1940年1月29日日记，云：“接邵锐函，知所书书衣已收到，并告其所用纸系郭葆昌所定制，以印《瓷器图谱》者。即函托购尽其所有以收之。纸质在连史、毛边之上，惜花纹须裁损耳。”同年2月24日又接邵锐函，郭葆昌处纸已购定廿四刀。3月4日再接邵锐信，知郭葆昌自制纸已涨价，邵代顾所购一篓现存松涛阁。先师云：民国以来制纸印书者两人，一为关百益，印《河南金石图》、《伊阙石刻志》；一即郭葆昌，印《中国瓷器图谱》，此纸即为印剩者也。

觯斋纸是依古法还原澄心堂笺之制法，过程极为不易，当年所制必非大量。此纸不仅用来制作笺纸、印书，而且也有用来作为衬页，色呈象牙白，滑如春冰密如玺。津所见美国哈佛大学哈佛燕京图书馆藏中文善本书中，有数种之衬纸用的即是觯斋纸，如《葫头集》、《草圣汇辩》、《刘雪湖梅谱》等。传至今日，自是珍贵，多年前尝见某拍卖图录，觯斋纸以一万八千元起拍，二万五千元被人投得。前人有云：如郭葆昌这样既经瓷道又懂制纸的专门家，百年来都屈指可数，信然。

周绍良先生旧藏图书题跋两则

辛德勇

题旧抄本《钓矶立谈》

南唐旧臣史虚白子某撰《钓矶立谈》，杂述南唐轶事一百二十馀则。是书卷首作者自序标题之下，添有后人批注云："南唐兴废，尽在是矣。"似此夸耀，殊失体统，但清人吴任臣著《十国春秋》、彭元瑞作《五代史记注》、周在浚撰述《南唐书注》，均多取材于此，其史料价值，自然不容轻视。

此书初著录于尤袤《遂初堂书目》伪史类下，盖在南宋时即有刊本流布。昔清廷修纂《四库全书》，据"叶林宗从钱曾家宋刻抄出"者著录，而《四库提要》称原本"后题'临安府太庙前尹家书籍铺刊行'"注记，自属宋椠无疑。惟钱遵王《读书敏求记》著录此书，依例并未标注版本，《述古堂书目》乃谓系以抄本入藏，事显蹊跷。无独有偶，何义门弟何煌号小山者，尝谓"《钓矶立谈》，往见昆山徐司寇大字宋本，纸刻精好"（见《知不足斋丛书》本卷末所附题跋），而通行徐乾学《传是楼宋元板书目》未见著录，其《传是楼书目》亦同样仅载有一部抄本。何以至此，俱无从究诘。

宋刻《钓矶立谈》，固属稀世珍品，实则当明清之际，即便是明人翻刻本，亦未见流传。据毛扆《汲古阁珍藏秘本书目》著录，雄豪如虞山毛氏，当日所得，不过抄本而已，寻常学人，寓目之难，可想而知。正是鉴于这一情况，康熙四十五年（1706），曹寅在扬州使院主持刊刻《全唐诗》时，利用公帑充裕以致良工凑集之大好时机，梓行《楝亭十二种》，收入此书，使其重新

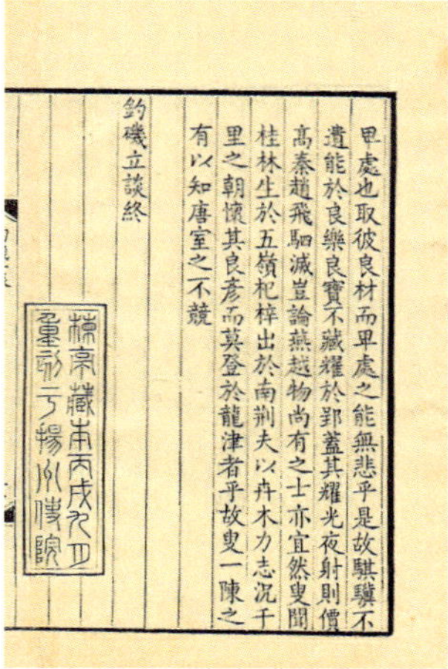

卑處也取彼良材而卑處之能無悲乎是故騏驥不遺能於良樂良寶不藏耀於郢蓋其耀光夜射則價高秦趙飛馳滅豈論燕越物尚有之士亦宜然叟聞桂林生於五嶺杞梓出於南荆夫以舟木力志況千里之朝懷其良彥而莫登於龍津者乎故叟一陳之有以知唐室之不競

釣磯立談終

楝亭藏本丙戌九月重刊于揚州使院

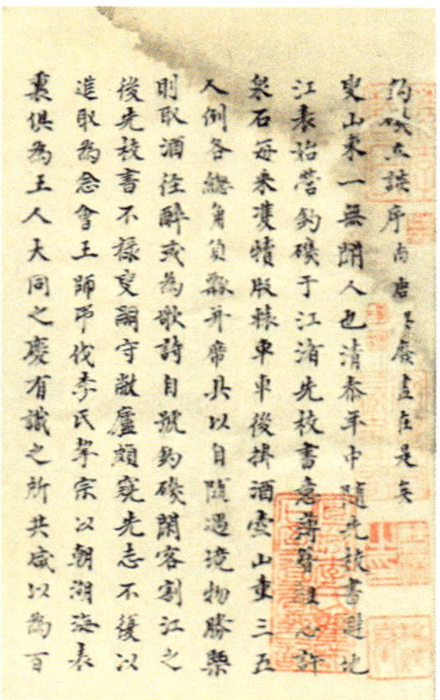

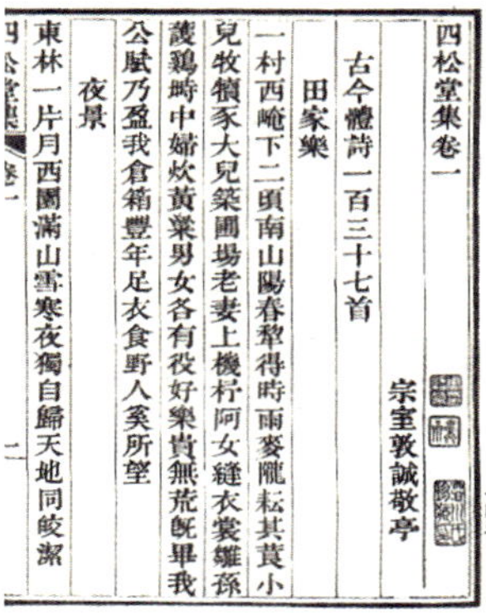

四松堂集卷一

宗室敦誠敬亭

古今體詩一百三十七首

田家樂

一村西崦下二頃南山陽春犂得時雨麥隴耘其黃小兒牧犢豕大兒築圃場老妻上機杼阿女縫衣裳雛孫護鷄塒中婦炊黃粱男女各有役好樂貴無荒旣畢我公賦乃盈我倉箱豐年足衣食野人奚所望

夜景

東林一片月西園滿山雪寒夜獨自歸天地同皎潔

《楝亭十二种》本《钓矶立谈》末页
周启晋先生藏《钓矶立谈》序文首页
上海古籍出版社据文学古籍刊行社影印本重印《四松堂集》

流通于世，于研治五代史事，助益良多。楝亭此本，镌字一如《全唐诗》体式，精楷写刻，至善无俦，惟以宋刊原本世所罕觏，其付梓底本，当亦出自辗转传抄，文字颇有脱漏错谬，此则曹氏所不得已者。

迨乾隆四十三年（1778），钱塘鲍氏在所刻《知不足斋丛书》中复收录此书，所据底本，系毛氏汲古阁旧抄，“凡殷、徵、桓、構、惇、廓等字俱讳末笔，一仍宋刻之旧”。此抄本收藏于长洲吴翌凤古欢堂中，吴氏据此“就曹本详加雠勘，补录自序一首，脱简二翻，订其缺误，复数百字，顿还旧观”。鲍氏称“既赏毛本之佳，益惜曹刻之陋”，因依吴氏所校，版刻印行。

单纯就其内容而言，今行世《钓矶立谈》印本，自以鲍氏所刻最佳，惟时代既近，印本且多，加之系以寻常方体字上版，从古籍收藏角度来看，似尚不足珍重。钱、徐两家当年所藏宋本，下落何在，非无学寡闻如余者所知。《中国古籍善本书目》载录大陆公藏之曹、鲍重刻以前传本，仅国家图书馆藏有两部抄本，一题清初影宋抄本，一为康熙元年（1662）王乃昭氏抄本，而后者系周叔弢先生旧藏，附有弢翁题跋，《自庄严堪善本书目》亦有著录。《北京图书馆古籍善本书目》记此影宋抄本为九行十八字，今周启晋先生此本虽是素纸写录，未尝施以栏线，但行款与之完全相同，文字内容，则一如鲍氏刻本，完整无缺，故知应或直接或间接出自同一赵宋旧刻，尚可依稀踪迹宋本面目，且书中“玄”字未加讳改，自当早于弢翁捐赠于国家书藏之康熙元年抄本，而足以与所谓影宋抄本并重。

启晋先生此本，属尊公绍良先生遗物，书中除“周绍良印”、“至德周绍良所珍爱书”以及“蠹斋”诸印章外，另钤有“国桢藏书”与“谢刚主读书记”朱记，应是谢国桢先生寓目时所加，因刚主先生曾授读于绍良先生，两人间别有一番因缘，而审视卷端所钤“周弢翁”白文汉隶玺印，则知此本初时亦为弢翁所得。

追溯此书传承脉络，知其入藏周家，亦非偶然。此本首页作者自序上端及卷末俱钤有“槜李曹氏”朱文印记，首页下端钤“曹溶之印”白文方印和“秋岳”朱文方印，知原属明清间大藏书家曹溶藏品，甚至更有可能就是由曹家抄录。盖曹氏抄书，本是古代藏书家之间一段特别的佳话，其《流通古书约》倡议雅有同好者相互借抄稀见秘本，对保存流通古籍，为功殊多，此本或即其中一件实物。曹氏身后，此书流入怡亲王府，故卷首留有“安乐堂藏书记”朱文长方印章。至清末，复转入李之郇手中，留下了“宣城李氏瞿硎石室图书印记”、“宛陵李之郇藏书印”等藏书图记。诚可谓出入名门，流传有绪，而近数十载间天地动荡，书厄叠生，周家祖孙三代，能够宝藏不失，尤属吉祥幸事，可喜可贺。

庚寅秋日，东胡辛德勇谨遵启晋先生之嘱，漫书所知闻者如上。

影印本《四松堂集》识语

敦诚《四松堂集》原本流传至罕，此影印本系借用周绍良先生藏本摄照。先师黄永年先生因偏好稀见清代名人别集，于若干年前在京向绍良先生拜求此书，绍良先生慨允以四百金相让，复以书款作资，宴请永年师赴前门全聚德烤鸭店，共话书林旧事。而今两位老人俱已升遐道山，此清刻佳本原帙则仍存先师遗箧。物是人非，俯仰之间，感慨良多。当年德勇因侍奉两位尊长席侧而得以亲历此风雅趣事，因遵启晋先生之嘱，略记数语，以志先辈交谊。时值丁亥初冬。

【附记】敦诚《四松堂集》因涉及曹雪芹事迹而为胡适一辈新文化人物所重，其嘉庆原刻旧本传世殊鲜，1955年文学古籍刊行社借周绍良先生藏本线装影印，研治《石头记》者始得备置案头，随意查考。惟当时印行数目有限，浩劫连年，复称难得，上海古籍出版社因用原版以洋式简装重印，敝箧所蓄，即此大众读本。本篇识语，系应周绍良先生哲嗣启晋贤公子之请，略记此书蓄藏流转因缘于周府所存文学古籍刊行社印本卷末。

顾兰泽稿本《小石山房书目稿》

韦力

《小石山房书目稿》一卷，顾葆龢撰，民国稿本。小石山房黑格抄书纸抄写，一函一册。钤“曹大铁图书记”。

是书毛装一册，封面有墨笔题《小石山房书目稿》，为曹大铁先生旧藏，甲申年得自嘉德春拍。曹氏菱花馆旧藏为近十几年来书界话题之一，公共图书馆因谈价未谐而未能尽购，故所藏分散现身于不同拍卖行。其中部分书往返数次上拍，吾陆续拍得其中十馀部，此外亦有不少极喜欢之书，然而这些书在拍场上成交价很是离奇，有些从十万起拍，以近三十万元成交，令吾望而兴叹。此《小石山房书目稿》笺笺小册，仅三十三页，起拍价却过万，不可谓不贵。然以小石山房之名气，此番如若错过，他日必定后悔莫及，故不假思索而纳之。

小石山房为清代常熟藏书家顾湘室名。顾湘字翠岚，号兰江，别署石墩山民，居常熟东郊，生卒年及仕履不详，博雅好古，尤嗜搜罗未刻之书，其藏书处除小石山房外，尚有玲珑山馆及珍艺堂，曾刻有《玲珑山馆丛刻》六种十三卷，《篆学琐著》（一名《篆学丛书》）二十八种四十卷，以及《小石山房丛书》三十八种六十四卷。顾湘与弟顾浩曾一起就学于季锡畴，季氏不仅博通经籍，更深邃于金石篆刻之学，顾氏兄弟亦因此而深谙此道。然顾湘治印虽深得古意，却素不喜示人。道光年间，顾湘曾辑《小石山房印谱》，未及行世即毁于战火。同治年间，顾湘之子重辑此印谱，内容与前略有增减，易名《小石山房印苑》行世。潘遵祁为之序曰：“惜年齿不永，著述未竟，良用轸惜！而遗墨灿然，楼书充栋，世守令泽，亦可以无憾矣。谱成，吉嗣以书索序，为跋数语归之。石墩岩畔，清风袭襟，慕君者尝憬然如亲其概也！”两部印谱寒斋均有庋藏，今日市面上所见，《印谱》较《印苑》为多，且《印谱》多为同治本，道光本在拍场吾仅见过三次。

吾收此《小石山房书目稿》，以其为顾湘之物以及菱花馆旧藏也，晴窗展读，如对前贤。该目稿纸左侧书耳处有“顾氏小石山房藏书”八字，版心刻对花鱼尾，上下大黑口，别见一种精致。此种版式为宋元旧式，亦可见顾氏爱书之癖。封面之后即见正文，无常见之卷首书名、撰者等，字迹工整，显然不是最初稿，然偶亦见朱笔是正。每篇首行天头处皆有朱笔“誊”字，说明该稿另有誊清稿本。又其中一篇题侧以朱笔注明“目录内未抄入”六字，可知此本为正稿前之底稿。该目一共著录十八部书，多为稿抄校本，颇合吾心意，每书解题之外，兼注明版本、有何藏章、旧日归谁所藏，并移录旧有之跋语，其中数篇兼附顾氏跋语，读来极为解渴。该目所载《常熟县水利全书》解题之后有跋曰：

“曩在钱氏玉海精庐，见有明安国活字本《吴中水利通书》，为王西沚光禄旧藏，心爱之，以未能罗致为恨。后被一友购去，闻之失望，大加叹息，窃谓古书之得失，个中真有福命存焉。友人李君蕙生知其蕴，亟出此书相示，予以二十金易归，书纵不及彼之珍秘，而著录亦少。犹忆光绪中翁文恭公悬三十金收购，而书贾尚不肯割畀，可知物罕见珍，在得之者亦会逢其适耳。是书虽一邑之掌故，而于白茆一港，三丈浦，梅林、盐铁诸塘详载，形势脉络，容纳宣泄，动关数邑之安危，是亦‘吴中水利通书’也。乃叹前书之不遇，适为后书之补偿，何奇巧乃尔，天下事讵可臆度哉。己未小春月既望兰泽记。”

此跋已可略见作者心性，深与吾同。然吾毕竟迟钝，未意识到此跋并非顾湘所写。顾湘号兰江，此署“兰泽”，吾以为是兰江之外另一字，复查咸丰九年（1859）恰是己未，而《文献家通考》载顾湘生卒年为“1822—1874”，两者恰好吻合，因此亦未多疑。又读明成化唐藩刻本《文选》跋，书为宝匏斋翁氏旧藏，读罢拍案叫绝，吾与作者岂止是心性相似，几乎可说是原书影刻，彼此毫无二致。其跋文如下：

“此书六七年前由友人归志仁戚介伊求售，索值六十金，嫌其价昂未之购也，置案头三日还之。既而心甚懊恼，颇以惜费放弃自讼，复时询志仁是否存在不去口。及志仁以销于沪上对，则亦徒呼负负而已。今年重九日，志仁复过余斋，余适赴北郭登高之约，不晤，将书托顺儿转交。返舍后，儿出示余，甫一展卷，喜极狂跃，谓夫河东三箧，亡来已久，一旦顿还旧观，翰墨之缘，此中殆有天假欤？亟出百金购藏。虽今昔多寡之数，亦不暇计焉。至书佳胜，已载《铁琴铜剑楼书录》，检读自知，不再赘。戊午小春月朔澜蛰记。”

六十金不购而以百金纳之，这种事吾干过数回，每回起因皆是“以惜费放

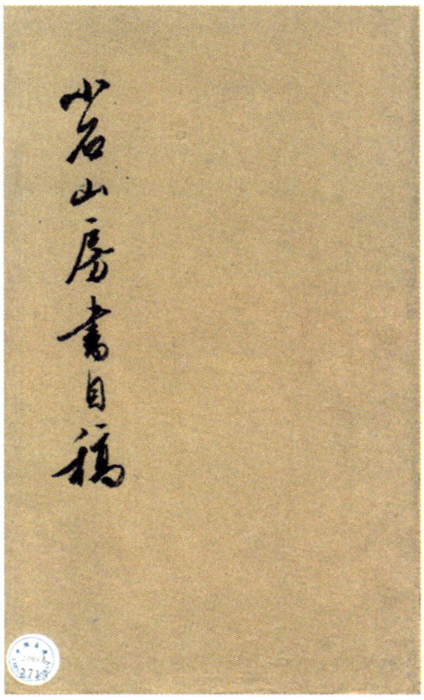
小石山房書目稿

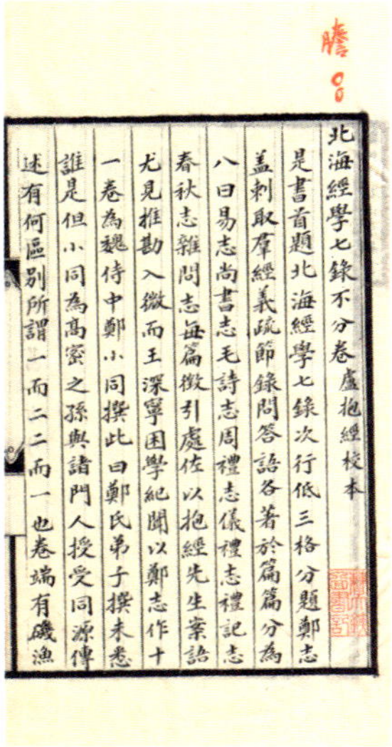
北海經學七錄不分卷 盧抱經校本
是書首題北海經學七錄次行低三格分題鄭志
蓋剌取羣經義疏節錄問答語各著於篇篇分為
八曰易志尚書志毛詩志周禮志儀禮志禮記志
春秋志雜問志每篇徵引處佐以抱經先生案語
尤見推勘入微而王深寧困學紀聞以鄭志作十
一卷為魏侍中鄭小同撰此曰鄭氏弟子撰未悉
誰是但小同為高密之孫與諸門人授受同源傳
述有何區別所謂一而二二而一也卷端有磯漁

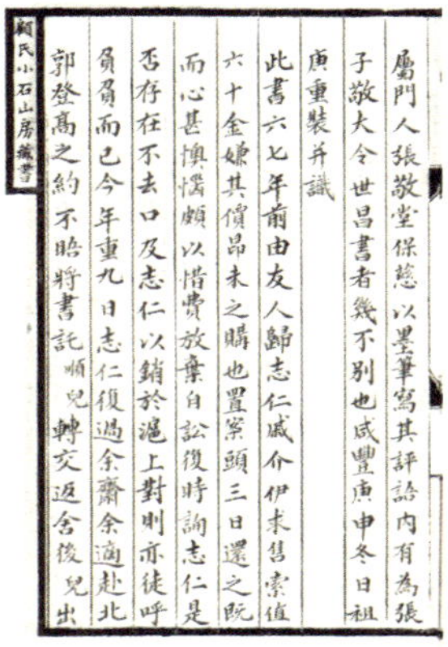
顧氏小石山房藏書
屬門人張敬堂保慈以墨筆寫其評語內有為張
子敬大令世昌書者幾不別也咸豐庚申冬日祖
庚重裝并識
此書六七年前由友人歸志仁咸介伊來售索值
六十金嫌其價昂未之購也置案頭三日還之既
而心甚懊憹頻以惜費放棄自訟復時詢志仁是
否存在不去口及志仁以銷於滬上對則亦徒呼
負負而已今年重九日志仁復過余齋余適赴北
郭登高之約不晤將書託順兒轉交返舍後兒出

《小石山房书目稿》封面
《小石山房书目稿》正文首页
《小石山房书目稿》正文

弃自讼”，讼至极处，如猫烧须，再多金亦不顾。读顾氏跋语仅寥寥数则，已有瑜亮之感，且恨且喜，恨者生不同时，可以相与谈书换书钞书刻书，彼此性情如此相近，料青山见吾应如是；喜者生不同时，天下又少一人与吾争书，若顾君在世，定为劲敌。此跋末署“澜蛰”，时间为“戊午小春月”，愚钝如吾者，仍未怀疑跋者另有其人，以为“澜蛰”为“兰泽”谐音。古人署名极为随意，常有署名时同音而字异者，故仍未在意。直至读到校汲古阁毛钞本《剡源文集》跋，始知撰此书目者另有其人。该跋内容为：

“陈子准书散出，余家得有北宋本《稽瑞》，为彼架藏书之冠，当时取以名楼，冀示永久流传之意。道光甲午岁，先祖既影写付梓，复编入《玲珑山馆丛书》行世，庚申寇乱，原书板片荡为云烟，浩劫茫茫，殊堪痛惜。此旧帙及《陈子昂集》两种，余六年前得于西唐市南园徐姓家，均是稽瑞楼著录本，明窗展玩，克慰思旧之怀。九月武昌难作，各省骚然，邑中闻警汹惧，急检旧籍，挟之赴申。是书寝馈必偕，睡时且以之作枕，古人所谓枕中秘者，其在是乎。他日歇浦归帆，当绘《米舫载书图》，留作沧桑馀话。宣统年辛亥菊秋下浣，兰泽识于申江旅次。”

署款已到宣统辛亥之年（1911），吾始惊醒，该跋绝无可能为顾湘所书，然此《小石山房书目稿》亦必为其后人所写，既云“先祖既影写付梓，复编入《玲珑山馆丛书》行世”，则跋此文者当为顾湘之孙。又忆起月前刚刚读过《叶德辉文集》，隐约记得其中有篇谈及小石山房者，亟寻出再看，有《常熟顾氏小石山房佚存书目序》一文，文中言及顾澜蛰云：“近日获知顾君澜蛰，则翠岚先生之嫡孙也。辱荷先施，赐以家印诸刻，并出手编《小石山房佚存书目》见示，大抵掇拾于灰烬之馀，保守已至三世，虽四部不备，而世间奇书秘笈，以及元明旧椠，名人手稿手校精钞，犹有百什之存焉。顾君按目编存，撰为提要，凡一书之得失，印记之流传，数典如珍，无不原原本本。因是叹君家先德搜求之勤且备，未能如钱毛张陈诸家早成书目传世，为可惜也。"

读罢郎园文章，始豁然大悟，此稿正是顾湘之孙顾葆龢所撰《小石山房佚存书目》之底稿。顾葆龢字兰泽，一作澜蛰。然此稿本惜其不全，仅存十八篇，然此十八篇正如郎园所言，多"元明旧椠，名人手稿手校精钞"，每篇内容亦如其言"按目编存，撰为提要，凡一书之得失，印记之流传，数典如珍，无不原原本本"。郎园先生所序之《小石山房佚存书目》似乎并未付梓，多年来吾不曾寓目。后检得国家图书馆出版社2002年影印出版之《国家图书馆藏古籍题跋丛刊》中，有顾葆龢撰《小石山房佚存书录》存三卷（原卷数不详），版本著录为"民国间抄本"，其目录分为总目与续目，续目后注明："前目忽录未竟，续录二十八种，合之为一百单八部。惟次序紊乱，须候初稿誊清再编定本。"

细对两目，吾藏稿本中总计著录十八部书，有十七部在其续目中，仅《南雷文定集》不在其续目内，亦不在其总目内。再翻至国图影印本内文，其仅影印总目中前面四十五种，总目后半部分三十五种之内文已佚，续目二十八种书更是仅见存目。如此看来，国图所存《小石山房佚存书录》仅半部书稿，吾藏之本虽亦不全，却可补其佚，且吾藏为存世孤本，更见珍贵矣。然吾不敢专美，现将稿本所著录之十八部书名详录如下，日后若有方家研究所需，吾乐助其成。

北海经学七录不分卷　卢抱经校本
遗山新乐府五卷　丁氏迟云楼写本　丁宝臣藏书
常熟县水利全书十卷附录二卷　明万历刊本　陈见复藏书
清河书画舫原稿十一卷　李重系精写本　铁如意斋藏书
昭德先生郡斋读书志二十卷　旧钞衢州本　临瞿中溶手校
麟台故事三卷　旧钞残本　黄琴六藏书
游志续编一卷　张金吾钞本　著录爱日精庐藏书志
文选六十卷　明成化唐藩刊本　宝匏斋翁氏藏书
南雷文定前集十一卷后集四卷三集三卷　清康熙刊本
皇甫持正集六卷　传录丛书堂述古堂校宋本
王维集不分卷　明嘉靖刊本
孙可之文集十卷　校宋本

高季迪先生大全集十八卷　黄仲则评校本

剡源文集五卷　校汲古阁毛钞本　稽瑞楼藏书

宋学士文集七十五卷　明正德刊本

沈下贤文集十二卷　旧钞本　恬裕斋藏书

危太朴云林诗说学斋稿不分卷　宋宾王许庭坚钞校本　恬裕斋藏书

素兰集二卷河东集一卷　校旧钞本

—新书架—

石头记古钞本汇编（宣纸典藏本13种）

16开，宣纸线装

《红楼梦》(又名《石头记》)是我国古典文学巅峰之作，自诞生以来，吸引了无数读者入楼寻幽探秘。而《红楼梦》版本众多，仅脂砚斋系统钞本就有十数种之多。故此，三希堂藏书在各大馆藏机构及冯其庸等著名红学家的支持下，对《红楼梦》早期钞本进行了一次系统完整的挖掘、整理，直接联系各大公私藏家机构，采用第一手资料，原大、四色仿真影印，以飨读者。

《南京图书馆藏戚蓼生序本石头记》，定价：4000.00元
ISBN 978-7-5013-4293-8
《脂砚斋重评石头记庚辰本》，定价：5000.00元
ISBN 978-7-5013-4876-3
《舒元炜序本红楼梦》，定价：3000.00元
ISBN 978-7-5013-4736-0
《俄罗斯圣彼得堡藏石头记》，定价：9800.00元
ISBN 978-7-5013-4886-2
《蒙古王府本石头记》，定价：12800.00元
ISBN 978-7-5013-4911-1
《卞亦文藏残本红楼梦》，定价：950.00元
ISBN 978-7-5013-5037-7
《乾隆甲戌脂砚斋重评石头记》，定价：1280.00元
ISBN 978-7-8066-3524-7
《脂砚斋重评石头记己卯本》《有正书局印戚蓼生序本石头记》《梦觉主人序本红楼梦》《郑振铎藏残本红楼梦》《张开模藏戚蓼生序本石头记》《杨继振藏百廿回红楼梦》

明代版刻三题

顾 诤

《白华楼吟稿》

去岁冬自吴下得旧本数种，中有此初刻本《白华楼吟稿》残卷。归安茅坤撰。半叶九行，行十八字。白口白单鱼尾，左右双边。版刻工致，白棉纸早印，纸墨皆好。当为乡先贤鹿门先生诗集之最早辑刻本，汪氏《振绮堂书目》有载。存世者多归公藏，肆间少见流传。书刻于万历初，仍是开门的嘉隆字体。惜只得目录与首卷一册，或系过去旧书店送与大主顾作为样本选择之所谓“头本”，后与整书失散，辗转复入估人之手。

卷一内乐府多记嘉靖中鹿门佐胡宗宪东南平大寇徐海事，录有《大司马胡公铙歌鼓吹曲》十首，中《王翠翘》一篇云：“王翠翘，吴名姬。一朝误入夷酋帐，马上琵琶长自随。阵前杀气芒天狼，丈八蛇矛烟雾翔。三千甲士埋青草，宝玦珊瑚没战场。战场青可怜，垂杨大道边。江天歌舞忽星散，转向辕门奏凯旋。”是古代文献中所见关于此奇女之最早记载。至顺康间余澹心以之敷衍成故事，撰小说《王翠翘传》，才在民间广为流传。百多年后更有越南诗人阮筱，据此创作了著名长诗《金云翘传》。

小雪初晴，酷寒不出。呵冻捧读，漫记于后。

《归先生文集》

《归先生文集》三十二卷附录一卷，明归有光撰。明万历初翁良瑜雨金堂

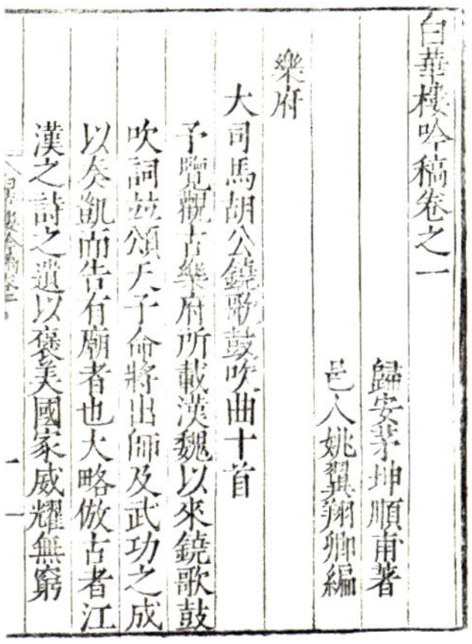
白華樓吟稿卷之一
歸安茅坤順甫著
邑人姚翼翔卿編
樂府
大司馬胡公鐃歌鼓吹曲十首
予覽觀古樂府所載漢魏以來鐃歌鼓吹詞鼓頌天子命將出師及武功之成以奏凱而告有廟者也大略做古者江漢之詩之遺以褒美國家威耀無窮

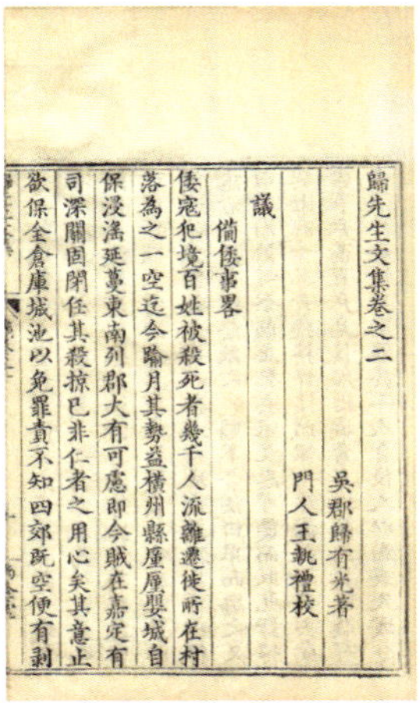
歸先生文集卷之二
吳郡歸有光著
門人王執禮校
議
備倭事畧
倭寇犯境百姓被殺死者幾千人流離遷徙所在村落為之一空迄今踰月其勢益横州縣厘厘嬰城自保浸淫延蔓東南列郡大有可慮即今賊在嘉定有司深關固閉任其殺掠已非仁者之用心矣其意止欲保全倉庫城池以免罪責不知四郊既空便有剝

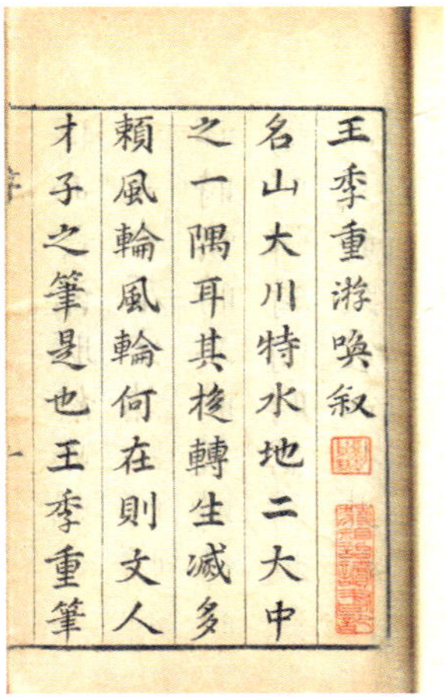
王季重游喚叙
名山大川特水地二大中之一隅耳其校轉生滅多賴風輪風輪何在則文人才子之筆是也王季重筆

《白华楼吟稿》
《归先生文集》
《游唤》

精刻本，原装八册全。半页十行，行二十字，白口，四周双边，版心有“雨金堂”三字，又记刻工名“章右之”，书中有多处墨钉未刻。全本手书上版，写刻颇精，乃万历前期书林名刻。书前有万历三年（1575）周诗小引，王锡爵撰墓志铭、目录，卷端前题下署“吴郡归有光著，门人王执礼校”；卷三十一寿序，书口题“外集寿序”；卷三十二题为“归先生外集”，附录墓表（隆庆壬申归子祜撰）、先君序略，署万历癸酉归子祜、子宁编，书末题“丙子浙人翁良瑜梓行”。清时入《全毁书目》，见朱家溍《故宫藏禁毁书录》。因书中“语多悖谬、违碍之处”，乾隆年间被三度禁毁，以后历代皆禁，直至民国初年才被解禁。刻书时翁姓书商寓居昆山，故四库馆臣称之为昆山本。“雨金堂”亦万历间书林名肆，万历十八年（1590）刻王世贞《弇山堂别集》一百卷。

此种写刻本明刊明人别集向称俏货，多年来从未见于拍场，价格无从参考。书主人以此索巨值。时余正举债与人争购另一善本，拮据难当，又有老父在耳边喋喋阻往。斟酌数日，终难舍下。鬻出旧本大半箧，四方筹措，终得而归。书经虞山丁初我旧藏，又有“紫壶山房”朱文椭圆印记，不知谁何。《中国古籍善本书目》、《中国善本书提要》、《藏园群书经眼录》、《嘉业堂藏书志》等皆收录，允称善本。齐鲁书社版《四库存目丛书》以天津图书馆藏相同版本为底本影印。赵前先生编撰《明代版刻图典》亦收录此本，底本为国图珍藏。试以此本同叶对比京、津二馆藏本书影，刷印尚有胜处，颇为难得。

抗战时期，西谛先生蛰居上海为国家抢救善本文献，时值嘉业堂书散出。他对嘉业堂残存的宋元善本不以为意，却别具慧眼集中挑选了一千二百多种明刻本，多为明刊明人著述。此批明版文献价值极高，被认为是嘉业堂藏书精华所在。后归中央图书馆，现藏于台北。其中即有同版本《归先生文集》一部。

《游唤》

王季重《游唤》一册，不分卷。晚明小品文之代表作。万历间初刻单行本，尚是明代原装。前有陈继儒序与王氏自序，皆依二人手书刻板，内文亦通篇大字写刻，刻写俱佳，实晚明版刻中少有之精品。书首钤乡先贤南浔蒋汝藻子蒋祖诒、祁阳陈澄中婿刘挈敖二家藏书印记，信是名物，当可什袭珍藏。

王思任文集在其生前便已有好几个版本，万历年间有单行本流传，也曾刊行《王季重集》八种，后又陆续收入新作。至崇祯年间，已有九种、十三种、十五种、十六种本流传世间。《明史·艺文传》著录《王思任集》三十卷，张岱《石匮书·艺文志》著录《清晖阁集》二十卷，今均未见，恐已佚。王思任晚年曾拟将生平著作编一总集，定为六十卷，名曰《文饭》，"雕几未半，而玉楼召去，刻遂不成"（余增远《文饭小品序》）。其子王鼎起编选了《谑庵文饭小品》，仅五卷，于顺治十八年刊行。上世纪30年代，上海杂志公司搜罗王思任所存作品，出版了《王季重十种》，收入文学珍本丛书中，是现今所见到的收录文章较多的版本。

《游唤》成书于万历三十八年（1610），距今已四百馀年。问世以来，对清代、民国乃至现代的小品文创作影响巨大。上世纪二三十年代小品文盛行，此书更为"五四"诸散文大家奉为经典。当年阿英先生花了大价钱，不过买到个清初的丛书本。

王季重所著书现存世者多刊于崇祯后，万历初刻本流传颇罕，检公私各家藏书目只台湾"国家图书馆"藏此版本，著录于《善本书志初稿》"史部"，定为万历末期刻本。惟台湾藏本书影，用墨不佳，模印已晚，难窥原书风采。

窗外寒雨不止，闲坐家中整理故籍，于书橱底层捡得二三旧本，细阅一过，成此小文。

壬辰残腊 艾殊仁于茗西留不住书斋

清季活字本《补农书》书后

徐徐堂

2012年12月，从中国书店买到一部日本回流的清光绪二十三年（1897）然藜阁木活字印本《补农书》。此书有二卷：上卷是明崇祯间浙江吴兴沈氏所撰《农书》，为与元代王祯的《农书》相区别，后人称之为《沈氏农书》；下卷是清初理学大儒张履祥所撰的《补农书》。因为《沈氏农书》是张履祥最先加以整理的，最常见的刻本是与《补农书》合刊的张氏《杨园先生全集》本，所以一般书目著录的《补农书》，其实都包括有《沈氏农书》和《补农书》两部分。这是反映明末清初浙江嘉湖地区农业生产的农书，活字本的刊印也应该是在这一地区，具有南方活字本典型的字体端正、摆印整齐、页面洁净等特点。书后有明治三十一年（1898）日本人在湖州购书时写下的墨笔题记，正是它的出产地的绝好证明。

最先，2011年5月，书是放在旧书网上售卖的，标价3500元；一年之后的2012年6月，在北京泰和嘉成古籍常规拍卖会上，此书以3200元落槌（成交价3680元）。又过了差不多半年，中国书店海王村拍卖会的落槌价已经变成了4500元（成交价5175元）。都说这两年的古籍市场行情不好，但真要想买点什么，价还低不了。

平心而论，中国书店的成交价还不算高。

首先，此本卷端有“杨园先生集本”字样，很容易让人误解成它是《杨园先生全集》的零种，市场认可度自然会低些。实际上，这个木活字本虽然是据同治十年（1871）江苏书局刻《杨园先生全集》翻印的，不过当时翻印的仅此一种，是传世各种旧版《补农书》中极为罕见的单行本。并且，因为江苏书局

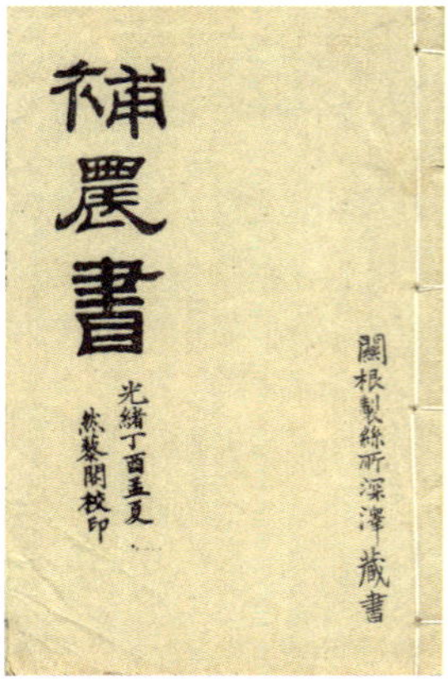

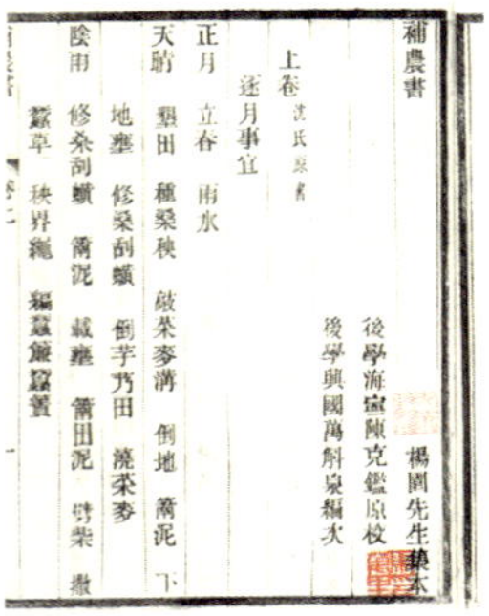

《补农书》封面
《补农书》内页

本《杨园先生全集》是旧时最为完整的定本，从而使活字单行本《补农书》的版本价值较之从前各本要略胜一筹。

其次，《四库全书总目》以《杨园全书》入存目之外，还将据《杨园全书》析出的《沈氏农书》单列一条，仍入存目，提要中却绝口不提《补农书》这档子事。《四库》将《沈氏农书》列入存目，并无视《补农书》的存在，不是因为它们无甚价值，而是避忌张履祥遗民的身份和反清的思想。道光咸丰中，地方官员屡次疏请将张履祥从祀孔庙，都未能得到批准，根由即在于此。因此，虽然统治者实在不能给《补农书》扣上一顶禁书的帽子，但是限制和歧视还是可以做到的。本书在清代没有得到太多刻印、单行的机会，也就很好理解了。传统藏书观中有一种认识，凡《四库存目》著录者都别具收藏价值，具体到这本《补农书》，称得上是古人诚不我欺。

第三，只要检索一下主要的古籍书目网络数据库就会发现，流传下来的木活字印本《补农书》并不太多，既往的拍卖记录中也没有它的踪影。

最重要的是，《沈氏农书》、张氏《补农书》具有非常重要的文献价值。现代著名农史学家陈恒力称其“是总结明末清初农业经济与农业技术的伟大作品之一，是我国农业史上的一种最可宝贵的遗产”。（《补农书研究·沈张事略》第3页，中华书局1958年版）日本最富盛名的中国古农书研究家天野元之助则说：“《沈氏农书》和张履祥的《补农书》是了解明末清初浙江吴兴、桐乡即太湖南岸农桑之乡实际情况的最好文献。”（《中国古农书考》第252页，农业出版社1992年版）除了《齐民要术》（11万字）、《农桑辑要》（6馀万字）、《王氏农书》（13馀万字）、《农政全书》（50馀万字）这些被各种教科书反复宣传的名著，还有多少中国古代农学著作会得到如此至高无上的推崇呢？要知道，《沈氏农书》和张氏《补农书》加一块儿，也不过两三万字，更何况，它讲的还仅仅是浙江嘉湖地区的农业生产情况，与阐述农业思想、通论农业生产技术的那些名著根本就不在同一层次之上。即便如此，学者们还是毫不吝惜地将最为热烈的赞词给予《沈氏农书》和张氏《补农书》，这难道还不应该引起藏书家们最为热烈的追逐么？

尽管自古以来就有不少名著无法确证其作者的真实姓名，但学者们对沈氏的匿名还是抱有很浓厚的兴趣。“《杨园先生全集》只有对一个姓吕的不称名字”，而这个吕某，大约与吕留良脱不开关系，张履祥的隐匿其名也就顺理成章了。沈氏呢，不过是一个“地主”，张履祥和他“生在同时代、同乡里，又有亲戚关系，却隐讳了他的名字”（《补农书校释·沈张事略》第1页，农业出版社1983年增订本），想不引起后人的猜疑都难。

张履祥（1611—1674），明末清初著名的理学家，时人视之为闽洛学派的正传。张氏为学强调知行并进，亲切平近，主张“学问固重实践，然必自致知格物始”。他的老师刘宗周，是明末的大儒，南明弘光政权败亡后绝食而死；他和死后被雍正皇帝剖棺戮尸的吕留良不仅是求学问道的挚友，还是反清复明的同志。顺治初年，清王朝统治大势已成，张履祥遂决意隐居终身。张家有几十亩的田地，除了雇人耕种，堂堂杨园先生还亲自下地干活，虚心向老农请教问题。《补农书》张氏自跋所称“学稼数年”，绝非一般文人的虚言装饰，而是实有其事。因此，他既能认识到《沈氏农书》的价值，愿意整理以助流通，还结合田间经验写出了不朽的《补农书》。明末清初进步文人们为之摇旗呐喊的经世致用、匡时济民，在这里得到了完美的实践。

虽然只是一百多年前的出版物，但是其思想意义、作者身份、内容价值、版本形式、传本数量，举凡藏书家们最为看重的几大要素，靡不齐备，区区数千元，可谓廉矣。

晚明春宫版画述略

翁连溪

明代是春宫版画刊刻最为兴盛发达的时代。所谓“春宫画”，是古代对描写性爱行为图画的统称，也称“春画”、“春宫图”、“秘戏图”。明中叶以后，苏杭一带刊行了不少春宫图册，皆镌印精良，且有大批彩色套印作品，是明刊版画的重要组成部分。由于诸所周知的原因，过去无论是绘画史还是版画史著述，对此多只字不提或匆匆带过，致使对春宫版画的研究，几成版画史研究的空白。其实，无论这是出自世俗的偏见还是其他原因，都不是一个正常现象。对春宫图，不能简单地以“黄色”、“淫秽”一言以蔽之而讳莫如深，它毕竟是晚明那个社会普遍存在的一种文化现象，它在社会文化学上的意义，也不仅仅与房中术有关，而是涉及到民俗、艺术、社会风气、雕版印刷术的发展等方方面面内容，有必要对这一特殊的文化现象做些细致分析和讨论，为明代春宫版画的发展勾勒出一个较为详尽的脉络，对其在版画史上的地位给出一个公正的评价。

一、春宫画的起源和在明代的兴盛

春宫画由来已久，据张庚《国朝画征录》载：“密戏图不知作俑于何人，考《后汉书》，广川戴王，作画屋为男女裸交接，置酒请诸父姊妹饮，令仰视画，废。则汉时已有画之者矣。”这是关于春宫画的最早记载。在汉画像砖中，有男女交媾的图画，成都发现的一方东汉画像砖，一女子将衣服挂在树枝上，篮筐丢在一旁，和一男子在树下野合；四川省博物馆藏出土于彭城的两方秘戏画像砖，也都是男女野合的图画等等，都可作为这条记载的佐证。其实，汉代社会风气相对开放，春宫画的使用并不仅限于帝王宫室，百姓人家也多用之，汉张衡《同声歌》云："重户结金扃，高下华灯光。衣解巾粉卸，列图陈枕张。"就是这种情况的写照。

自汉以后，春宫画累代不绝。明张丑《清河书画舫》提到他得到过一本唐代大画家周昉绘《春宵秘戏图》，元代大画家赵孟頫也以善绘春画名噪一时。但宋代推崇程朱理学，大讲"存天理，灭人欲"，那时的春宫图，大抵只是在士这一阶层私下流传，不可能如晚明这样镂之于墨版，并堂然公之于世，广泛流传。

明代春宫图的泛滥，其实正是当时社会风气的反映。明立国之初，"天子以醇朴为教"（《王槐野先生存笥稿》卷二），《肇域志》上说："国初，民无它嗜，率尚简质，中产之家犹躬薪水之役。"即是当时情况的写照。明中叶以后，随着商品经济的出现，市民文化的勃兴，加之以承平日久，社会风气也为之一变，由简朴而至奢靡，由道德规范的严谨而至人欲横流。在这个变化中，宫廷首当其冲，做出了极坏的榜样。明沈德符在《万历野获编》中总结这个流变过程说："国朝士风之敝，浸淫于正统而糜溃于成化……至宪宗朝万安居外，万妃居内，士习遂大坏。万以媚药进御，御史倪进贤又以药进万，至都御史李实、给事中张善具献房中秘方，得从废籍复官。以谏诤风纪之臣，争谈秽媟，一时风尚可知矣。"宫廷如此，士民百姓亦然，《松窗梦语·风俗纪》中就说："人情以放荡为快，世风以侈靡相高，虽逾制犯禁，不知忌也。"在这"糜溃"的世风中，说是性的解放也好，性的糜烂也罢，总之，追求性的享乐是其中最主要的表现形式之一。那位以反道学自居的李贽，就大言炎炎地说："成佛证圣，惟在明心，本心若明，虽一日受千金不为贪，一夜御十女不为淫也。"这种为淫荡生活的辩解，已经不是离经叛道，而是近乎失心疯了。那位万历进士，官至吏部郎中，善诗词古文，以风雅自命，鼎鼎大名的袁宏道，则干脆声明："夫闻道而无益于死，则不若不闻道而直捷也。何也？死而等为灰尘，何若贪荣竞利，作世间酒色场中大快活人乎？"（《袁宏道集笺注》卷一一，上海古籍出版社1984年版）

如果这些大名士只是这样说说，以发泄对程朱理学压抑的不满，也则罢了。但这些人是说到做到的，他们或多置艳婢美妾，宣淫逸乐；或选色征歌，出入秦楼楚馆，声色犬马，纸醉金迷。明代妓院之多为史所仅见，"大都会之地，辄以千百计，其他偏州僻邑，往往有之"（明谢肇淛《五杂组》卷八）；不仅女妓，男风亦盛，美妓娈童，争相出卖色相；到处悬挂品评妓女的花榜，研究嫖妓的《嫖经》公然镂版行世，淫器淫具花样百出，人不以为耻，反以为荣，纵欲享乐之风，莫此为甚。与之相呼应的，则是色情文化的大肆泛滥，其中尤以春画最为流行，沈德符《万历野获编》说：“予见内廷有欢喜佛……今外间市古董人，亦间有之，制作精巧……此外有琢玉者多旧制，有绣织者新旧皆有之。闽人以象牙雕成，红润如生，几遍天下，总不如画之奇淫变幻也。”（《万历野获编》卷二十六《春画》）春画之盛行于世，于中可见。

一些现实生活的需要和带有迷信色彩的民俗，对春宫画的大行其道起了推波助澜的作用。古代的大家闺秀，拟或小家碧玉也是如此，囿于礼教的束缚，待字闺中时足不出户，不明世事，出嫁时，父母把春图放在嫁妆的箱底，以供新妇入洞房后行房时参考，实际上是起到了性教科书的作用；古人认为春图有防火的功能，故又称为“辟火图”；清末民初的大学问家叶德辉把春图置于藏书的中间，认为可以使书籍免除火厄；把春图缝在孩童的肚兜衬里，认为可以趋吉辟邪等等。当然，明代春宫画的兴盛，愈刻愈多且愈精，主要还是社会风气使然和士这个阶层的参与。

二、明代春宫版画图册举要

明代刻印过多少春宫图，是一个永远也弄不清楚的问题，从一些文献记载看，其间所刻必极繁夥。艳情小说《肉蒲团》中有一段描写：未央生因妻子玉香不谙性事，欲以开导，说：“明日就书画铺子中，买一幅绝妙的春宫册子，是学士赵子昂的手笔，共有三十六幅，取唐诗上三十六宫都是春的意思。”春宫易得，赵子昂的手笔难至，未央生所购买的，一定是据赵子昂所绘雕印的春宫册子。这是明时人写的小说，所记为明时事，当可信实，可惜的是这部“三十六宫都是春”的图册并没有流传下来。东海病鹤居士为明刊春宫册子《风流绝畅》写的小序中说：“《春意》一书，坊刻不下数十种。”数十是个约数，极表数量之多，品种之繁。明人徐树丕《识小录》载：“虞山一词林，官至大司农矣……其子妇能画，人物绝佳，春宫尤精绝。”达官显贵的儿媳妇不专意女红，而成为春宫画的高手，亦可见当时春宫艺术的流行。

明代去今未远，但明代刊印的春宫册子，传及今日的并不多见。清统治者以“崇经学”为名，对所谓“诲淫诲盗”的书屡下严旨禁毁，明刊春册在国内一无所藏，就是这种情况的反映。所幸海外的收藏机构和个人尚藏有部分劫馀，并于近年相继结集出版，为春宫版画的研究提供了相当详实和丰富的史料。其中最值得一提的，就是荷兰的外交官、汉学家高罗佩。自上个世纪中叶，他就职于日本，中日文化交流密切，书籍贸易频繁，中国刊印的春宫画大量外销日本，为他访求这些图画提供了方便，故其所得甚丰。1961年，他撰写出版了《中国古代房内考》一书，对中国古代房中术书籍进行了系统的整理和研究，此后，又将收集到的春宫画编辑成册，出版了《秘戏图考——中国彩印春宫版画》，供学界研究之需。其中共收录了八种明刊春宫图册，即《胜蓬莱》、《风流绝畅》、《花营锦阵》、《风月机关》、《鸳鸯秘谱》、《青楼剟景》、《繁华丽锦》、《江南销夏》。这是一位很有社会责任感的学者，考虑到这些图画可能产生的负面影响，书仅印行了五十部，分赠世界各大图书馆和博物馆。1993年，台湾金枫出版有限公司出版《秘戏图大观》，前半部分即高氏《秘戏图考》的再印，后半部分为日本枕绘，即日本的春宫画，为比较考察中日春宫图提供了相当充分的实证，也算是一个创意吧。当高罗佩辑录《秘戏图考》并对中国古代春宫版画和房中书籍并进行深入的整理和研究时，这在国内还是一个讳莫如深的禁区。今天我们能够看到这些作品，能够进行言之有据的考察和研究，应该感谢这个荷兰人。德国的中国古籍收藏家冯德堡先生，也收藏有相当数量的明刊春宫册子，去岁先生来华，将所藏赐观，其中《花营锦阵》等四种与高罗佩所藏同，另有《镌图像杨太真外传》和《镌图像赵飞燕外传》两书合订，附《风月景象》，末题"京院秘传洞房春意册"，为前所未见之本。冯德堡先生也表示，正在筹划将所藏结集影印，以飨学界。相信随着这些作品的刊布，对明刊春宫版画的考察和研究，一定会更全面、更深入。

在所藏八种中，高罗佩先生认为《胜蓬莱》刻印最早，它是"早期尝试阶段春宫画的一种"，并暂定其为明隆庆年间（1567—1572）的出版物；以刻于崇祯时期（1628—1644）的《江南销夏》为晚出。这些作品绘镌精粗不一，风格亦各异，唯因为此，恰能更全面地反映明刊春宫图的风貌。

《胜蓬莱》图十五幅，每图附有解释性的七言诗。图版是用蓝、黑、红、绿四种颜色套印的，《秘戏图考》中影收此本图两幅，不知为什么没有印成彩色，冯德堡先生亦收藏有这个本子，图版为黑、蓝、黄三色套印，不知道是高罗佩先生误记，还是另有别本。先生对这套版画评价不是很高，认为它的风格与福建流派相似。图中的裸体人物，确实画得不见高明，尤其是男性裸体，体态臃肿，比例失调，动作僵硬，但作为长期在礼教压抑下的古人的早期尝试，是无法苛求的。作品的背景刻绘得很精致，山石的玲珑剔透，山石侧面延伸出的芭蕉，屏风上的山水画，铺着团花褥垫的床榻，瓷质的花瓶及瓶中的插花，乃至随手丢在地上的团扇，绘刻得都很细致，线条的运用很流畅也很纤细，无论构图和镌刻，都具有明显的徽派版画风格。当然，万历中期徽派风格逐渐浸染普及到各地，建阳书林不是不能刊刻出这样的作品，但它绝非是人们常说的建安派版画，是可以肯定的。若进而言之，福建并没有镌印彩色版画的传统，

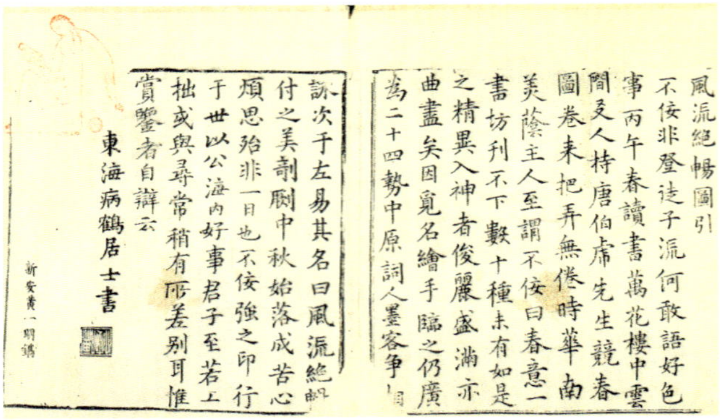

風流絕暢圖引
不佞非登徒子流何敢語好色事丙午春讀書萬花樓中雲間友人持唐伯虎先生競春圖卷來把弄無倦時華南美蔭主人至謂不佞曰春意一書坊刻不下數十種未有如是之精異入神者俊麗盛滿亦曲盡矣因覓名繪手臨之仍廣為二十四勢中原詞人墨客爭相詠次于左易其名曰風流絕暢付之美剞劂中秋始落成苦心煩思殆非一日也不佞強之印行于世以公海內好事君子至若工拙或與尋常稍有所差別耳惟賞鑒者自辯云

東海病鶴居士書

新安黄一明鐫

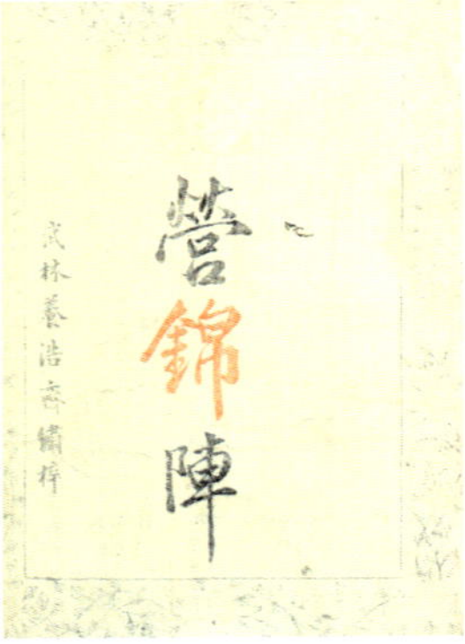

《风流绝畅·图引》
《花营锦阵》

故这个本子刻于福建的可能不大，它也不见得是隆庆年间的作品，很难想象隆庆时期的建阳书林，能有这种风格的作品出现。

在谈到高罗佩先生收藏的其他春册之前，有必要先介绍一部冯德堡先生的收藏——《紫金光耀大仙修真演义》。这是一部晚明刊刻的本子，前有邓希贤序。跋署：“万历甲午春王正月越人九十五岁翁书于天台之紫芝室。”万历甲午是为万历二十二年（1594），书的刊刻当在此时。这是一部道家房中术的秘书，对道家所谓的采阴补阳等性修炼的说法做了详尽系统的解释，有些说法在今天看来也是符合科学道理的，不过也不乏有房内灵丹、炉中宝鼎、三峰大药等荒谬不经的胡说。插图为黑、黄、蓝三色套印，绘刻极为精致，人物体态修长，动态轻灵，表情变化丰富，属春册中的上乘之作。绘镌风格与《胜蓬莱》相近，但色彩运用更为和谐，对色更为准确，这两个本子倒是有可能出自一个地方。两本构图都是以人物为主，背景铺陈相对简略，更似万历中期金陵派版画的风格。《修真演义》另见有万历二十五年（1597）金陵荆山书林刊本，可见这种本子还是在金陵这种人文荟萃的大都会较受欢迎。这两个本子，很有可能都是万历时的金陵刊本。从目前已经见到的明刊春册看，这部《修真演义》是有明确时间刊记的最早的本子，它的出现，对研究明刊春册的渊源流变，明代彩色套印技术的应用等，都有重要的价值。

高罗佩先生所刊布的其他七种春宫册中，绘镌最称上乘的首推《花营锦阵》和《风流绝畅》。

《风流绝畅》镌印于万历三十四年（1606），前冠东海病鹤居士写的小序：“不佞非登徒子流，何敢语好色事？丙午春读书万花楼中，云间友人持唐伯虎先生《竞春图卷》来，把弄无倦。时华南美荫主人至，谓不佞曰：‘《春意》一书，坊刻不下数十种，未有如是之精异入神者，俊丽盛满，亦曲尽矣。’因觅名绘手临之，仍广为二十四势。中原词人墨客，争相咏次于左，易其名曰《风流绝畅》，付之美剞劂，中秋始落成，苦心烦思，殆非一日也。不佞强之印行于世，以公海内好事君子。至若工拙，或与寻常稍有所差别耳，惟鉴赏者自辩云。”旁镌一行小字：“新安黄一明镌。”据这篇小序，图是据唐寅的春宫册子临摹上版的。唐伯虎的春宫画，在当时即享盛誉，沈德符在《敝帚轩剩语·春画》中说：“工此技者，前有唐伯虎，后有仇实甫。今伪作纷纷，然雅俗甚易辨。”可见其时多有假冒其名绘镌春宫以沽高利者。姑不论这套版画是否出自唐寅的手笔，其女性人物造型体态丰满，情态妖冶，形态变化生动，风姿嫣然，很符合唐寅的人物画风格。图画线条运用疏密有致，背景构图精致，大至居室厅堂，小至花草山石，以及花瓶、插花、杯盘、灯烛等饰物，点缀无不得法，无论它是否出自唐寅手笔，都显示出了绘图者非同凡响的绘画才能。据记载，唐寅还画过一套《花阵六奇》的春宫，已佚，亦不知曾镂版否。

《风流绝畅》共二十四图，绘写男女交媾二十四式，墨、蓝、红、绿、黄五色套印。此前宋金时刊行的《东方朔盗桃图》，元刊的《无闻和尚注经图》，至多也就是两色；明刊《程氏墨苑》设色丰富，但多为单版涂色一次印刷，兼有两色套印；此本则是现存的最早的一部分版分色的五色套印版画，比之《紫金光耀大仙修真演义》的三色套印更进了一步，而且设色明丽而静雅，色彩搭配协调。黑色多用于印制头发、靴帽、桌面等部位；床帐、衣纹、垫褥上的花卉图案等多用蓝色；红绿搭配，描绘桌、床、几案以及花卉林木的布景；黄色用来绘写文房书具等小型的装饰物，在观感上极为淡雅，也极为舒适。不同色彩的搭配和线条的连接，如水乳交融，连贯自然，毫无板滞生硬之处，套印技巧之高超，已达得心应手，妙法天然之化境。从一些部位互相重叠的色彩中，一望而知这是用饾版分色套印而非单版涂色的产物。所谓“饾版”，即为了表现画稿的不同色调，深浅浓淡之所需，阴阳向背之所异，分解成不同的版块，用这些色彩版将颜色拼印在纸上，印版形如饾饤，故名。这是一项极为复杂的工作，印制一幅图画需要几块甚至数十块印版堆砌拼凑才能完成。过去皆以为此法是胡正言印制《十竹斋书画谱》时发明并采用的，显然并不正确。探讨印刷技术的发展，不能对春宫版画的贡献视而不见，从现有的资料和史证看，《紫金光耀大仙修真演义》和《风流绝畅》，才是目前可见使用饾版印制的较早的彩色套印木版画集。

《风流绝畅》由黄一明操剞劂。《虬川黄氏宗谱》不载一明，但其为黄氏一族中的镌图名手是不错的。从销路看，此类本子在苏杭等工商业较为发达、市民文化气氛浓郁的城市有较大市场。黄一明很可能就是寓居杭州的名工。

《花营锦阵》也是一部绘镌印三绝、堪称明刊春宫版画最具典型意义的作品。图亦二十四幅，蓝、黑、绿、红、黄五色套印。书名页属“杭州养浩斋”，养浩斋不知是谁家坊肆，抑或仅是为了刊行此书，依图书内容随意杜撰的名字。高罗佩先生认为，这部画册是在《风流绝畅》之后刊刻的，应梓行于1610年前后。每图配词一首予以解说，图画亦属唐寅风格。在明末刊行的春宫版画中，这个本子和《风流绝畅》是绘镌最为精美，艺术手法最为成熟的作品，代表了中国古代春宫版画的最高成就。《花营锦阵》并有单色墨线本行世。1950年，高罗佩在京都购得了这套版画的印版，这可能也是保存至今的唯一一套明刊春宫画印版了。二十四幅图画，分别雕镌在双面雕刻的十二块版子上。据高罗佩先生介绍，这套木版的雕刻技艺，是约三毫米的直刻。其线刻的流畅婉丽，必出自晚明高级刻工之手。

明天启年间刊印的《鸳鸯秘谱》及稍后刊印的《青楼剟景》，都是五色印本，《风月机关》则是四色印刷的本子。

《鸳鸯秘谱》书名页有“牡丹轩绣梓”朱印，这个坊肆就和印制《风流绝畅》的养浩斋一样不为人所知。书前的《小引》有这样一段话：“好事者大搜诸集，得当意者次列如左，命之曰《锦春图》。仅三十局，庶几乎不滥竽自耻也。至若态度之精研，毫发之工致，又以饶之矣。且也悟真者披图而阅之，导欲以惩欲，生生不息，化化无穷，岂徒愉心志、悦耳目而已哉。故曰：满怀都是春，舍兹其奚辞。”也就是说，这是据编绘者广为搜集的春宫画中的精品而刻印的木版画集。至于“导欲以惩欲”一类的说话，是这类出版物中的套语，很可以看出编绘此类图集者的心态。高罗佩先生对这部集子给予了较高的评价，认为它是“这类图画的上品”，不过所看到的影本，无论绘镌，水平显然是不能和《花营锦阵》与《风流绝畅》相媲美的。前些年市面上出现过一部彩色上下两册的《鸳鸯秘谱》，充斥于地摊车站，几随处可见，声称原为清宫秘藏，其实却是一个绘本、刻本杂陈，堆砌明、清、民国亵图于一炉的伪本。

《风月机关》未署刊刻时间，图多剽窃自《花营锦阵》。《小引》写妓家风月，文字拙劣，绘镌相比于《花营锦阵》，亦有轩轾之别，无足深论。

《青楼剟景》书名页左下角有“群玉斋梓”刊记。二十图，用蓝、黑、红、绿、棕五色套印。高罗佩先生评价说：“这个画卷代表了套色春宫木刻的颓废的最后阶段的开端。裸体人物缺乏《风流绝畅》、《花营锦阵》和《鸳鸯秘谱》诸画册所具有的原始的、生气勃勃的绘画气韵。胳臂和大腿往往反常地长，身体的姿态画得很糟糕。版画是本自第三流的底本印成的。不过雕刻的技术尚可。”在《秘戏图考》一书中，未影录这个本子的图画。2008年冯德堡先生来华，将他自日本购得的此本赐观，给人的观感并不似高罗佩先生所说的那样不堪。的确，和《花营锦阵》相比，它的人物绘写体现的是另一种风格，体态纤弱苗条，人物秀丽，反映的是明末清初的仕女画风。背景的绘镌并不逊于《花营锦阵》。但无论从哪个角度讲，都是明刊春册中的上乘。

《繁华丽锦》是一部蓝印本，《江南销夏》是一部朱印本，都是单色的，也都未见梓行时间的刊署。高罗佩先生认为它们都是崇祯时期的作品，是明刊春宫版画的收关之作。《繁华丽锦》的图画拙劣，是明刊春宫中的下品，别开生面的是它在解释性的诗文之外，把道家修炼养生的书《黄庭秘药修真法》节录到各卷卷首。虽然道家所讲的房中术，和图画表现的场景也许并无关系。《江南销夏》仅有图画，它的人物描绘是成功的，人物情态、肢体动作的绘写生动且富于变化，眉目传情，秋波流转，很好地再现了当时的情境。男女交合的场面皆安排在厅堂、书房、居室中，家具、屏风、几凳、床榻乃至插花、书籍、杯盘等的安排点缀无不合宜，运用大片的红色阴刻墨底来表现窗棂、家具的边框、书籍的封套、衣着的贴边等，增加了画面的图案色彩，显示出了很高的镌刻技巧。作为现存最后一部明代刊印的春宫册子，如果从纯艺术的角度来看，为这种题材的版画，画上了一个完美的句号。

关于这些春宫版画的制作方式和它们在中国古代彩色套印发展史上的重要意义，是很值得说上几句的。王重民先生认为明代彩印起源于徽州，先生对中国古代彩色套印技术发展的论述，精彩纷呈，至今读来仍有很重要的参考价值，但这个论断囿于所见材料，却是不正确的。如前所述，《紫金光耀大仙修真演义》镌刻于万历二十二年（1594），很可能刻于南京，而王重民先生举证的较早的明刊彩印本《花史》刻于万历二十八年（1600），彩印本《程氏墨苑》刻印于万历三十四年（1606），皆晚于此本。这个本子的出现，足以证明代的彩色套印版画是自镌印春画始，源自南京，而不是一般认为的徽州，至少从目前发现的材料看是如此。范景中先生在列举了明刊彩印版画的主要作品后，得出结论：明代的彩印版画“先是杭州，或是徽州领头，继尔，湖州一跃而起，具有了与杭州、徽州、金陵争胜的气势……”（范景中《套印本和闵刻本及其〈会真图〉》，见《新美术》2005年第4期）这个论点同样是不正确的。即使暂不提先生所论诸本，《花史》的绘镌也要早于先生所列之本，这个问题就不多加论述了。

高罗佩先生在论及明刊套印春宫版画时，说过一句很有名影响也很大的话：“实为明代套版之精粹，胜《十竹斋》等画谱强半。”（高罗佩《秘戏图考》，广东人民出版社1992年版）

这些图画，尤其是《风流绝畅》、《花营锦阵》等绘刻具精的作品，确实是“明代套版之精粹”，谁都不会有异议，但要说比之《十竹斋画谱》等画谱“强半”，则有些个人喜好等主观意识在内了。《十竹斋画谱》所录，多为写意作品，而《风流绝畅》诸本，皆为工笔线描，两者在技法上有着很大的区别。工笔线描要在对色准确，写意在对色精准的同时，更重色彩的浓淡深浅合宜，不下真本一等。两个本子都是中国古代彩色套印版画的杰作，都是彩印版画史上具有里程碑意义的作品。一定要比较出孰优孰劣，或者笼统地说哪个本子更好，似无必要。

三、书籍插图中的春宫画

晚明色情春宫画的泛滥，不仅仅体现在大量赋彩或单色春宫图册的出版上，其时刊行的不少小说读本的插图中，也有大量存在。这些作品当然也是明刊春宫版画的重要组成部分，尽管这些图画不如上述春宫册子那样引人注目。

在这些书籍插图的春宫版画中，最值得一提的就是明万历间刊行的《素娥篇》，首方壶仙客序，谓作者为郫华生。叙写武则天侄儿武三思和侍女素娥之间的性爱故事，但并没有多少具体的情节，而是以武三思与素娥代表男与女、阴与阳，表现阴阳和合，男女互补。图四十七幅，正文图四十三幅皆为男女交媾的图画。有意思的是它所附文字，不是对性行为性技巧和形态的解说与描绘，而是和天地阴阳的大道相结合的对性事的赞美，如第十九图《日月合璧》，与之相配的《长相思》词为："日东升，月东升，乌兔分司昼夜明，原来不并行。天无情，却有情，合璧潜通日月精，趣处妙难评。"把男女交合和日月合璧、妙夺天象共论，来阐述此亦为天地间大道的观点，颇有点哲理的味道。此本刊行于明万历四十年（1612）前后，正是中国古代版画艺术如日中天的时代，绘镌都是极为精美的。首图绘镌武三思和素娥宴乐情形，两人相拥高坐，前一女舞于毡上，旁为吹奏的乐队，场面华丽，绘镌精丽；末图绘武三思和素娥入山悟道，前绘以道童指引入神仙洞府情形，构图与万历间汪廷讷刻《坐隐先生精订捷径棋谱》颇相类。其他虽皆为亵图，但背景的描绘精细，各种饰物的铺陈得体，就其所达到的艺术高度而言，绝不逊于《风流绝畅》、《花营锦阵》诸本。此本藏美国印第安纳大学金赛研究所，已是传世孤本，被称为金赛研究所的镇所之宝。

冯德堡先生来华时，出示过一部名为《镌图像赵飞燕外传》、《镌图像杨太真外传》两书合订的本子，署"明万花主人校"。后附《风月景象》，单面方式图三十幅。末题"京院秘传洞房春意册"。所谓"京院"，可能是指京中的妓院吧，但话虽如此，就其版画风格而言，这个本子不可能是北京的刻本，不过是以"京院"广为招徕而已。此本未见梓行时间刊记，判断它刊刻于万历至崇祯间是不会错的。卷首绘赵飞燕与汉武帝持手徐行于宫苑，中为亵图，绘镌皆精良，布景稍嫌简约，在观感上不如《素娥篇》穷工极丽，但也是不错的作品。若论书籍插图中的春图，以此两本最工。

明万历刊中国古典小说名著《金瓶梅》有图二百幅，其中有三四十幅为春图。这些图画的人物都很小，交欢的场面有时被有意地置于珠帘后面，在整个画面中，所占的面积也很小，似乎是绘镌者在有意地遮遮掩掩，不似上述春册那样直白而大胆。其他如刊刻于崇祯五年（1632）的《龙阳逸史》，署京江醉竹居士浪编，是一部反映明末男风炽烈情况的小说，绘图布景极简，自然外露，艺术价值不高；《宜春香质》、《弁而钗》、《浓情快史》、《欢喜冤家》等，为配合情节的描写，所绘插图多有自然直露的场面，但就其艺术水平而言，亦多属平平，无一可与《金瓶梅》相比。

晚明的春宫版画，是情色泛滥的社会温床催生出的一株株鲜艳夺目的艺术奇葩，这些作品，是在晚明这个古代版画黄金时代中，在文人和士这个阶层的推动与直接参与下完成的艺术杰作，体现的是这个阶层的欣赏趣味和审美价值观。即使是男女交媾，描绘的也是优美的体态，娴静的性情，和日本春图的放荡狂野，甚至刻意突出对性器官细部的描绘明显不同。南方园林化的庭院布置，厅室内的绣帐罗帷，几案屏风，以及摆设的古玩瓶花、文房书具等饰物，雕镂的是那样的精致细密，营造的是一个典雅静穆的环境氛围。释图诗文隐涩含蓄，文词优美，必出自混迹于风月场中的文人之手，和图画相得益彰，起到画龙点睛的作用。虽为亵图，在观感上却是婉约静雅的，可以说唯在晚明这个文人画版画成为版画艺苑的主流，在这个古代版画艺术登峰造极的黄金时代中，才可能出现这样的杰作。入清之后，倡导程朱理学，儒家正统思想占据绝对的统治地位，晚明纵欲的社会思潮成为禁区，文人自然而然退出了春宫画的创作，故清前期的春宫版画所见极少。清中晚期之后，书禁渐弛，民间刻印的春图不少，但皆已是绘图镌刻套色皆无可述，艳俗媚俗的下下之作，没有任何艺术性可言了。

四部丛刊本《大云山房文稿》底本小考

林振岳

清代阳湖恽敬，古文名家，所著《大云山房文稿》海内推重，流传甚广。恽宝惠《恽氏家乘·先世著述考略》云："所著《大云山房文集》，海内承学之士几于家置一编，传刻至再至三，诚可谓立言不朽者矣。"

《大云山房文稿》在清后期曾多度翻刻，民国初影印的《四部丛刊》初编也收录此书，但前后印本的牌记有所更动。《四部丛刊》初版印本的牌记作"上海涵芬楼景印光绪十年刊本"，至三版缩印本，则改作"上海商务印书馆缩印同治年刊本"。1989年上海书店据商务印书馆1926年二版重印，在原来"光绪十年刊本"牌记旁加注"本书应为同治八年刻本"。

为何会出现两种不同年代的牌记著录呢？检光绪十年（1884）刻本《大云山房文稿》，原书牌记作："初集四卷、二集四卷、言事二卷、补编一卷。光绪十年四月懿荣题记。"《四部丛刊》最初印本的牌记，即据此著录为"光绪十年刊本"。光绪十年刻本书末，又有同治八年（1869）恽念孙的"重刻附记"云："先祖《大云山房古文》两集共八卷。咸丰庚申岁，家藏原板毁于兵燹。今念孙重刻于蜀，又行笥中携有尺牍一卷，附置于后。其《通例》向刻卷末，今刻于卷首，以便省览。同治八年秋七月孙念孙谨记。"

按此"附记"，该本又似为同治八年所刻。商务印书馆可能即根据此"附记"，在发行《四部丛刊》缩印本时，将"光绪十年刊本"改为"同治八年刊本"。

笔者最初猜测，《四部丛刊》本影印牌记变动，或因该本书版刻于同治八年，至光绪十年再次印刷，所以出现书前牌记与书末附记年代的不同。随着调查深入，目验各馆所藏《大云山房文稿》原书，发现同治八年本与光绪十年本是不同的版本。光绪十年本是同治八年本的翻刻本，二者相似程度很高。由于后者翻刻了同治八年恽念孙的“附记”，所以引起后人的误会。《四部丛刊》影印的底本，实为光绪十年刻本，而非同治八年本，初印本的牌记著录无误，缩印本的牌记更换则是误改。

光绪十年本翻刻同治八年本，书版虽然相似，但还是存在一些差异。首先是二者牌记不一。同治八年本的牌记作：“同治八年岁次己巳秋七月重刻于蜀，板存山西馆街口半济堂侧雷信述斋。”光绪十年本的牌记作：“初集四卷、二集四卷、言事二卷、补编一卷。光绪十年四月懿荣题记。”其次，同治八年本版框较光绪十年翻刻本略大，且书前有完颜崇实之序。光绪十年本书前无完颜氏序，但每卷卷末都有“无锡宣颖达丽中，吴县许敦仁爱杉同校”字样。第三，《大云山房文稿》除了《初集》四卷、《二集》四卷之外，尚

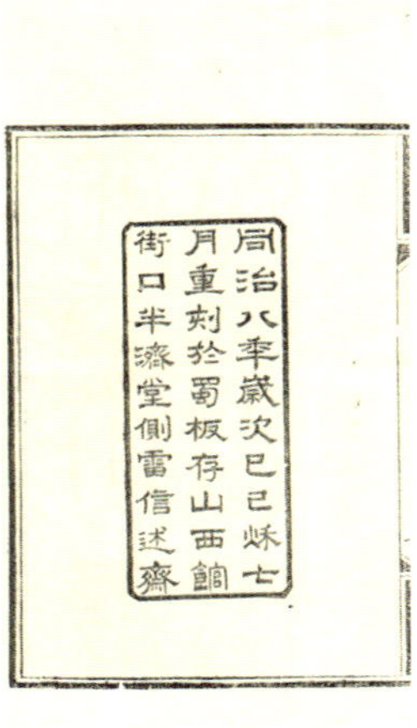

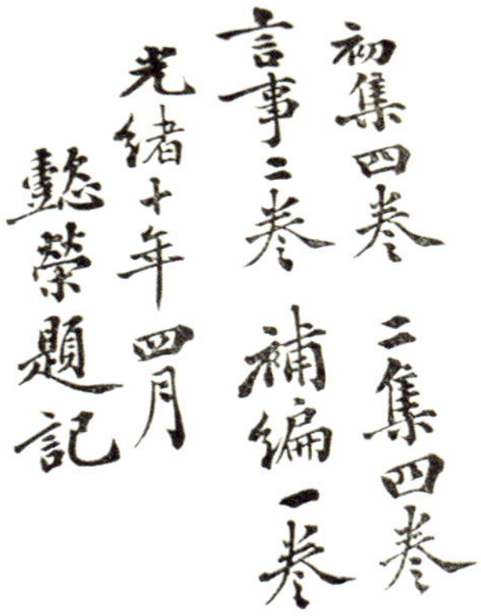

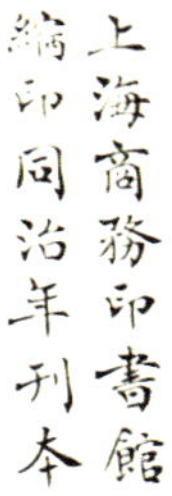

同治八年本牌记
光绪十年本牌记
《四部丛刊》三版缩印本牌记

有《言事》二卷、《补编》一卷。同治八年本《补编》在前，《言事》在后，恽念孙的“重刻附记”在《二集》之末，以接《言事》二卷，说明来历（“又行笥中携有尺牍一卷，附置于后”）。而光绪十年本《言事》二卷在前，《补编》一卷在后，恽念孙的“附记”移至《补编》之后。第四，同治八年本《补编》末《答董牧唐一》、《答董牧唐二》、《与胡竹村一》、《与胡竹村二》四篇，因系后来补刻，卷端目录中无此四篇之篇名。光绪十年翻刻本目录已补入四篇篇名，并说明“以下补遗”。最后，从字体、刻工等细节考察，两本也存在差异。以两本文本相校，可以发现异文。以卷一试校，两本

相异者如：《说地》篇（叶六右面末行）“木草，本阴而末阳”，同治八年本误作“草本，木阴而末阳”。《说梦》（叶三十八右面末行）“体”，同治八年本误作“礼”。《驳朱锡鬯书杨太真外传后》（叶四十八右面末行二）“说”，同治八年本作“号”。《杂说》（叶五十二行三）“北斗”，同治八年本作“斗北”。《三代因革论三》（叶十三右面末行五）“其”，同治八年本作“是”。

以上差异，可以区分同治八年本和光绪十年本，也可以确定《四部丛刊》影印本的底本是光绪十年本，不是缩印本牌记所称的同治八年本。

《四部丛刊》初印时，商务编辑应见到原书牌记，所以按牌记著录为“光绪十年刊本”，且依《四部丛刊》体例，原书牌记皆不影印，而统一为商务馆自家著录。后人或因看不到原书牌记，故在重印《四部丛刊》时，根据书末同治八年恽念孙“翻刻附记”，将牌记改为“同治八年刊本”。

光绪十年本应该是在江浙一带刻版，现知传本较多。同治八年本是在四川刊刻，传播有限。上海图书馆所藏的同治八年本是王秉恩旧藏。王氏是华阳人，该本或从四川带来。因为同治八年本少见，而《四部丛刊》已删去光绪十年本牌记，所以被误以为即同治八年本。

同治八年本是恽敬生前嘉庆二十年（1815）刻本（即“附记”所言的“家藏原板”）的一个翻刻本，手民之误甚多。如《二集》卷三《游庐山记》脱“生平所未睹也”、“敬故于是游所历皆类集之，而于云独记其诡变”两段文字（光绪十年本同脱），《游庐山后记》脱“名殊不佳，得红兰数本，宜改为红兰谷”一段（光绪十年本不脱）。这是当中比较严重的讹脱，其他字词的手民误植，更是不胜枚举。光绪十年本再据此本翻刻，因此沿袭其错谬。大概主持刊刻的人深知同治八年本的疏漏，故请无锡宣颖达、吴县许敦仁同为校勘。即便如此，还是留下了不少未校出来的谬误。

《四部丛刊》影印光绪刻本，存在改字情况，如《通例》“大传书名不书字”条，“或书别号、道号者，性情也”句，各刻本皆作“或书道号、别号，著性情也”，《四部丛刊》初版印本亦同，二版重印本及三版缩印本则改“著”为“者”，当属后来描改。一字之改，造成句读不同。若按文意及前后句式来看，还是原本作“著性情也”比较合理。商务印书馆的《万有文库》和世界书局的排印本，也皆改为“者”字，大概是以《四部丛刊》本为底本之故。

由于《四部丛刊》及其缩印本的影响，当今的一些大型丛书影印及全文数据库制作，所采《大云山房文稿》，多用《四部丛刊》缩印本作底本，如《续修四库全书》、《清代诗文集汇编》影印此书，都明确著录为“据民国八年上海商务印书馆《四部丛刊》影印清同治八年刻本影印”，“中国基本古籍库”则著录为“《四部丛刊》景清同治本”。大型丛书及全文数据库，有一二种书的版本误记，本来无可厚非，况且是因为沿袭了《四部丛刊》的著录。只是因为上述丛书、数据库都是我们平日使用的“方便本”，读者使用时可能就直接引用其著录，故有必要在此说明。

民国间商务印书馆编印的《四部丛刊》，既旨在保存旧刻珍本原貌，采用影印方式使之化身千百，而又旨在为读者提供基本典籍的普及本。对于学者而言，影印旧本固然能提供不少校勘的“胜义”，但对一般读者而言，旧本中的误字脱文也易产生误导。商务印书馆印行《四部丛刊》时，在“原貌之旧本”和“校勘之善本”间作平衡，影印旧本同时，又对底本作描改，既非严格意义的旧本影印，又非严格意义的校勘整理，形成一种独特的新版本。因此我们引用《四部丛刊》本，不能直接称引其影印底本，只能称“《四部丛刊》影印某本”才比较准确。今人影印古籍的理念，较民国时期的理念已有不同。为了保留古籍原貌，应该慎择底本，不加描改，制作严格意义上的影印本。为了提供精确完善的文本，则应采用校勘整理，重新排印。或者采用古人批校方法，影印原书而在天头或书后印校勘记。有鉴于此，影印古籍时为图省便而径用《四部丛刊》本再影印的方法，实在不足为训。今日之丛书影印若能注意这一点，上述《大云山房文稿》版本著录的失误就可减少，“影印《四部丛刊》影印某本”之类叠床架屋的表述也可避免。

喜见功深力作成
——读《新辑红雨楼题记》

致之

马泰来先生《新辑红雨楼题记》（下简称《新辑》）即将问世，忝为同道，多年来亲见先生孜孜矻矻，潜心辑注红雨楼题记情景，感佩良深，久思鼓吹，表彰绩学。不揣冒昧，乃据先生自述，略叙《新辑》内容特色，并记感言，贡诸同好。

明代私家藏书目录传世数十家，反映各家藏书实况，为今人研究明代藏书史提供可靠依据。明代藏书家活动之可考者，红雨楼藏书堪称特色。所谓特色，一为徐氏藏书不仅流传书目（如抄本《徐氏家藏书目》四卷、《徐氏家藏书目》七卷），且有藏书题跋传世。屡经抄刻，足征历来受人重视。再则徐氏收藏图籍，始于乃父徐棉，中经徐熥、徐𤊹兄弟发展，又得贤子孙世守，自明万历朝递藏至清初，楹书历数代始散，散后犹为人所珍爱。三则考其生平，徐氏僻居榕城，诗书传家，身无功名，迹近山人。好诗而曾主闽中诗坛选政，好书而刊刻抄校不遗馀力。藏而能读，读而能评，所撰题记，文辞尔雅，精见迭出，藏书家之称，当之无愧。

存世徐氏藏书题记仅二百馀篇、字数不足十万，自清康熙以至近年，已经林佶、郑杰、缪荃孙、沈文倬四家辑录。先生何以不厌其烦，再度校核辑录，长年耗费心力于此？欲究其因，须先看先生对于四家辑本之评述：

最早著意徐𤊹题跋的是林佶。林佶字吉人，号鹿野，福建侯官（今福州市）人。清初著名书法家及藏书家。康熙三十八年（1699）举人，五十一年（1712）进士，授内阁中书。所辑《红雨楼题跋》有己亥年（康熙五十八年，1719）题记，上距徐𤊹去世仅七十六年。林佶跋称："吾闽兴公《红雨楼集》未受梓，此题跋一卷是从稿中录出者，尚未备。异日当广并全集编刻以永其传，未知得如吾愿与否？兴公题跋最精确，惜多散逸，哀之正未易耳。林佶识，己亥六月之朔书于警露寓邸。"

可知《红雨楼题跋》最初辑本，即出于著名"林佶四写"之书者，题跋辑录来源，主要是徐𤊹《红雨楼集》稿本。该稿本上海图书馆所存十二册，近年已经影印，其中未见题跋部分。先生据林佶《朴学斋诗稿》卷一《青儿得鳌峰徐兴公遗书五十馀种，录其目与跋寄至京邸，喜而有作并示岍儿》诗"昨复致二纸，快意说新获。书是徐氏遗，字是鳌峰迹。图印识收藏，题跋详抽绎。四十七种书，百十年间隔"之句，及福建省图书馆藏韩邦靖《韩五泉诗》、中科院图书馆藏郑赐《闻一斋诗稿》中清林正青（林佶长子）题记，考定林氏于康熙戊戌（1718）闰八月间，曾收得红雨楼遗书四十七种，所辑《红雨楼题跋》，部分应录自林家所收红雨楼旧藏。林辑《红雨楼题跋》录文二百馀篇，包括书籍、碑帖、书画等题记及少量书序。该稿未曾刊印，原稿现藏山东省图书馆，抄本见于著录者，有中科院图书馆及天津图书馆藏清抄本、北大图书馆藏李盛铎木犀轩抄本等。

稍晚于林氏起而辑录《红雨楼题跋》者，为乾隆间同样敬慕乡贤之闽人郑杰，先生介绍云：

林佶邑人郑杰，一名人杰，字昌英，乾隆间贡生，生平特好韩愈诗文，有意笺注《昌黎文集》，因名其书室曰"注韩居"。郑杰亦潜心购觅徐𤊹旧藏，辑刊《红雨楼题跋》，但他不知林佶祖鞭先著，虽然二人相隔不及八十年。郑辑序文署嘉庆三年（1798），称："不佞仰企前人，潜心购觅，几废寝食，得徐氏汗竹巢、绿玉斋、宛羽楼、红雨楼藏本，什有二三……独是兴公先生善聚善读，用心精勤之处，余欲与天下人共知之，遂搜录题跋若干首，先付梨枣，别为初编云。"

郑辑《红雨楼题跋》录文仅八十七篇，所收书籍、碑帖、书画题记，多已收入林辑，不见于林辑者三十篇，主要是徐𤊹为他人诗文集所撰序文。郑辑主要来源，应仍为徐氏《红雨楼集》稿本，部分题记则录自郑氏所获红雨楼旧藏及手稿。出于稿本而不见于林辑者，应非林氏失录，而因眼光不同，认为序文等不宜入选。郑辑《红雨楼题跋》有嘉庆三年（1798）郑氏注韩居刊本，传本极罕，近年先后影印入《续修四库全书》及《国家图书馆藏古籍题跋丛刊》，始成易见之本。

林辑仅有抄本，郑辑流传未广，清季目录学大家缪荃孙，遂合林、郑二辑而成《重编红雨楼题跋》。缪辑跋于光绪丁未（1907），有宣统二年（1910）赵诒琛峭帆楼刊本，又有民国甲寅（1914）重刊本及乙丑（1925）重印本。乙丑重印本增入罗振常校记及补遗二叶。此本流传较广，对今人认识徐氏藏书影响较大。缪辑手稿现藏北大图书馆，有影印本行世。缪跋介绍重编原委云：

顺治己亥（1659），林吉人手钞题跋一百四十馀条，并识缘起，装成四大册。藏费莫文文冶庵所。荃孙录副藏箧中三十年矣，时时检阅，奉为导师。光绪丙午（1906）十二月，吾友况君夔生于金陵市中得注韩居刻《红雨楼题跋》一册。荃孙借校，所刻仅八十七条，郑君昌英辑而序之。不但与林辑不同，并不知吉人曾钞行之者。荃孙因取两册，分类合编，共成上下二卷，二百二十二条，虽非全集，然所藏美富，略见一斑。

缪辑合并林、郑两家辑本，分为经籍（下分经类、史类、子类、集类）、碑帖、书画诸类，使红雨楼题记数量增加，次序井然，此为其优点。但是，缪辑存在诸多不足，也经先生比勘发现：

一是未能增补未备。林、郑二辑，皆视所辑未为定本，曾谓“异日当广并全集编刻以永其传”，“先付梨枣，别为初编云”。先生以为，缪氏曾分别辑集红雨楼及士礼居题跋，对于“黄跋”，先后编刊《士礼居题跋续记》二卷、《士礼居题跋再续记》二卷、《荛圃藏书题识》十卷及《荛圃刻书题识》一卷，拾遗补缺，求全求备。相比之下，缪氏所辑《红雨楼题跋》则草率成书，疏误不少。先生以为，以缪氏闻见之广，理应增补不少红雨楼题记，可惜其未措意于此。

二是《重编红雨楼题跋》校录草率，不仅遗落林、郑二辑题记多篇，即缪编自跋亦存讹误。如林佶生于顺治十七年（1660），康熙后期始成名。其《红雨楼题跋》题记署“己亥年”，应为康熙五十八年（1719），缪氏竟目为顺治十六年（1659），后沈文倬《红雨楼序跋前言》亦沿袭此误。又因林辑流传罕见，该本所录红雨楼题记数量，后人均引缪氏说法，称为一百四十馀篇。据先生目验，林辑所录实为二百零七篇，缪氏乃失计六十馀篇（缪氏稿本原作“二百四十馀条”，后改“二”为“一”，两者皆误）。缪辑内容之遗落，可以《竹窗小稿》为例，1925年峭帆楼重印本补入徐氏《竹窗小稿》题记，罗振常校记云：“原刻此篇列《镜湖清唱》后。缪艺风先生跋称得郑刻与林辑本重编，何以整篇脱去，殊不可解。”同类失误，如林辑收录《张文潜文集》题记二篇，系徐氏分撰于万历丁未（1607）及戊申（1608），缪辑仅录前者而漏后者。他如书名著者讹误、辑录文字出入，先生心细如发，一一为之校出，读者可于原书得之。

红雨楼题跋之最新整理排印本，出于近人沈文倬之手。先生评曰：

> 《红雨楼序跋》二卷，沈文倬辑，1993年福建人民出版社出版。沈辑底本为缪辑峭帆楼1914年重刊本。沈氏未见林、郑二辑及缪辑稿本，仅以上海图书馆藏《红雨楼集》稿本校缪辑。而《红雨楼集》稿本已残缺，可校序文仅二十馀篇。沈辑于缪辑，亦步亦趋，体例并无更易，内容则仅“拾遗”十篇无补学术之空泛应酬文字。沈氏又未悉缪辑有1925年重印本，致未能采用罗振常补校成果。总之，沈氏慑于缪氏盛名，未能见缪辑之误失，亦未试图匡正。沈氏《前言》谓：“今据稿本覆勘……字句的衍脱谬误，亦一一订正。”可是上文指出《藏书屋铭》及《题儿陆书轩》二文，《红雨楼集》稿本文字与《红雨楼题跋》有异，沈氏并无校记。

综上引述，红雨楼题记虽引人重视，屡经前人辑录，先生皆未满意，遂有“新辑”之举，先生自述撰著原委云：

> 我的徐𤊹研究，历时颇久。始于徐𤊹和冯梦龙及谢肇淛的关系（现存日本的冯梦龙编撰《寿宁待志》孤本，书上有“徐𤊹之印”及“兴公父”印记；《红雨楼集》有徐致冯二函，及徐为冯诗集撰写序文。今日所知有关《金瓶梅》的最早专文，谢肇淛的《金瓶梅跋》，端赖徐𤊹独具只眼，收入所编谢氏遗集《小草斋集》而得以传世）。《龙龛手鉴题记》是我见到的第一篇徐𤊹题跋“佚文”，在《四部丛刊续编》本《龙龛手鉴》卷首，并不罕见。继而在《“国立中央”图书馆善本题跋真迹》看到三篇徐𤊹手书题记书影。其后，翻读《中国古籍善本书目》数过，按图索骥，访书福建省图书馆、福建师范大学图书馆、国家图书馆、北京大学图书馆及上海图书馆。未能亲往者，亦赖友好惠寄书影。《中国古籍善本书目》所著录徐𤊹手书题记，未见原书或书影者，仅《高东溪先生文集》一种。日本所藏徐𤊹手书题记五种，亦赖友朋惠我书影。

先生学殖深厚，用心缜密，凡所涉猎，均以不诡不随、善于发覆为能事。《新辑》始于辑补前人所未备，继则沿流寻源，比勘林辑以下诸本异同。因读书认真，长于考订，发现问题渐多，遂旁征与徐氏相关著述，进而调查存世红雨楼藏本及题记手迹，访书四方，仆仆道途，多年营求，积累愈深，校录考释，欲罢不能，体例屡更，所获愈精，历尽甘苦，成此力作。《新辑》不仅校录精审，红雨楼题跋自此得一善本，其书目整理研究之方法，亦值得重视。先生自述其体例云：

我的《新辑红雨楼题记》，以缪辑《重编红雨楼题跋》为底本，校以林、郑两辑，重新排列，有删有补。内容仿效缪辑《荛圃藏书题识》及《荛圃刻书题识》，只收旧籍题记，不收徐𤊹为时人文集所撰序文，亦不收书画、碑帖题识。初意分为“藏书题记”及“编刻书题记”两部分，因二者性质不同，前者无意广大流传，多仅与子孙；后者每为长篇论著，意图影响读者。《新辑》所补编刻书籍序跋，皆录自原书，但旧编《红雨楼题跋》收有数篇文字，疑为书籍序文，因乏确证，无法断言。兹从吴晓铃整理《西谛书跋》例，不分文体，略按《四库》分类排列。

具体观摩《新辑》体例：先录徐氏题记序跋，依四库分类以编次；次检索各家书目著录，以确认书之存佚及藏所，称为“著录”；又取校抄本《徐氏家藏书目》，以徐氏藏书记录证补其所撰题记，故于“著录”下列“书目”；缪辑源于林、郑两辑，先生有意遍检存世红雨楼藏本，据徐氏手迹重订题记，虽所获超出预想，毕竟力有未逮，未见原迹者止得仍据林、郑两辑本以校缪辑，并遍检群书为之作注，故于“著录”、“书目”后列“笺校”。以上三项中，“笺校”尤为先生学养功力所在，旁征博引，发微阐幽，或增补史料，或纠正讹误。书目整理研究，绵密一至于此，真令人赞叹。兹尝鼎一脔，示例如下：

菊径漫谈十四卷　（明）石盘撰　明万历十九年（1591）刊本　徐𤊹题记　河南图书馆藏

石公《漫谈》，乃熟二十一朝之史，而事事翻案立论，有裨于史学者也。近修郡志，列公于“循良传”，不谈及公淹博，似未尽公之生平。且此书传于世甚少，惜哉。崇祯丙子（1636）夏，后学徐𤊹识。

著录：《中国古籍善本书目》，子6507。王文进《文禄堂访书记》，卷三。

书目：《菊径漫谈》十四卷，石盘。

笺校：录自原书。本书署“闽长乐董溪石盘著”，王文进误以董溪为作者，张慧剑《明清江苏文人年表》从之。

戋戋题识，铢积寸累，录自尘封蠹馀，得来几费辛苦。先生辑考红雨楼藏书题记，投入巨大心力。已有文本，校勘甄别，一丝不苟（缪辑二百零七篇，先生反有减损），而补遗辑佚，访书及于海内外，过录考索，至今矻矻不休。《新辑》篇幅如下：

《新辑红雨楼题记》收徐𤊹题记一百五十九篇，包括新收三十八篇，主要录自各地图书馆藏书上徐𤊹手书题记及刊本题记。《红雨楼题记前编》收徐熥题记三十二篇。《红雨楼题记后编》收徐延寿题记一篇，徐钟震题记五篇。

新增藏书题记，多据原书徐𤊹手书题记。少数题记，录自其他载籍，包括谢肇淛小草斋抄本和海内外各种目录。《中国古籍善本书目》及大部分善本书目，皆著录手书题记，颇便按图索骥。不过偶亦有将别人题记误置于徐𤊹名下。如中国社会科学院文学研究所图书馆藏《贡文靖公云林诗集》六卷……

目录题跋之作，属于目录学范畴。今人讨论目录学，多标举“辨章学术，考镜源流”之旨，陈义虽高，常令初学者步履维艰，不得其门而入；或则因其无议论可逞，遂鄙如簿记帐册，视之无足轻重，为之漫不经心。先生治学范围，不仅目录之学，偶尔校辑题跋，则又戛戛独造，不同凡响。察其为学旨趣，似始终未离传统校雠学矩矱，由目录、版本而及于校勘。研究目标既定，遂苦心孤诣，锲而不舍，人弃我取，蹊径独辟。“笺校”中辨伪正讹，举重若轻，裁断严谨，随处可见，而人所能得知者，则又不屑琐琐出注。《新辑》前编、后编，辑录徐氏兄长（熥）、子（延寿）孙（钟震）藏书题记，已属家族史研究史料。至于整理红雨楼题记同时所撰诸文，举凡红雨楼三代藏书始末，徐氏亲友、交游著述，乃至红雨楼藏书印章，晚明闽中人物史事，莫不连类以及，辨析入微。先生之书目整理，或谓近于藏书史研究，实则又岂止于藏书史研究而已也。

2013年春记于日本早稻田大学国际交流中心研究室

《藏书家》杂志复刊，幸蒙编者证稿，不辞谫陋，即以文本应之。

参考文献：

①马泰来：《新辑红雨楼题记·前言》，上海古籍出版社（《中国历代书目题跋丛书》第四辑），2013年版。

②马泰来：《红雨楼群书题记的辑订和笺注》，复旦大学古籍整理研究所讲演稿，2013年版。

津门书肆二记(一)

雷梦辰 遗作 曹式哲 整理

雷梦辰(1929—2003),河北省冀县谢家庄村人。自幼喜好读书,由于家境艰难,十五岁辍学投身书业,先后在北京琉璃厂富晋书社、隆福寺东雅堂书店,以及天津茹芗阁书店学徒。1949年茹芗阁歇业后,在天祥市场二楼自设梦辰书社(后改称文学书店),专营古旧书刊。1956年公私合营后,文学书店并入新华书店天津分店古旧书门市部(1978年更名为天津市古籍书店),雷梦辰从此成为国营书店营业员,直至1990年退休。在舅父孙殿起、长兄雷梦水的影响下,雷梦辰毕生以售书为业,同时兼顾搜集资料,著书撰文,出版有《清代各省禁书汇考》,发表过《津门书肆记》、《天津三大商场书肆记》、《晚清至解放前天津书坊刻印本书籍知见录》、《直隶书局创办始末考》、《近代天津私人藏书述略》诸文,为业内公认的版本目录学专家。

《津门书肆二记》系雷梦辰先生未完成的一篇遗作,我在2010年10月21日采访其长子雷向坤时,偶然发现此文(详见拙作《雷梦辰遗作〈津门书肆二记〉发现始末》,刊于2012年4月2日《藏书报》)。《津门书肆二记》记载了1949年至1956年间天津335家书肆的基本情况,上承《津门书肆记》、《天津三大商场书肆记》所述晚清至1949年间天津书肆的盛衰聚散(雷梦辰因此亦称《津门书肆二记》为"续编"),下启1956年公私合营后天津旧书业的发展演变,实为不可或缺的一段历史记录,对于研究天津书业文化史颇有助益。全文计72页稿纸,总约2.5万字,系雷梦辰以钢笔楷书誊录,字迹颇为工整,修改更正之处均另写后粘在错处,并不涂涂抹抹。体例则一仍《津门书肆记》、《天津三大商场书肆记》,所述依次为红桥区、河北区、南开区、和平区、河东区、河西区。由于雷梦辰晚年身体欠佳,所述至和平区华东书局条(仅记其店名和经营范围)即戛然而止,不但和平区书肆活动的记述未能完

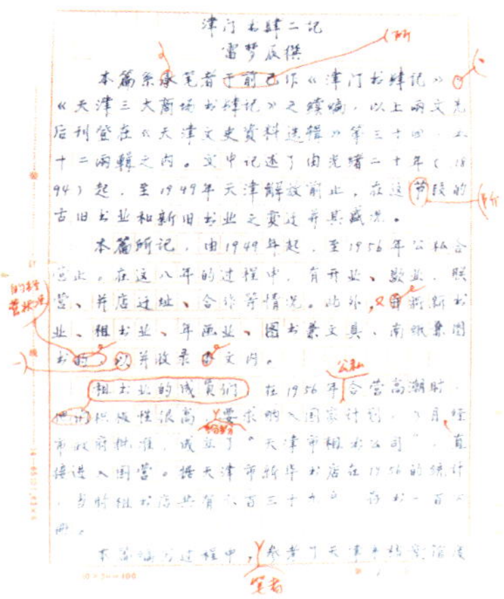
津门书肆二记
雷梦辰供
本篇系笔者于前已作《津门书肆记》《天津三大商场书肆记》之续编，以上两文先后刊登在《天津文史资料选辑》第三十四、五十二两辑之内。文中记述了由光绪二十年（1894）起，至1949年天津解放前止，在这节段的古旧书业和新旧书业之变迁并其盛况。
本篇所记，由1949年起，至1956年公私合营止。在这八年的过程中，有开业、歇业、联营、并店迁址、合作等情况。此外，又将新书业、租书业、年画业、图书兼文具、南纸兼图书的，以并收录在文内。
租书业的成员们，在1956年合营高潮时，他们积极性很高，要求纳入国家计划，3月经市政府批准，成立了"天津市租书公司"，直接进入国营。据天津市新华书店在1956年的统计，当时租书店共有六百三十九户，存书一百万册。
本篇编写过程中，参考了天津市档案馆度

《津门书肆二记》手稿首页

成，河东区、河西区部分更付之阙如，实为一大憾事。所幸的是，原稿还附有不少原始资料卡片（其实就是将信纸一裁为二的纸片，已残缺不全），尚可在一定程度上予以弥补。经商之雷向坤同意，我对这些卡片进行了整理，并补充资料连缀成篇，接续在文章的最后，以期使这篇遗作以完整面貌示人。

本文整理过程中，对原稿不通之处，酌情进行了技术处理。需要说明的是，《津门书肆二记》中的宝林堂、文运堂、崇实书店、新华书店古籍门市部诸条，所云"古籍门市部"应为"古旧书门市部"，为保持原貌未予改动。原稿标示书肆经营范围时常用省略语，如"图文"即图书兼文具，"图南"即图书兼南纸，"古旧"即古旧书刊，谨在此说明。另文中多有"转文教商"一语，依本篇行文体例调整为"转文教商业"。天津市古籍书店前副经理王振声通读原稿后，指出柳知行等数名书肆业主姓名有误，又补充了图书总店条杜建华之籍贯（山西），均已改正增补并加以说明，使《津门书肆二记》避免了诸多遗憾，谨致诚挚谢忱。

由于本人水平及资料所限，《津门书肆二记》的整理和续补难免存在不足之处，敬祈方家指正。

曹式哲

2013年2月

本篇系笔者所作《津门书肆记》、《天津三大商场书肆记》之续编，以上两文先后刊登在《天津文史资料选辑》第三十四、五十二两辑之内。文中记述了由光绪二十年（1894）起，至1949年天津解放前止，在这阶段的古旧书业和新旧书业之变迁并其盛况。

本篇所记，由1949年起，至1956年公私合营止。在这八年的过程中，有开业、歇业、联营、并店迁址、合作等情况。此外，又将新书业、租书业、年画业、图书兼文具、南纸兼图书的经营状况一并收录文内。

在1956年公私合营高潮时，租书业的成员们积极性很高，要求纳入国家计划，3月经市政府批准，成立了"天津市租书公司"，直接进入国营。据天津市新华书店1956年的统计，当时租书店共有639户，存书100万册。

本篇编写过程中，笔者参考了天津市档案馆庋藏的《1949至1955年天津市图书业公会会员名册》、《1954至1955年天津市图书业公会会员类型、经营方式、大中小户资金人数统计册》、《1954年11月至1955年12月天津市工商联合会图书业开业、歇业、变更情况报告表》，又经广为调查和搜集，并加走访和考证，最终厘为是篇。其中，可能还存在一些错误，仅供读者参考，并希指正。

本篇之成，多蒙刘福森、宋军、赵友江三位同志的支持和协助，一并在此致谢。

叙述次序：一、红桥区，二、河北区，三、南开区，四、和平区，五、河东区，六、河西区。

红桥区

博务商店（租书）

张世英，天津人。1951年设店西沽大街昌华公司前10号。1953年转图书租赁业。

泰祥号（租书）

周玉祥，天津人。1951年设店关帝庙前胡同1号。1953年转图书租赁业。

双义成（租书）

王恩科，天津人。1951年设店大红桥北大街仁和里12号增1号。1953年转图书租赁业。

文昌厚（租书）

段文彬，天津人。1951年设店红桥廉让里11号。1953年转图书租赁业。

广文书局（图文）

张金泉，吴桥人。开业年月不详。店址北营门大街52号。见其出版书三种，其中最早的是国民八年（1919）《秘本丹方大全》，无卷数，广文书局编辑，石印本，据此其开业当在1919年前。据民国二十年（1931）出版之《天津志略》记载，当时其经理为王秀岩。1955年6月兼文具，比重较大，转文教商业。

名利斋（租书）

汤殿魁，××人。开业年月不详，1949年12月入图书业公会（以下简称公会）。店址新河北大街48号。1953年转图书租赁业。

协合号（图文）

闫子珍，武邑人。开业年月不详，1949年12月入公会。店址河北大街29号。1954年歇业。

新三义书社（租书）

李元华，天津人。1951年设店河北大街36号。1953年转图书租赁业。

光明书店（新书）

刘熙刚，枣强人。1954年设店河北大街。1954年天祥市场二楼先进书店、复兴书局、光明书局并点组成光明书店，迁址来此。1956年加入公私合营。

协丰文具店（图文）

经理不详。1952年设店河北大街408号。1955年5月兼营文具，比重较大，转文教商业。
鸿记（租书）
赵祥光，淄川人。1951年设店河北大街刘家胡同54号。1953年转图书租赁业。
光华祥记（租书）
赵祥元，天津人。1951年设店河北大街存志里副1号。1935年转图书租赁业。
泰兴号（图文）
李海亭，××人。1952年设店普乐街42号。1955年5月兼文具，比重较大，转文教商业。
荣华斋（图文）
胡春山，枣强人。开业年月不详，1949年12月入公会。店址肉架胡同11号。1955年5月兼营文具，比重较大，转文教商业。
儿童图书社（租书）
霍学谦，天津人。1951年设店肉架胡同12号。1953年转图书租赁业。
扶风书社（租书）
马王氏，天津人。1951年设店同义庄大街29号增1号。1953年转图书租赁业。
志生号（租书）
李志诚，衡水人。1951年设店小庄子街20号。1953年转图书租赁业。
耀华南纸局（图文）
冯尊清，南宫人。民国三十六年（1947）设店三条石横街13号。1953年歇业。
王雨舟（租书）
王雨舟，天津人。开业年月不详，1949年12月入公会。店址北开公益胡同13号。1953年转图书租赁业。
高记书社（租书）
高玉泉，天津人。开业年月不详，1949年12月入公会。店址双街口26号。1953年转图书租赁业。
立顺德（租书）
李春藻，天津人。1951年设店关上陈家台东街42号。1953年转图书租赁业。
双发成（租书）
杜永春，任丘人。1951年设店银罐王胡同10号。1953年转图书租赁业。
静轩书社（租书）
武静轩，德县人。1951年设店关下穆家胡同30号。1953年转图书租赁业。
赵记书社（租书）
赵培顺，东阿人。1951年设店关下三官庙街45号。1953年转图书租赁业。
鲁峰书店（新书）
杨秀峰，招远人。民国三十二年（1943）设店龙亭街6号，1953年迁宝宴楼胡同2号，1955年又迁北门外大街57号。原称鲁峰号，1953年改鲁峰书局，1955年改现称。1956年加入公私合营。

兴德庆（图文）

侯枢文，××人。开业年月不详，1949年12月入公会。店址北门外102号。1950年歇业。

德裕公画庄（年画）

胡焕章，天津人。1952年设店针市街150号。1956年加入公私合营。

荣信斋（图文）

周仪祯，冀县人。1951年设店侯家后中街22号。1955年6月兼文具，比重较大，转文教商业。

德信合（图南）

王栋臣，冀县人。1951年设店侯家后中街19号。1955年6月兼文具，比重较大，转文教商业。

李记兴茂书社（租书）

李宝山，德县人。开业年月不详，1949年12月入公会。店址侯家后小马路58号。1953年转图书租赁业。

白记租书社（租书）

白文义，武清人。1951年设店侯家后小马路86号。1953年转租赁业。

福隆南纸局（图南）

周云亭，冀县人。开业年月不详，1949年12月入公会。店址估衣街江义胡同1号。1955年6月兼文具，比重较大，转文教商业。

文美斋（图南）

刘育普，宁津人。开业年月不详，见其出版书十二种，其中最早的是光绪十四年（1888）天津文美斋重刊《监本书经》六卷，宋蔡沈集传，杨香吟校字，据此其开业当在1888年前。1905年经理是焦尚宾。店址估衣街万寿宫20号。1955年6月兼文具，比重较大，转文教商业。

景记租书社（租书）

王福恒，天津人。开业年月不详。1949年12月入公会。店址范店胡同3号。1953年转图书租赁业。

志成斋（图文）

李辅臣，宝坻人。开业年月不详，1949年12月入公会。店址锅店街13号。1955年6月兼文具，比重较大，转文教商业。

华文斋（图南）

冯省三，通县人。开业年月不详，见民国十年（1921）出版、华北告白公司编辑《天津指南》内载其店名，据此其开业当在1921年前。店址锅店街32号。1955年5月兼文具，比重较大，转文教商业。

宝文斋（图南）

李秉仁，宁津人。开业年月不详，见其出版有清同治十年（1871）天津宝文斋刊《爱日斋集》二卷、《随笔》一卷，清绵愉撰，据此其开业当在1871年前。见

1921年版《天津指南》内载其店名，经理为董杏庄。店址锅店街57号。1955年6月归口转文教商业。

隆聚商行（图文）

曹百千，新安人。开业年月不详，1949年12月入公会。店址锅店街101号德升里内。1955年7月兼文具，比重较大，转文教商业。

文华斋（图南）

张杰臣，冀县人。开业年月不详，《1903—1911天津商会档案汇编》下册2481~2484页《壬子（1912）兵变被抢后失银数目单》内记载，其店名：文华斋，双街口，经理王文治，26岁，同事共三位，被抢共失二百五十余元。据此其开业当在1912年前。见1921年版《天津指南》内载其店名，经理刘丽齐。店址锅店街98号。支店设滨江道129号。1955年6月归口文教商业。

翰雅斋（图南）

张陶斋，章历人。开业年月不详，1949年12月入公会。店址锅店街宏济里2号。1955年6月归口文教商业。

海津书店（租书）

汪培基，泰安人。1951年设店单街子10号。1953年转图书租赁业。

淳秘阁（图南）

赵紫瑛，冀县人。开业年月不详，1949年12月入公会。设店单街子12号。1955年6月归口文教商业。

读者书店（天津地方国营）

李秉谦，振华人。1947年7月1日设店南开区袜子胡同49号，1949年2月迁来单街子14号。经费来源是由地下党党费和进步青年集资入股。主要销售生活书店、时代出版社出版的鲁迅、茅盾、冯雪峰等进步作家的小说、杂文和解放区出版的进步书刊。1949年天津解放后，读者书店和知识书店成为天津地方国营的发行机构。1950年5月1日两店合并统称为知识书店，该门市为第二支店，经理由杨大辛担任。

1952年7月，根据上级指示，知识书店的图书发行部门并入新华书店；同年9月，知识书店的出版部门另组建天津通俗出版社（1956年3月又改组为天津人民出版社）。至此，读者书店和知识书店宣告结束。

新生书社（租书）

孙绍庭，玉田人。1951年设店乌市街5号。1953年转图书租赁业。

陈记图书社（租书）

陈芳圃，武强人。开业年月不详，1949年12月入公会。店址乌市街8号。1953年转图书租赁业。

陈金贵书社（租书）

陈金贵，武清人。开业年月不详，1949年12月入公会。店址乌市街23号。1953年转图书租赁业。

陆恩祥（租书）
陆恩祥，天津人。1951年设店鸟市街24号。1953年转图书租赁业。
友好书社（租书）
李耀先，天津人。1951年设店鸟市街26号。1953年转图书租赁业。
冯记号（租书）
冯玉琳，天津人。开业年月不详，1949年12月入公会。店址鸟市街42号。1953年转图书租赁业。
德记林祥（租书）
张德方，天津人。1951年设店鸟市街58号。1953年转图书租赁业。
新识书社（租书）
李云骧，河间人。1951年设店鸟市街78号。1953年转图书租赁业。
艺林图书社（租书）
赵鸿翔，宝坻人。1951年设店影院街7号。1953年转图书租赁业。
梦花室（图南）
耿芹轩，宁津人。开业年月不详，民国二十年（1931）版《天津志略》内载其店名，据此其开业当在1931年前。店址大胡同51号。第二支店设西安道40号。1955年6月归口转文教商业。
瑞芝阁（图文）
冀剑青，枣强人。开业年月不详，《1903—1911天津商会档案汇编》上册71页《1905年全津各行业加入商会清单》内载其店名：瑞芝阁，经理姚殿芝。据此其开业当在1905年前。店址大胡同55号。1953年歇业。
松鹤斋（图南）
商子钰，武清人。开业年月不详，民国十年（1921）版《天津指南》内载其店名，据此其开业当在1921年前。店址大胡同82号。1955年6月归口文教商业。
江东书局（新书）
洪梅荪，杭州人。开业年月不详，辛亥（1911）年版《天津指南》内载其店名，据此其开业当在1911年前。店址大胡同90号。1955年6月兼营文具，比重较大，转文教商业。
商务印书馆（新书）
朱皎如，安徽人。清光绪三十二年（1906）在天津分设，店址大胡同94号。第二支店设滨江道165号。总店光绪二十三年（1897）由夏瑞方、鲍咸恩、鲍咸昌、高凤池等创办于上海。
1951年1月，当时三联书店总管理处的发行部门及其支店代表公方，与商务印书馆、中华书局、开明书店、联营书店四家总管理处的发行部门，及其在京、津、沪、沈、渝、穗、武汉、西安等二十四个城市的分店合并，组成公私合营性质的中国图书发行公司，形成与国营新华书店并行铺开的发行网。后来，中图公司的私股退出，全部公股，成为国营，1954年1月并入新华书店。

大明书局（新书）

孙元璋，南宫人。开业年月不详，1949年12月入公会。店址大胡同钧合里11号。1953年歇业。

德福号（租书）

李文德，天津人。1951年设店韦驮庙东街1号。1953年转图书租赁业。

和成书局（租书）

阚宝树，天津人。1951年设店韦驮庙西街12号。1953年转图书租赁业。

锦泉号（租书）

刘锦泉，天津人。1951年设店西头先春园大街22号。1953年转图书租赁业。

益生图书社（租书）

李鸿儒，沈阳人。1951年设店西北角大伙巷170号。1953年转图书租赁业。

九邻书局（租书）

穆云卿，天津人。1951年设店太平街22号。1953年转图书租赁业。

文学书店（图文）

文毅忱，枣强人。1951年设店小石道大街百货商场内。1953年歇业。

荣记号（图文）

冯建荣，天津人。1951年设店西北角大兴商场旁。1955年6月兼文具，比重较大，转文教商业。

新生号（租书）

哈文海，河间人。1951年设店大平街45号。1953年转图书租赁业。

醒世书社（租书）

纪显功，宝坻人。1951年设店梁家嘴土地庙前街43号。1953年转图书租赁业。

珉生书局（图文）

陈清高，冀县人。开业年月不详，1949年12月入公会。店址文昌宫大街11号。1955年6月兼文具，比重较大，转文教商业。

广信号（租书）

孟广信，天津人。1951年设店西头吴家大院增1号。1953年转图书租赁业。

新生隆记（图文）

张松樵，天津人。开业年月不详，1949年12月入公会。店址西头鱼市街20号。1955年5月兼文具，比重较大，转文教商业。

庆兴书店（新书）

李杰臣，冀县人。1951年设店西头双庙街38号。1953年歇业。

和平书店（租书）

卢紫垣，天津人。1951年设店双庙后横街子9号。1953年转图书租赁业。

荣记书局（图文）

冯芝荣，天津人。开业年月不详，1949年12月入公会。店址如意庵街72号。1955年6月兼文具，比重较大，转文教商业。

康记书铺（租书）

康华庭，天津人。开业年月不详，1949年12月入公会。店址如意庵街110号。1953年转图书租赁业。

合记书社（租书）

牛兆麒，天津人。1951年设店如意庵街122号。1953年转图书租赁业。

王记书铺（租书）

王耀亭，天津人。开业年月不祥，1949年12月入公会。店址如意庵街128号。1953年转图书租赁业。

工友书刊社（新书）

孙希山，东阿人。1951年设店南小道子119号。1956年进入公私合营。

祥记书社（租书）

陈月祥，天津人。开业年月不详，1949年12月入公会。店址东坑沿39号（即十九街五间39号）。1953年转图书租赁业。

连环书社（租书）

王学忠，天津人。开业年月不详，1949年12月入公会。店址东坑沿39号（即十九街五间39号）。1953年转图书租赁业。

华东书店（新书）

魏树华，新城人。1956年1月设店西关街日纬路四马路21号。行知书店和天祥市场二楼华东书局合并组成华东书店迁址来此。1956年加入公私合营。

复兴玉记（图文）

胡景玉，天津人。开业年月不详，1949年12月入公会。店址西关街161号。1955年6月兼文具，比重较大，转文教商业。

振海书社（租书）

高振海，天津人。1951年设店西关街烈女祠17号。1953年转图书租赁业。

义华振记（租书）

李振峰，吴桥人。1951年设店西关街烈女祠18号。1955年6月兼文具，比重较大，转文教商业。

连记号（租书）

胡维连，牟平人。1951年设店西关外大街45号。1953年转图书租赁业。

文记号（租书）

杨文达，天津人。1951年设店西关外大街60号。1953年转图书租赁业。

久义号（图文）

陈玉珊，静海人。1951年设店西营门大街增乙77号。1953年歇业。

新知号（租书）

孙惠芳，天津人。1951年设店西营门大街增乙77号。1953年转图书租赁业。

高价古籍善本成交的内在因素

鲍国强

近年来，我国艺术品拍卖行情总体趋涨，除了书画等类因鱼龙混杂，大部分成交价趋于平稳或徘徊，甚或略有回落，然古籍善本总体行情却持续坚挺，上扬劲头十足，并时有闪光点和新高出现。究其原因，除了外在因素，如书源挖掘、市场培育、热钱涌入以及与固有价值相较成交价原本就偏低等，古籍善本所蕴含的内在因素也是很重要的方面。

制作年代早、递藏出身好是促使买家看好古籍善本的第一个内在因素。

宋元版本自然是制作年代早当中的佼佼者，明版书价格普遍高于清版书，清前期版本高于中晚期版本。版刻年代早的古籍善本，保存下来实属不易，其文物价值就高。物以稀为贵，如2011年春拍中的元抄本《两汉策要》十二卷，即以4830万元创出中国古籍拍卖世界纪录；2012年秋拍的宋淳祐十二年（1252）刻本《五灯会元》（残存五册，为卷六至十），以总价1012万元成交。

递藏出身好的古籍善本经由名家收藏，递藏有绪，藏章题跋精彩。2012年春拍，由宋版《锦绣万花谷》全80卷领衔的179部近五百册“过云楼藏书”被整体拍卖，这是递藏出身好方面的扛鼎之作。过云楼为江南望族顾氏之私家藏书楼，以藏有宋元以来佳椠名钞、珍秘善本、书画精品名闻遐迩。此批珍贵古籍善本中的《锦绣万花谷》不仅是传世孤本，也是目前海内外所藏部头最大的完整宋版书，保存了大量失传古籍中的部分内容。为此，拍卖公司特地将本次拍品的保证金提高到5000万元，成为国内艺术品拍卖史上的最高保证金。拍卖由1.8亿元起拍，至1.88亿元落槌，最后加佣金总价达2.16亿元，并引起北京大学和凤凰出版集团的优先购买权之争，最终它花落江苏（凤凰出版集团和南京图书馆），也算是一个比较好的归宿。这次拍卖，让藏家再次见识了古籍善本蕴涵的价值所在。早在七年前，这部分藏书就曾上拍并以2310万元价格成交，创下当时中国古籍拍卖最高价。七年之后，这批古籍再次露面，价格涨幅令人瞠目。

著作内容精湛、制作技术精良是促使买家看好古籍善本的第二个内在因素。

古籍善本的内容精湛可以历代名家著作或名家代表作为例。以名家信札而言，2012年春拍的《张之洞等书札》收张之洞、丁宝桢、鹿传霖、黄体芳、徐用仪、陶方琦、刘恭冕、郭嵩焘、王闿运、彭玉麟、吴汝纶、杨彝珍、王凯泰、杨岘、钱桂森等清季宦绅致朱然信札近百通，装订成两巨册，藏家以48.3万元竞得。2012年秋拍的《申时行书札》（明万历手稿本，十九页），以总价92万元成交。

古籍善本的制作精良则体现在书写优美、纸张高档、刻印精良、装潢豪华等方面。以版画古籍为例，2012年春拍以322万元成交的《万寿盛典图》是中国古代美术史上的巨幅杰作，由名家宋骏业、王原祁、冷枚等绘，名工朱圭镌刻于清康熙五十六年（1717）。全卷长约五十米，所记为庆贺清圣祖康熙皇帝六十大寿西郊畅春园至皇宫神武门的盛况。外如历代写刻本和精刻本均属此类。

清代内府殿版书，因为人才济济、财力雄厚等原因，往往集内容精湛、制作精良诸优点于一身，在拍卖场上颇受追捧。以石印本中的异数——《钦定书经图说》（清光绪三十一年印本，五十卷十六册）为例，在20世纪80年代初，即便是印制精良的大石印本，也就几块钱一本。而此书因为插图精美、写版精良，为清末内府印书精品，故连年来涨幅甚为惊人：2009年秋成交价是3.584万元，2011年秋成交价是19.04万元，2012年秋拍成交价竟涨至27.6万元。

古籍善本内容或形式方面是创新的、罕见的是促使买家看好古籍善本的第三个内在因素。

古籍善本在制作技术方面的创新，可以清代活字泥版印本为例。2012年

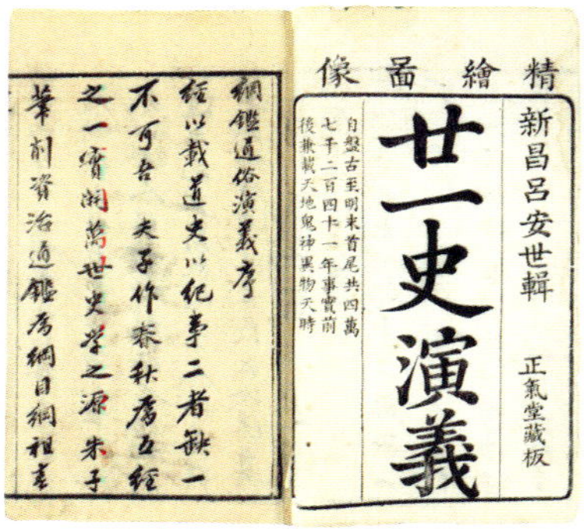
精繪畫像
新昌呂安世輯
廿一史演義
自盤古至明末首尾共四萬七千二百四十一年事實前後兼載天地鬼神異物天時
正氣堂藏板

綱鑑通俗演義序
經以載道史以紀事二者缺一
不可合　夫子作春秋爲五經
之一寶爲萬世史學之源　朱子
筆削資治通鑑爲綱目綱祖者

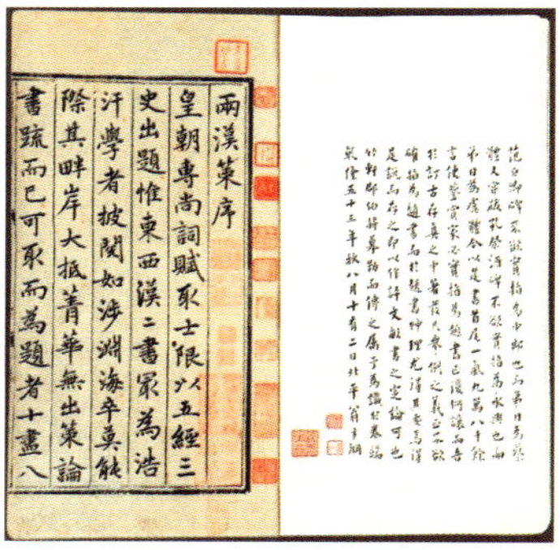
兩漢策序
皇朝專尚詞賦取士限以五經三
史出題惟東西漢二書最爲浩
汗學者披閱如涉淵海卒莫能
除其畔岸大抵菁華無出策論
書疏而已可取而爲題者十盡八

《精订纲鉴廿一史通俗演义》内封及序

《两汉策要》序

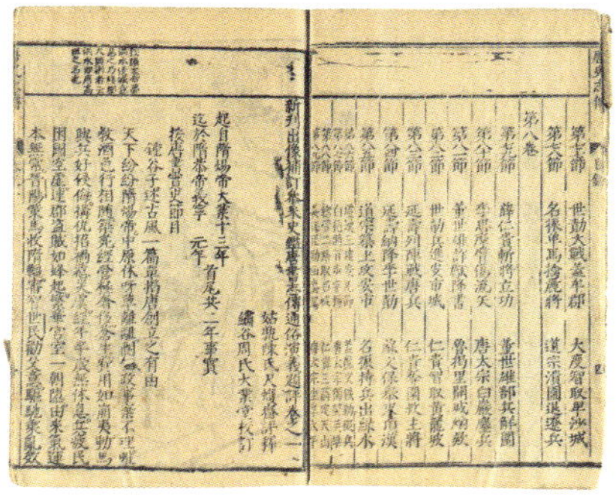
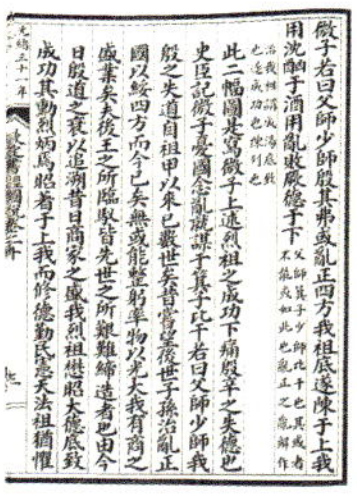
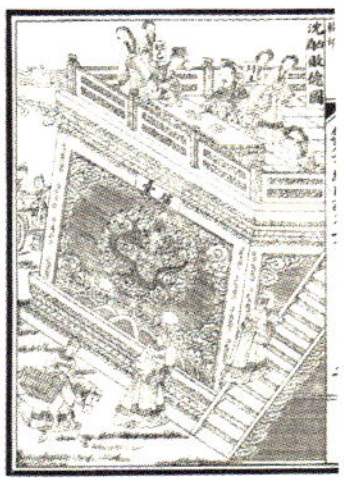

《新刊出像补订参采史鉴唐书志传通俗演义题评》目录尾叶及正文首叶
《钦定书经图说》

春拍有一部《精订纲鉴廿一史通俗演义》（二十六卷四十四回二十四册）以69万元成交。此书为清雍正吕抚活字泥版印本，用活字泥版技术所印书仅此一种，且全国仅天津图书馆藏有一部。此书在《中国古籍善本书目》中被著录成“活字本”，直至上世纪90年代初方定为“活字泥版印本”。此版印本2001年上拍以22万元成交，2009年又被原藏家以58万元购回。

古籍善本的罕见主要是指稿抄本、公文纸印本和印制本中的孤本、稀见本等。2012年春拍中有一部《西湖佳话古今遗迹》十六卷六册，为清乾隆十五年（1750）金阊学耕堂刻彩色套印本。此书为小开巾箱本，《中国古籍善本书目》未著录，仅辜美高、李金生编《新加坡国立大学中文图书馆藏中国明清通俗小说书目提要》著录“中央图书馆”有藏，可见存世极为稀少，故以28.75万元成交。

2010年秋拍成交的《新刊出像补订参采史鉴唐书志传通俗演义题评》（八卷全四册），《拍卖图录》上题“清初刻本”，经笔者核查实是明万历唐氏世德堂刻、清初周氏大业堂印本，即原版卷端所镌“唐氏世德堂”五字中挖“唐”为“周”，挖“世德”为“大业”，遂成“周氏大业堂”，致使现今诸家著录及论述皆误。此世德堂刻本仅日本静嘉堂文库有藏，国内1991年中华书局影印《古本小说丛刊》所收即此本。大业堂印本国内图书馆仅见国家图书馆有藏，为郑振铎旧物，且缺卷五。郑在题跋中说他1953年“以重值收之”。此拍品虽为后印，亦有漫漶处，但却是全本，非常罕见，终以35万元成交。2007年春拍此本曾以19万元成交，至2012年秋拍更是以60万元落槌。

要发现古籍善本的创新和罕见特点，必须具备较高的功力和眼力，否则机遇在眼前也会错过。

此间为行文方便，按三个方面分述古籍善本的价值取向。事实上许多古籍善本，在这三点上往往融两点甚至三点于一身，只是侧重点有所不同而已。其中优点多了，便会受到热捧，成交价自然更高。

安岩别录

张元卿

《安岩日记》是我在韩国高丽大学做客座教师期间写的日记，其中有不少读书、买书的记载，现将这部分内容撷取出来，取名《安岩别录》，希望它能折射出高丽大学图书馆和首尔旧书店的一些面影。那几年我一直住在高大专门接待外国人的安岩学舍，因此日记取名《安岩日记》。日记中提到的中央图书馆是高大图书馆的总馆，大学院图书馆是其研究生院图书馆，亚细亚研究所、中国学研究所是其附属的研究机构。大学院图书馆收藏的民国版中文书籍最多，其中不乏毛边本、题赠本等珍稀书籍；该馆的“公亮文库”专门收藏辜振甫捐赠的图书。亚细亚研究所和中国学研究所藏有很多台版书，其中有一些是台湾学者的赠书。首尔的旧书店中文书很少，但偶然也能发现稀见之书。2012年12月15日记于南京寓所。

作者在首尔华文书籍书店前留影
首尔天安门中国图书中心
王度庐著作韩文版

2005年

3月27日　上午在亚细亚研究所借《六经述闻（诗经）》、《十四朝文学要略》和《毛诗正义》（一）。

3月29日　在中国学研究所借《海遗杂著》，他们登记借书的小本子叫《隐恶录》。

4月5日　下午去大学路散步，在一家小书店买了三本韩文书：《老残游记》、《椿姬》和《中国新文学讲话》。这三本书都是旧书，店主是一位老者，在给我书的时候，他把每本书都擦了一遍。

4月11日　上午和海明老师去校园拍照，遇到几个中央电视台的人，他们在拍介绍全球前100所大学的专题片，其中一人原来在天津电影制片厂工作，问及桂雨清，说没了，去年的事。2001年为写评论他小说的文章，我和他通过电话，不想忽然间就作古了。桂先生的《佛殇》写得很好，可是我那篇评论文章一直没发出来，我的褒贬他是永远看不见了。夜读《海遗杂著》，牟先生写台静农的那篇，评论书法还不到家，但是评说台氏却很到位：既擅创作，又研究中国文学史有所心得，而未尝汲汲以成绩问世；又说他"旷达而不任诞"，都是知人之论。

4月26日　今天连战到大陆。在中国学研究所偶然看到一本《落帆集》，是唐弢送"家炎"的签名钤印本，不知为何流落到此？

5月4日　昨天借洪炎秋《废人废话》（给李相殷的签名本，时间是1965年4月4日）和《愈檗堂诗集》。收到樽本寄来的《清末小说》（78号）。

8月22日　上午去惠化华文书籍，购《唐宋文举要》、《中国散文史》和《洪业论学集》。看《韩国近古以来学者清代诗学论著提要》。晚崔老师夫妇来访。

10月5日　下午去亚细亚研究所，借《才性与玄理》、《胡适手稿第一集》（1966年2月出版，共三册，有江冬秀和杨联升的序，末页写着"保有一切版权"）和《乾隆甲戌脂砚斋重评石头记》（1966年5月出版，据胡适的甲戌本影印，胡适在缘起中说影印五百部，但书上却写着"本书共印一千五百部"）。

10月20日　下午去中国学研究所，借《旅韩六十年见闻录——韩国华侨史话》（秦裕光著）。晚上看到这样一个消息：（韩国）大国家党议员孟亨奎20日向国会提交了将"汉江"中的"汉朝之汉"更改为"大韩之韩"的有关更改汉江汉文标记的建议案。这位议员表示：代表我国的河流名称竟然使用与大韩民国没有关联的"汉朝之汉"，这令人遗憾。他说："这并不只是要更改名称，而具有我国作为文化强国谋求再次振兴韩民族的深层意义。"

10月22日　今天参加高大中文系主持的“三千年文香：中国诗歌之传统与创新”会议。初见者有：王运熙、葛晓音、吴宏一。晚上会餐时吴宏一讲李东乡、许世旭在台湾的旧事，讲得很动情。四十多年的同学，各有白发，难免有何事匆匆之叹。李东乡教授在闭幕时说现在是歌罢人散的时候了，最后给大家鞠了两次躬。

11月13日　前几日借《性命古训辨正》，1947年再版，线装本，原为李相殷故物，现藏高大大学院图书馆。李氏捐书品质优上，今已散在书库各处，难窥旧观。

11月29日　昨借《评新儒家》、《热河日记》、《大东诗选》、《盘龟书院志》及徐复观的两本书。今天有些冷，中午飘来一点雪。晚给侠圣回邮件。

12月19日　最近下了几场雪，比去年冷得早，是真正的冬天了。今天上午去学校旅行社定机票，下午借《全祖望汇校集注》、《梅园杂著》、《徐复观先生全集》（五）和《苏辙集》，然后去崔老师研究室聊天。

2006年

2月22日　今天去惠化华文书籍，购《谈批改作文》、《早春三年日记》、《古文字中所见之火烛》、《从民族国家拯救历史》及《乱世潜流》，后两本准备送李彬。

2月28日　下午去亚细亚研究所看杂志，后去中国学研究所借了五本书，分别是《李陆史全集》、《韩国开化史研究》、《日本汉学史》、《阿Q正传》（河正玉注释）和《亭林诗考索》（潘重规题赠孔在锡的签名本）。

3月4日　下午去市场买菜，路过一家旧书店，淘到高大教授辛胜夏旧藏的三本书：《中国史探研》、《隋唐帝王学》（高明士签赠辛胜夏）及《黄埔军校韩国籍学生考实》（抽印本）。

3月5日　下午散步到昨天去的旧书店，淘到《古书通信》（1999年第18回古书竞卖展目录，韩国出版贸易古书部出版）及两份高明士签赠辛胜夏的抽印本和水原华城古书苑的宣传册页。

3月7日　下午在图书馆多亏遇到金嵘敏老师，才借到《东光·新东亚总目次》。

3月8日　借《世界文学论著书志目录总览》和《世界文学翻译书志目录总览》，这两本书都是金秉哲编著，韩国国学资料院2002年刊行。晚禹老师和崔老师开车来，送给我们一大袋泡菜。

3月24日　下午去中央图书馆看《支那小说集》和《夜哨线：支那现代小说

集》。原来以为它们之间会有关系，看后发现后者是现代小说集，收录蹇先艾、叶紫等人的11篇小说，而前者则是把《今古奇观》和《东周列国志》中的一回或几回翻译成韩语，当做短篇来推出，共计有10篇。

3月28日　下午去中央图书馆借尹永春《现代中国诗选》，这本书初版于1947年7月，由青年社印行。此书是签名本，是著者送给金东里的（金东里词兄惠存，著者谨呈）。再看扉页，发现有赵芝薰的印章。金东里、赵芝薰都是韩国著名的作家。该书书脊上贴有一个“稀”字，可知高大是把它当作稀见本对待的，不知为何又可以随便借出？

3月29日　今天收到《北京时代》（丁来东随笔，平文社，1949年）和《中国诗集》（正阳社，1953年）。《中国诗集》是韩中对照中国古诗集，主要收录唐宋诗人的作品，是作为丛书“世界抒情诗选”之一出版的，译者张万荣是韩国著名诗人。

4月26日　借《现代中国诗选》（民音社，1975年12月）。这部诗选是河正玉译注的，收录刘半农等15人的15首诗，作品不算多，但还是有代表性的，比如尹永春那部诗选没收李金发、闻一多和戴望舒的诗，他却收了，虽然每位只收一首。

5月4日　借《鲁迅纪念集》（1936年上海北新书局初版本）和《中国小说史集稿》。

5月14日　下午去惠化洞，在华文书籍购《尔雅台答问》、《清代扬州学记顾亭林学记》和《互文性》，后在大学路吃松豆腐。

5月19日　上午先去图书馆，借了《韩国现代翻译文学史研究》（上）、《韩国近代翻译文学史》、《丁来东全集》（三）和《韩国近代文学的书志研究》（河东镐著）。后赶去仁村纪念馆，看到门口铺着红地毯，入口有临时设的安检通道，安全人员检察了提包才让我进去。进去时，李光耀正在回答问题，答好后，一位来自复旦的先生提问，李光耀在整个回答中，只说了四个汉字：摸石过河。后来李光耀又回答了几个问题，演讲结束。然后是新加坡大学和高大、复旦签订合作协议，他坐在台上休息。李光耀今天穿一身高大的博士服，看来演讲前他刚被授予名誉博士学位。离开仁村纪念馆回山的路上，看到校门外停有一辆名为“移动派出所”的车。

9月14日　翻看《握笔的人》和《山水与古典》。下午在图书馆复印完《〈人生〉总目》，在过道里看到一位上学期教过的男生，他径直从我身边走过，边走边打电话，忍能对面不相识。

9月20日　昨天借《上海滩忆旧录》（卢大方，台湾世界书局，1980年初版）和《董康东游日记》。

9月21日 下午在中国学研究所借《漂海录》和《静庵诗词稿》。晚上用毛笔抄录静庵诗词。

10月3日 下午去昌德宫，到那里时因快到关门时间了，遂决定去逛敦化门路，就在此时看到宫门对面有家中国书店，于是就先到书店转了一阵子。书店很小，都是旧书，有两个老者在下围棋。在这里我看到了《丰子恺漫画全集》，是精装本，但图画印刷得不很清晰；《论戴震和章学诚》是初版本，但有些破污，版式也不好，都没买。《劫中得书记》是精装本，很干净，但此书我已有了平装本，所以也没买。此次唯一的收获是，意外买到了贾植芳先生《中国近代经济社会》的再版本。从书店出来，心情很好，一路走到清溪川，逛至暮色四起，在一家二楼的小店吃了普桑（包肉），才坐地铁回来。

10月23日 昨天在外大附近找到一家旧书店，买了十几本书，尤以两本《雷震资料》最为珍贵，它如《明史编纂考》、《史学杂稿续存》、《二十七松堂集》都是最近想看的。这次找到的这家书店是我在汉城看到的最大的旧书店，离开这家书店时，外面下着小雨，街灯遥遥。

11月21日 下午去图书馆，没找到《王龙溪年谱》，却意外发现了《徐复观给屈万里的佚书》和《徐复观著作系年》，很是高兴，马上复印了一份。晚回到寓所，宅配送到了前天定购的书，有《中国思想史论集续编》、《魏晋玄学》、《名家与荀子》、《佛性与般若》（下）、《中国哲学十九讲》、《道德自我之建立》和《新儒家论丛》。这些书都是台版，品相都在九成以上，并不易得。一日之内得这许多心爱之物，可谓天惠小民也。

12月1日 今天下午收到网上书店邮寄来的书，有《宋明理学》、《十力语要》、《乾坤衍》、《两汉思想史》等，共八本。当下就在这些书上盖了章，并在《两汉思想史》书后写了一篇短跋。

12月31日 今读《政道与治道》序，有几句话很可一记，姑且抄下，聊作今年读书之跋：1.人的生命不能完全感性化，即表示随时需要文化生命来提住。2.学术不能只往上讲，还得往下讲。

2007年

2月26日 上午去华文书籍，购《黄宾虹书信墨迹》、《中国绘画史》及《唐代后期军事史略论稿》。晚中文系宴请新来的漆永祥教授，我敬陪末座。

4月10日 下午作文课后去中国学研究所看书，借《评剧在天津发展简史》（发现几处有关刘云若的资料）、《中国语五十年》（仓石武四郎）。这几天校园樱花又开。

4月15日　午后蒋原伦老师喊我去散步，遂信步按昨天回来的路线去诚信女大。回来时路过一个旧书店，进去看了看，只发现一本台版书《历代骈文选》，翻翻觉得还好，于是买下。

4月30日　借《丽白楼自选诗》、《近代书院学校制度变迁考　万木草堂忆旧　清季各省兴学史》。

5月4日　下午外面很吵，躲去图书馆，借《三松堂全集》（14）和《黄宾虹的绘画思想》，后去研究室看书。

5月12日　前天借《藏书》、《民国经世文编（教育）》和《郭允叔文钞》。今天下了一天的雨。晚在漆老师宿舍聊天。

5月29日　近日蔷薇开得很盛。晚翻看《李家源全集》12、13卷。

6月15日　上午读《古画微》，下午翻《藏书·儒臣传》。有人问朱子:“天地会坏否？”朱子说：“不会坏。只是相将人无道极了，便一起打合，混沌一番，人物都尽，又重新起！”（《朱子语类》卷一《理气》上）

10月9日　昨天借《儒学概论》（北村泽吉）、《两汉思想史》（三）、《苏轼文集》（二）和《徐树铮先生文集年谱合刊》。

10月15日　昨晚孙锡信老师送来两只鸡，我很感激。今天下午一直上课，晚上7点多才回来，很累。借《四友斋丛说》、《中国游里空间》。

11月2日　上午坐公交车去外大边的旧书店，本不想有甚收获，只是散散心，却意外地买到了唐君毅的《中国哲学原论》（共五本，缺《原道篇》），很是高兴。

11月27日　下午躺在床上看《孙犁文集》续编一，不觉就到了做晚饭的时间。今天借《心体与性体》（三），晚饭后翻了几页。近来，每次晚饭后就有一阵子感觉很无聊，不知道怎么排遣，于是只好读读前贤的书，借以驱赶内心的脆弱，然而和自己打交道有时很难，但自己的事也只有自己来面对，来设法解决，解决不了，也只好安于解决不了了。

11月28日　上午和乔涛去问停机一事，中午一起吃饭。借《王船山诗文集》。孙犁说心是百感交集之地，我想此地最能集感，却易伤身，致远之要，实在能化百感为一无，保持心境之空明。集聚的能散去，方见天朗气清，然而何方可散百感呢？

12月3日　昨晚睡得不好。早上坐地铁过汉江去中国图书中心，如愿买到了唐君毅的年谱，顺便还买了《沈祖棻诗词集》和《晚学斋文集》等书。

落叶时节忆黄裳

周　晶

黄裳画像

2012年9月6日傍晚，我像往常一样，收看上海东方卫视“东方新闻”，忽然从荧屏下方的滚动新闻中，看到一条令我不敢相信的噩耗：“著名散文家、藏书家、一代报人黄裳5日晚在上海瑞金医院逝世，享年93岁。”直到我张大眼睛，又重看了两遍这条反复播出的新闻，方确信黄裳先生真的离开了我们，离开了这个世界。

第二天一早我即赶到单位（齐鲁书社），与总编辑一起拟定了本社唁电，连同自己的悼辞“惊悉我敬仰并一直给予我和齐鲁书社大力支持的黄裳先生仙逝，不胜悲痛，谨请代我向黄先生亲属表示诚挚的哀悼和慰问”，通过手机短信，一起发给与黄裳先生及其亲属关系密切的上海友人，请他转致黄先生故乡山东出版人的深切悼念之情。

倏忽间黄裳先生逝世已两个多月了，这期间，由于我迄今不会上网搜阅有关信息，只能从今年为读黄老文章而订阅的《东方早报》（近年黄先生在此报发文颇多）和友人寄赠的《开卷》等报刊上阅读有关的纪念文章；自己也不时取出有黄先生题识手迹的其著作来如对故人；还整理出黄裳先生的部分书信，有数十封，借以从现已成浮光掠影的记忆中，去搜集并写出自己心目中的真实的黄裳先生。然而由于时间久远，虽百感交集，却只能就记忆所及，写出片断的与黄裳先生交往的经过，作为迟到的纪念。如今已是深秋，寒冬逼近，落叶纷飞，遍地金黄，不由联想到往年我编《藏书家》时，曾为黄裳先生连载《来燕榭书跋》设一专栏“书林一叶”，而今人去叶落，不胜惆怅。

我有幸与黄裳先生相识并交往是由于一个偶然的机会。1982年秋，我应邀到江苏淮安参加《西游记》学术研讨会。会前，我到上海办事，在福州路上海古籍书店访书时，买到北京三联书店新出的也是黄裳先生十年浩劫后第一本书话集《榆下说书》，等赶到淮安时，新书已读大半。会议期间，未想到黄裳先生与王辛笛、潘际坰二先生也短暂与会，令我喜出望外。中间休息时，我将带到会场上的《榆下说书》请黄裳先生签名，记得黄先生当时怔了一下，接着便欣然在书前护页上题写：“为周晶同志题并请指正　黄裳一九八二.十.七淮安”。不知不觉间已是三十年前的往事了。

记得“文革”前，我从中学生直至入伍，曾读过黄裳先生撰著的《论水浒戏及其他》、《西厢记与白蛇传》及校理的《玉簪记》，是他著作的一位热心读者；“文革”后又从新创刊的《读书》及其他报刊上读到他的书话、游记类作品，一直为他融会文史、博通古今、纵横驰骋、挥洒自如的文风所吸引。读他的散文，读他的书，犹如精美的文化大餐，可获得美好的精神上的享受。而从此以后，我有幸从黄裳先生的一位读者，转变为以读者、编辑双重身份与一位德高望重的老作家、老学者交往的关系，而这种关系是可遇而不可求的。

上世纪八九十年代，我每到上海，必去拜访黄裳先生。黄先生在陕西南路的居所可谓闹中取静，每次从旋转楼梯上到三楼，总是黄先生应门。印象中的黄先生不善言谈，但在他的眼镜片背后，却总能感受到睿智的目光。黄裳先生话语不多，曾有两三次对我说，他那些在“文革”中被劫掠去的藏书，至今仍有许多没有按政策退回，忧心忡忡。他在给由我任责任编辑的第一部书稿《前尘梦影新录》所写的《前记》中，对“文革”所谓“按照‘政策’没收了我的全部藏书”仍心有余悸，留下了终生的心灵上的伤痛。

然而说起黄裳先生藏书，我倒想起一件往事。在大约认识黄裳先生一两年后，有一次我去上海，正赶上上海古籍书店举办古旧书展销会，在二楼长桌上有一部衬页上写有黄裳先生长跋的古书待售（写此文时未找到当年日记，书名版本已记不清，只记得标价近千元，在当时属高价），在二楼楼梯口，适与也来书市参观的黄裳先生邂逅，对我的满腹狐疑，他说这部旧藏是早年为换米果腹而散出的，不在“文革”抄没之列。而我后来无意中却真的得到一部恐怕是他“文革”中被抄没散出的书。那是1996年岁末，也是一个偶然的机会，我从上海古籍书店以廉值意外地淘得一部黄裳先生旧藏（书前没有黄先生藏印，却钤有“上海图书馆”、“上海市文物清退小组图书退还章”二朱印，我是黄先生《清代版刻一隅》一书的责任编辑，对此二印太熟悉了）、书后有黄先生朱

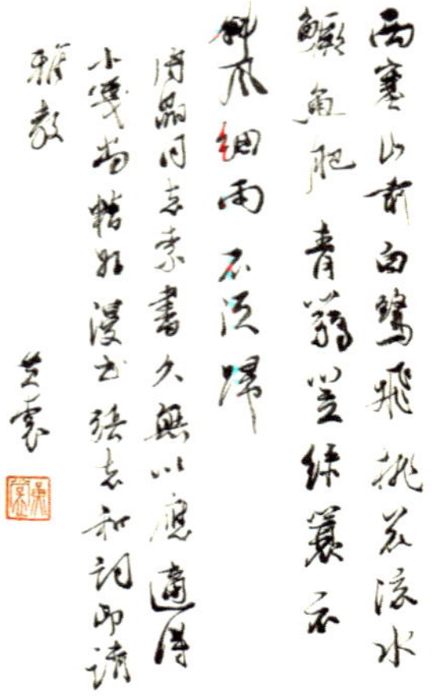

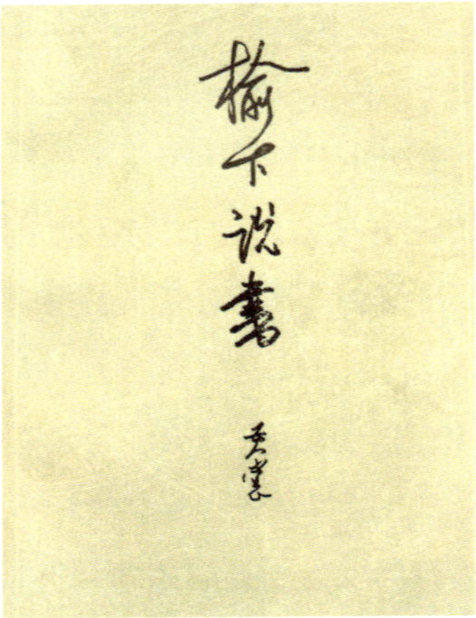

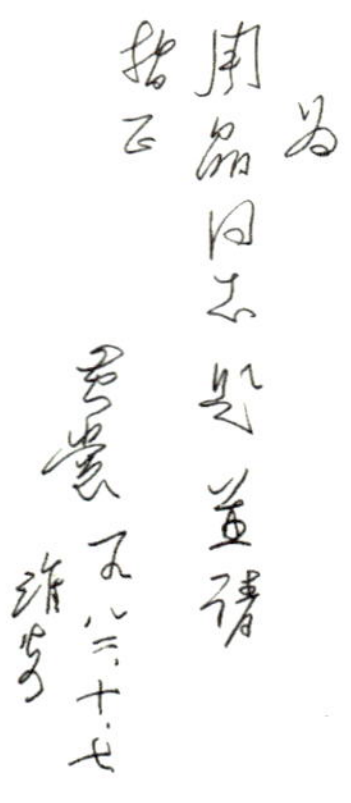

黄裳赠周晶手迹
周晶藏《榆下说书》封面
周晶藏《榆下说书》扉页之黄裳题字

墨两段题识的清末木活字印本《补篱遗稿》八卷四册。不久我将此淘书奇遇函告黄裳先生，他回信说：“您所买我的旧藏书，不知何以流入市肆，旧藏零散者多矣，我亦不能道其种种，可为一叹。”（1997年5月14日信）

黄裳先生50年代初曾在济南书肆见过一厚册大方型本白棉纸印晚明木刻版画集《东方三大图》，是明代徽派名刻工镌刻的东海、泰山和孔子的所谓“东方三大”图画，一百八十多页，嗜爱明代版画作品的他与这部晚明版画巨制失之交臂，一直耿耿于怀；黄先生嘱我在济南帮助探访此版画集的下落。后来，我从已故济南著名藏书家张亦轩先生那里，获悉此《东方三大图》后被章丘某氏购得，之后又下落不明。我即函告黄先生，但迄今却留下一部失踪的明版画名书是否尚存留人世间的悬念。

黄裳先生《清代版刻一隅》问世数年后，黄永年、贾二强两先生编纂的《清代版本图录》也出版，关于二书的区别，黄裳先生在给我的信中指出：“此书（《清代版本图录》）……意在求备，而不弃通常书本，我的‘一隅’则反是，所求几尽是不常见者。黄君对‘珍本秘笈’颇有微词，而斤斤于‘代表性’者，此即与我著书用意最大区别所在，亦不可代替‘一隅’之要点也。”（1997年5月14日信）由此也可见黄裳先生的藏书理念和旨趣。

当然，不管是拜访黄裳先生与之交谈，还是在长期的通信往还中，黄裳先生给我留下印象最深的还是他对山东现代著名学者和作家如王献唐、王统照、李广田等先生著作整理出版的关心和重视，要我帮助寻找已出版的他们的著作；甚至到2009年，还“忆五十年代初我参加老根据地访问团曾过济南，抽暇访山东图书馆（按此处黄先生记忆有误，应为山东省文物管理委员会，王献唐先生时任省文管会副主任），得晤王献唐先生，得观馆藏，临别以一油印本‘由渝迁返善本书目’见赠，其中颇多佳册，如士礼居跋藏本等”（2009年6月□日信），对故乡，对乡贤，仍一往情深。同时，黄先生对山东的文化建设，对齐鲁书社出版工作也高度关注，倾力支持，并以自己的著作能在山东出版为荣。现摘录几段他读我赠齐鲁书社所出新书的感受：“惠赠（王）献唐先生遗书四种，甚谢。此四种书皆尚未上市，得快先睹，尤以为快也。印数甚少，赔本必多，对贵社此种从事文化积累不计盈亏之精神，极为佩服。”（1986年9月17日信）“惠赐渔洋精华录注（即《渔洋精华录集注》）两册，谢谢。此亦乡贤著作，少翻阅，见校订精审，至佩。”（1993年6月30日信）“海源阁目（即《订补海源阁书目五种》）亦收到。此目编制甚善，材料丰富，向所未知，因为亟亟求之。今得惠赐，少加翻阅，始知其佳。铭感无既。”（2005年5月15日信）……当黄裳先生《前尘梦影新录》在齐鲁书社出版后，又从我的去信中“知《（清代版刻）一隅》列入今年出版计划，甚幸……《（前尘梦影）新录》承印出，至令不安。总之，贵社能为出版学术书尽力，在今日自属难得。我是山东人，能得出书于桑梓之地，亦幸事也。”（1991年1月15日信）

在我二三十年的编辑生涯中，能认识黄裳先生，能组到反映他高深的版本学造诣并沁透着他一生藏书心血的《前尘梦影新录》和《清代版刻一隅》这两部重要著作并为之出版，自认为是莫大的幸事。特别是在我从策划到编辑《藏书家》的十多年时间里，他不顾年高体弱，一直给予我真诚的鼓励和支持，他的《来燕榭书跋》几乎与前十六辑《藏书家》相始终；每当他来信说“抄不动了”，或在电话中说想中辍一二辑连载，我便以“读者要看”或乡情“要挟”他，不久老人的抄稿（复印件）又寄来了。现在回想起来，虽有些歉然，但仍会感动得热泪盈眶。

记得2012年9月7日上午，我与黄裳先生长女容洁女士通话时，她曾说，黄裳先生对他能在晚年“终于踏上了故乡的土地”，实现了其一生中一大心愿，很高兴，并念念不忘。黄先生曾来信嘱我阅他发表于《收获》杂志上的《还乡日记》。中国有句老话，叫“叶落归根”。我想在这落叶时节，黄裳先生在天之灵，当会如归根的落叶，仍眷恋桑梓，魂归故乡。

附记：

2012年9月6日，《东方早报》在文化版第一版用整版篇幅刊出石剑峰的长文，较详细地介绍黄裳先生的生平事迹，其中有一段专谈“黄裳”笔名的来历：“黄裳之名的得来缘由有两说，一是艳说——与黄宗英有关，说他当时是有‘甜姐儿’之称的女明星黄宗英的忠实‘粉丝’，有天忽发奇想，以‘黄的衣裳'之义取了'黄裳'这个笔名……另一说是容鼎昌的中学同学、黄宗英的哥哥黄宗江自述，说是当年他爱戏，容鼎昌遂跟他说唱戏得有个艺名，于是便自作主张地帮他起名'黄裳'，可黄宗江觉得这个名字太过华丽……没用，没想到，后来这名字倒成了容鼎昌的笔名，且一直叫到恂然老者。对这些说法，黄裳都一笑置之，似乎未见肯定，亦未见否定。”就此，我借这篇纪念文章之后再提供“黄裳”此笔名的第三说。

黄裳先生在济南有位老同学、老朋友，叫蒋仁渊，是民国时期曾任教育部长、北京大学校长蒋梦麟的儿子。在黄裳先生《还乡日记》中被称为“C”，“C是我的老同学。先是在重庆的学校里，后来在昆明、在印度，我们都在一起。他是电机系的教授，但喜欢看佛经，至今还是单身，就这样一个人独居着。在昆明，在南京，我们都是游侣，曾跑遍了许多名胜遗迹。这次来山东，也多半是出于他的鼓动” 。但多年以前，由于屡不见蒋先生复信，黄先生有些担心，便来信（使用少用的彩印笺纸）委托我代他去探望蒋先生。几经打听，我在原山东工业大学（今已并入山东大学）经十路宿舍找到了蒋仁渊先生。他当时已八十多岁，又矮又瘦，虽已耳有点聋，但健谈，谈起黄裳先生，他滔滔不绝。据他讲，黄裳先生年轻时也爱说话，否则，他如何做记者？关于“黄裳”这一笔名，蒋先生说，因为在抗战后期，在云南，他与黄先生给盟军当翻译官，都穿着黄色军装，所以黄先生便用“黄裳”作为自己写作的笔名。我对此说法颇感兴趣，便急忙写信向黄先生报告蒋先生平安，同时，也将他老同学所说的“黄裳”笔名由来的说法向他求证，不想黄先生复信时对此一说不置一辞，“未见肯定，亦未见否定”，给后人留下一个未解之谜。

关于蒋仁渊先生，据他自己讲，他于上世纪50年代初便来济南在这所工科学校执教，但由于他是跟蒋介石逃到台湾的蒋梦麟之子，其命运便可想而知，凡有“运动”，他必是斗争、打倒的对象，为不累及妻孥，他终身未婚，他的遭遇远比黄裳先生坎坷。我邀请他为《藏书家》写篇关于黄裳先生的文章，他笑着谢绝说，已拿不动笔啦！他记忆中的许多有关黄裳先生的故事，没能被挖掘出来，很可惜。他曾对我讲，他唯一的心愿，就是有生之年到台湾父亲墓前祭奠一番。不久，蒋先生因老年病住进医院，神智不清，不认人了。据悉，2012年上半年，蒋先生已经辞世。到临终，不仅他唯一的心愿无法实现，而且连当年同穿黄军装当翻译官的老同学也不知是否能预闻？唉，命运多舛的他们那一代人！

2012年11月30日写讫

2013年1月19日补定

与黄裳先生的一面之缘

肖伊绯

2012年9月5日，藏书家黄裳先生在上海瑞金医院逝世，享年93岁。这是去年继周汝昌先生之后，中国文化界的又一损失。

黄先生首先是藏书家，然后才是所谓的散文作家。他以藏书家特有的底气与古意，写出一笔美而不艳、淡而不枯的文字，这样的散文自然不是乱抒情的“大众体”。曾经看过他的几本书，深为其文字所折服，也进而知道他的文章路数，并不是那种为文而文、为写而写的文学创作。他的文字，一切皆因书而起意，是实实在在的腹中诗书，是明明白白的书生意气。

笔者谈不上藏书家，亦不是散文家，但却与黄先生有过一面之缘。那是五年前，我在太原淘得两册不多见的古籍残本，因与一位山东书友相约于上海，一起品鉴交流。当时上海博古斋正举办常规古籍拍卖会，我与友人一同观

黄裳著作签名本

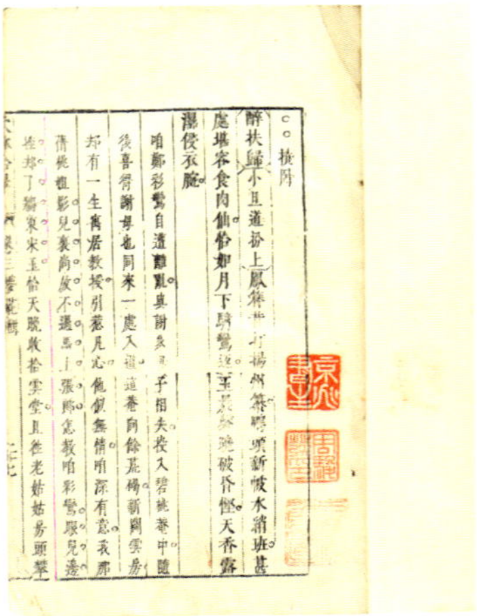

黄裳先生鉴定、田家英旧藏《歌林拾翠》残本
黄裳先生鉴定孤本《万曲合选》目录页

摩参拍，顺便也将两册古籍拿去鉴定。鉴定的结果很不理想，只说大概是明末清初的本子，版本价值却无法说明。友人一时兴起，自告奋勇提议说，咱们找黄先生再看看？我压根儿也没多想，他要找的“黄先生”竟然就是黄裳。

友人是山东青州人，与黄先生是同乡。他这些年购藏古籍甚为用心，尤其是遇到黄氏旧藏本，一定倾全力重价购藏。按照他的说法，黄先生过手的本子，肯定错不了；黄先生题过字的本子，更是好上加好。购回这些旧本之后，除了自己珍若拱璧之外，吃不准的本子还要拿到上海，到黄先生那里求证一番。因是同乡关系，加上又致力收藏黄氏旧本，一来二去两人成了忘年书友。这一次携我同往，自然也捎上一些黄氏旧本，琳琅满目地候着原藏者鉴定；我则怯怯地揣着两本残书，借机会一睹藏书大家的风采。

友人向黄先生递上新近购得的“黄氏旧本”时，我注意到一个细节，黄先生摘下眼镜，一双看上去原本柔和的眼睛，忽尔炯炯有神起来。在两三厘米的亲密注视之下，鼻尖几乎要触到古籍的页面，与其说是仔细审视，不如说是品味故纸旧墨的馀香。

黄先生看过书，会偶尔点点头，郑重地合上书页，淡淡说一句：是我的东西，有劳您收藏了。虽是简单的一句话，但友人却如获至宝，能够看得出来，他再搁放那书册时，都更加小心翼翼了。而有时黄先生也摇头说：书是好书，但不是我的东西。友人这时又会怅然若失，一声叹息后迅即把书收进布包里。我只顾欣赏黄先生鉴定古籍的神采，友人已经起身示意，不能耽搁黄先生太长时间。这时我才记得，要把那两册寒伧的残本拿出来，让先生过一下目。

黄先生接过书册，突然一脸严肃地说：怎么不修一修，书都破成这样了！我一时语塞，只说得半句：还没弄明白……黄先生好像根本没听到我的应答，小心翼翼地用指尖揭开一页，之后迅即合上册子。第二本也是这样瞄了一眼，只不过多揭开了两页。他抬起头来，微笑着对我说：都是好书，虽是残的，也不多见。我连忙说：谢谢先生指点。

黄先生轻挥指尖，点了点第一本书的封面说：这是明末的本子《歌林拾翠》，国家图书馆和浙江图书馆各藏有一部，也都是残的，你去看一看，说不定可以配一配。你这书上还有两方清代印章，可能还是名家，你再查一查；最新的那个章子，是田家英的，这本书过他的手，不会错的。

而对另一本书，黄先生眉头略皱了皱，似乎在搜索他过眼的种种奇书珍籍，与之对照比较。他半眯着眼睛，微微摇了摇头说：这一本《万曲合选》我没有见过，估计日本还是台湾图书馆里藏有类似的书。书很罕见，有元末坊刻本的味道，但年代不会早过明末。书的有些内容，又像是清代初期补刻添进去的。呵呵，有点百衲本的意思。你回去再查一查，别耽搁了。

经过黄先生的指点，我有些诚惶诚恐，与友人相视一笑，知道自己淘得了好东西。关于这两本书，此后我还请教过许多学者专家，图书馆也跑过几次。《歌林拾翠》验证了黄先生的说法，2011年国家图书馆“善本再造丛书”就收录了该馆所藏残本。《万曲合选》则引起了各方争论，日本双红堂文库藏有题名与其极相似的《万家合选》，但内容却完全对不上；中国戏曲学院藏有一册傅惜华的钞本，题名虽也叫《万曲合选》，可内容还是完全不同。直到前不久，我综合各方意见，几经修改补正，写了一篇《孤本〈万曲合选〉初考》，得到国家图书馆的肯定意见，即将刊布于《文津学志》中，算是为这本书的版本价值做一个结论。

可惜的是，我再也没有机会向黄先生请教。除了偶尔拿出些黄氏旧藏本，与友人品鉴一番感叹几句之外，我与黄先生的一面之缘也不得不成为“掌故”。如今，黄先生鉴定过的两本残书，我已进行了精心修复，搁在橱中珍藏。

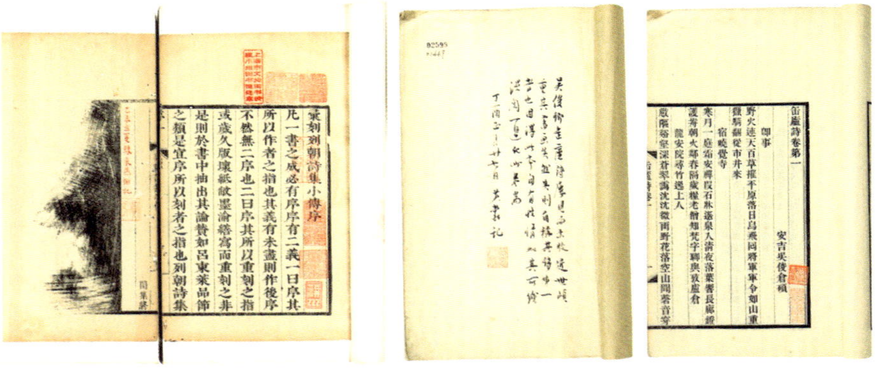

康熙三十七年黄氏诵芬堂刻本钱谦益编著《列朝诗集小传》（内有黄裳朱笔夹批）
清光绪刻本吴昌硕著《缶庐诗》及黄裳题跋

缅怀文献学家王欣夫先生

柳向春

1901年的旧历五月十五日，在旧称吴县的苏州城中，一户工商业者家中诞生了一位男婴，这便是后来以文献学家著称于世的王欣夫先生。欣夫先生（1901—1966），名大隆，字欣夫，号补安，室名有学礼斋、抱蜀庐、蛾术轩，后以字行。虽然从未获得过任何学历，但欣夫先生自中年以后，便开始在著名的圣约翰大学及复旦大学以授课为生，他的学养学力，由此可见一斑。欣夫先生一生著作十馀种，其中《文献学讲义》，自问世以来就被誉为研读文献学的必备参考书。《藏书纪事诗补正》，则更是为研究藏书史及藏书家历史的案头必备工具书。又曾在1934年至1941年间，与友人赵诒琛等合力辑印《八年丛编》，计收辑前贤文献92种，其所取材，基本上都是前贤的手稿或罕见流传之作，其保存先贤心血的用心，实在可算仁厚之至。尤其可征欣夫先生文献学成就的，则是数年前付梓行世的先生晚年遗作《蛾术轩箧存善本书录》，该书的写作素材，基本上来源于王先生学礼斋的自藏，不仅考核所录各书作者的生平行实，更于学术的原委、变迁，及内容的得失详加叙述，并于其中罕见的批注、序跋，一一迻录，可以说是综合了传统著录中叙录、辑录、传录等体裁优点的一部集大成之作，充分展示了欣夫先生数十年间文献学实践所达到的高度，无疑是其学术成就的最佳代表，最能彰显欣夫先生作为一位优异的文献学家的学术修养。但究竟怎样才能当得起文献学家这一称谓？目下坊间诸书都未曾显言。而据业师乌伤吴致之先生的观点，则作为文献学家所须具备的条件应该是：必须参与文献流通的全过程。即在文献的搜求、生产、出版印刷、流通、典藏诸环节中，都必须有所实践与贡献。揆诸王先生的一生，则无论在文献的搜访、藏弆，或是文献的流布、传播，或是文献的生产、出版诸方面，均是他生平所身体力行者。所以说，欣夫先生作为一位文献学家实在是当之无愧。而依我个人的理解，文献学家则不仅应该享誉当代，更应该以自己的成果造福后世。但即便用这一标准来衡量，对于文献学家这一称谓，欣夫先生也完全可以居之不疑。欣夫先生的收藏和辑佚，不仅在其生前即沾溉众人，也使得后辈学人获益良多，以他搜集、藏弆的清代学者陈奂的相关文献为例，即可反映出欣夫先生对于传统文献的保存与流传，贡献之大，实在是令人叹服。

陈奂（1786—1863），字倬云，号硕甫，晚号南园，江苏长洲（今苏州）人。他是段玉裁的晚年弟子，又与高邮王氏父子为师友，经术湛深，尤其于《毛诗》钻研极深，被梁启超誉为清代三大《毛诗》学者之一，所撰《诗毛氏传疏》三十卷被称作是清代《毛诗》学的集大成之作，历来为众多学者所重视。除此著作外，陈奂尚撰有《释毛诗音》四卷、《毛诗说》一卷、《毛诗传义类》一卷、《毛诗九谷考》、《郑氏笺考征》一卷、《公羊逸礼考征》一卷、《说文部目分韵》一卷、《师友渊源记》等，均已刊行于世。另据《苏州府志》，陈奂还曾著有《三百堂文集》二卷未刻。但在陈奂去世之后，多名晚年亲炙弟子在撰文追忆老师的生平及学术的时候，竟然都没有提及此书，这书的罕见也就可见一斑了。

现存的陈奂《三百堂文集》，就是王欣夫先生辑录付梓的。关于《三百堂文集》，王先生曾先后两次作跋叙述其刊行之缘起及经过。其一曰：

大隆胜衣受经，读《传疏》而好之，因旁求他书，于府志艺文目见有《三百堂文集》二卷，往来于心二十年，访诸先辈之博闻者，皆言未刊。而披览群籍，往往见所撰序跋传志，因随时手录而讽诵之。其文不斤斤于义法，而渊然有经籍之光，于《诗》温柔敦厚之旨，所得尤深，盖先生素所蓄积者然也。乡先辈孙伯南先生宗弼更助为搜讨，积久得六十馀篇。又从先生曾孙颂平、赞尹昆仲所得见手稿，补录十馀篇。念先生遗文，其说经之作已毁于庚申之乱，今所存者虽晚年之作为多，而有足资考镜学术文献之助者，又安忍听其零落耶？遂仍厘为二卷，请于颂平昆仲而印行之，亦聊以志平生服膺向往之私心云尔。乙亥长夏，吴县王大隆跋。

可知欣夫先生辑录此书，是经多方搜求，并得陈奂裔孙鼎力相助而成的，故其中内容的准确性及搜求的广泛性应该都是毫无可疑的。但因时局、世事等缘故，其中偶有遗珠，也是在所难免的。现今复旦大学图书馆收有王欣夫先生旧藏的《三百堂文集》钞本两册，一为誊清本，一似初钞本，字迹较潦草。誊清本正文十篇，均不见于《乙亥丛编》本，后附陈奂晚年弟子归安杨岘所作的《陈先生述》及1966年王欣夫跋文。初钞本收文二十四篇，都已见于《乙亥丛书》本。另有笔迹与初钞本相同之《潘母蒋宜人传》散页一叶，已入誊清本。誊清本后另附王欣夫手写《三百堂文集》目录一份，注明是以所得先后为次，共收二十九篇。不过该目前有《郝懿行尔雅义疏序》，后有《郝兰皋尔雅义疏跋》，恐怕是一文重出。如果确实如此的话，那么此目中所收的各篇，也都已收入了《乙亥丛编》本。从情理上来猜测，初钞本应该是《文集》付刊时的底本，刊时又另补入几种。誊清本则完全为事后之陆续收录的。也就是说，欣夫先生对于这一《文集》用力极多，直至刊行数十年以后，尚且没有停止补辑之举。

《流翰仰瞻集》则是陈奂生前裒辑的友朋来函的总称，原本先装为十四册，今存四册。成册的经过，陈奂《流翰仰瞻小传序》中说的很清楚：

奂幼而壮，壮而老，凡所晋接者，不乏名儒硕彦。师之赐翰，友之惠简，类以聚之，毋散佚焉。捋而辑之，如晤对焉。今自道光三十年庚戌以前作古者，编成六册。咸丰辛亥纪元以还，属旧识而殁于辛亥后者，编成四册。叹昔侣之凋残，喜近交之酬酢，积书穰穰，续为部居，编成二册。论学说经居其大半，而时事、家事有切涉者，间录之。散亡既多，刬削岂少，仅留此区区翰墨，频增我离群悲暮焉尔。门弟子书一册，家书一册，亦以庚辛殁存，区别先后，为之次叙。咸丰五年乙卯春正月，长洲陈奂石夫氏付装，时假居锡山夫容之鹿，年七十。

现存的四册原装本，就是王欣夫先生的旧藏，在他身后转归复旦大学图书馆收藏。欣夫先生曾作长跋详述这四册珍贵的原始文献的传授源流始末云：

此陈硕甫所萃师友手札，手题“流翰仰瞻”四篆书并跋。案硕甫《跋毛意香遗简》云：“余于戴经芳家装潢手札共十四册……归一大匣……避难带出，忘于舟中，仍还南园，因以投弃。”是亡失于咸丰庚申。至光绪辛巳，江建霞得之，已残存仅此。一九三六年江小鹣以赠叶遐庵。一九四三年遐庵又以赠余，此其传授源流也。余先得硕甫所撰《小传》一册，详核之，第一册原八人，今存段玉裁、江沅、顾廷杏各一通。第二册原二人，今存胡培翚十六通，汪喜荀十九通。余则原十二册之张步瀛、陆锺汉、杨亮、寿昌、盛时霖、于源、计光炘、徐立方、陈时、吴潮、王文鸿、张宝德、胡联庆、侯云松、张燮承、杨得春、陈庆镛、顾翃十八人，于全帙一百九十二人，不过十一而已。遐庵付装时未见《小传》，不无零乱失次，附跋颇望余于已失者作延津之合。一九四六年冬，果于苏市得王劼二通，又残一通，俞熊一通，皆原在十四册中者，即补入之。先是江氏于光绪己亥，曾专辑汪胡二家，合刊以入《灵鹣阁丛书》，未及校正而殁。三十年前，贾人清理残板得之，余亟刷印数册，盖《小传》与江刻一若为此册归余之朕兆者，洵前缘也。汪胡二家余已于江刻《书录》详之。

此册段玉裁一札，不署名……考叶昌炽《缘督庐日记》卷二壬午六月十二日云："江建霞来，云新得陈实父先生家友朋手札中，胡竹村多至数十通，段若膺一札已抽去，是可惜也。"今段札俨然尚存，或因其不具名而忽之乎？

再据陈奂的《师友渊源记》跋文：

是记作于乙卯岁，乙卯已还，皆旁记之也。记中师若友往来酬酢不绝，岁月密者不下数十百札，更有不列于记中，亦不下数十百家，共为捋集装成十四册，家人若叔侄弟兄之亲各有手简附诸册后。后又得新所相知，续成六册，庶乎学以聚之、辞以辨之。少而壮，壮而老，历年之知一展览焉，不啻同晤对乎一室也。于后六册未及副装而军衅起矣。庚申三月，余奉册携至锡邑芙蓉山八字镇，偶忘在舟，依旧归苏南园，庋于家……凡有文集底稿与手批群籍尽遗弃潘氏馆，此册竟遗弃南园，自今以后，遂与师友隔昏晓矣。此本（《师友渊源记》）乃亡儿埏所录，夹杂在八字桥乱书间，剩此残笔。

从中可知陈奂曾于咸丰五年（1855）将所藏的友朋书札拿去装裱为《流翰仰瞻集》十四册。在咸丰十年（1860）三月，陈奂曾打算将之与未曾装裱的六册一起随身携带到他避乱的无锡芙蓉山八字桥寓所未果。至四月苏州失陷，这些信札从此就不知下落。到了光绪七年（1881），元和的江标（1860—1899）偶然买到了其中的若干册，并于光绪二十五年（1899）将其中汪喜孙（1786—1848）、胡培翚（1782—1849）二家的来信单独辑出，别为二卷，命名为《汪胡尺牍》，刊版行世，打算收入自己编辑的《灵鹣阁丛书》中。但江标在此书刊成后不久，还没来得及编校就去世了，因此通行的《丛书》中并没有收入这书。江标逝后，到1936年，他的儿子小鹣（1894—1939）以家中所藏的这几册《流翰仰瞻集》赠予当时寓居苏州的叶恭绰（1881—1968），在珍存数年之后，叶氏又将其转赠给了王欣夫，并跋云：

此陈硕甫先生所存亲知函札。依先生自叙，此类函札经编成者凡十四册，此约当十分之一。民国二十五年，江小鹣持以见赠，云为乃翁建赮先生旧藏。余因装为二册（原未装背）。频年转徙，幸存箧中。今春晤王欣夫先生，知建赮曩者曾以之付刊，渠处得有样本。适顾君起潜假阅，余因嘱起潜加以参校，其中字句亦间有出入，起潜以识于眉。余念世谛无常，物聚所好，欣夫孳经博古，又久居吴下，因取以转赠。欣夫如能访得其馀十馀册，为延津之合，亦快事也……民国三十二年五月，遐庵叶恭绰。

叶氏所期盼的延津之合，王先生虽然没能代为实现，但王先生对于这批信函也多有贡献，如王跋中所云："一九四六年冬，果于苏市得王劼二通，又残一通，俞熊一道，皆原在十四册中者，即补入之。"再如鉴定册中段玉裁之函等等。这些信函在叶氏收藏的时候，曾经将其重新装裱为两册，但"遐庵付装时未见《小传》，不无零乱失次"，因此欣夫先生又据先前入藏的《流翰仰瞻小传》再为重新排定各函的次序，并分为四册。现藏的装潢，就是欣夫先生这时所重装的。

王欣夫先生为这批信札两次作跋，其一已见前，其中称述该信函的源流已经是原原本本，十分详尽了，只是他说册中存汪函十六通、胡函十九通则显然是笔误。王先生所作的另一跋文，现在也可见于《流翰仰瞻集》的卷末，所说的内容虽然大致与前跋相仿，但先生保藏维持的功绩，通过这篇跋文却可得到进一步的凸现，现仍传录于此：

右陈硕甫先生师友投赠尺牍，存二十三家，灵鹣阁江氏旧藏，后归叶遐庵先生，前年出以见贻者也。大隆于廿年前钞得硕甫先生《流翰仰瞻小传》一卷，知所孚尺牍一百九十二家，共装十四册，一时经师论学论事蔚为大观。适辑《三百堂遗集》，读《毛意香遗札跋》，知咸丰庚申避乱带出，忘于舟中，仍还南园，因致投弃，意其已付劫灰，为之惋叹。嗣又得《灵鹣阁丛书》残板，有《胡汪尺牍》二卷，知乱后曾为建霞先生所得，但未知已刻两家外是否全帙，及见此册，始知久已残蚀。其中有著作传世者无待考查而姓名翳如者，幸有《小传》可据，爰为补书简端。又考原装次第，计第一册原八人，今存段茂堂、江铁君、顾竹海三家；第五册原二人，即胡竹村、汪孟慈二家；第十二册原二十三人，今存陈颂南以次十八人，而其馀是否尚在人间，虽遐翁于跋尾冀延津之复合，恐不可必耳。乃去冬旋里，偶游坊肆，又得王海楼二通又半，俞吉庵一通，均第十一册中残存者，亟购得合装，安知剑合之望非待之他日耶？今夏历正月初五日，适为硕甫先生殁世百六十年，晴窗无事，出此展玩，因记流传大略于此。民国三十五年二月八日欣夫王大隆。

由此可知，欣夫先生在重装之后，又曾将发函各人的小传一一移录在简端，其珍视前人手泽、保存文献之心也可借此得到进一步的证明。今考现存《流翰仰瞻集》中，计收录金坛段玉裁函一通，吴县江沅函一通，金匮张步瀛函一通，沔阳陆锺汉函四通，江都杨亮函二通，满洲寿昌函二通，秀水盛时霖函一通，秀水于源函一通，吴江计光炘函一通，元和徐立方函一通，吴江陈时函三通，湖北吴潮函二通，镇洋王文鸿函二通，上元张宝德函一通，如皋胡联庆函一通，上元侯云松函六通，含山张爕承函二通，江宁杨得春函一通，绩溪胡培翚函十八通，江都汪喜孙函十八通，晋江陈庆镛函四通，无锡顾翃函一通，秀水俞熊函一通，巴县王劼函三通，金匮顾廷杏函一通，共计七十九通。而这些函件的价值，则不仅如欣夫先生跋中所云“一时经师论学论事蔚为大观”，也是清代中晚期书法、人情的一份极佳的见证。

陈奂当年辑成《流翰仰瞻集》十四册后，曾于每人各缀数语，以标举其生平的大要，这就是现存的所谓的《流翰仰瞻小传》。《流翰仰瞻集》虽然因为战祸而散佚，但《小传》则以弟子的传钞而得以保存至今。王欣夫先生也曾作《小传》跋云：

> 此即十四册之目，人各附小传，凡二百又二人，其中多著名学者，亦有姓字不彰，赖此以存者。昔人笃于友谊，虽片纸只字，必加爱惜，并为整理编次，其苦心可鉴……可与所著《师友渊源记》参读焉。此册于三十年前从丁泳之家钞本传钞。首《序》已辑入《三百堂文集》，后又见一钞本，文字较详，当出后定，重录于此。

从中可知先生所藏的《小传》是钞自陈奂弟子丁士涵家中的。丁氏原钞本现在已经无迹可查，天壤之间，仅存欣夫先生这一钞本可借以重现陈奂当日友朋酬酢的概况，则其中的价值又岂可以平常钞本来衡量呢？

上文所引的《流翰仰瞻集跋》中，王先生言这一《小传》中计收一百九十二人，而此跋中又言二百零二人，今以《小传》考之，则计第一册八人，第二册五人（附二人），第三册十九人，第四册十六人，第五册二人，第六册十六人，第七册十人，第八册六人，第九册十七人，第十册二十人，第十一册二十四人，第十二册二十三人，第十三册十六人，第十四册十四人，共一百九十六条一百九十八人。王先生前后所言不一的原因，应该是偶然笔误。

正如前文所揭，《流翰仰瞻小传》与《流翰仰瞻集》之间当是目录与正文之关系，现《流翰仰瞻集》中，共存二十五人来函，段玉裁、江沅二人在《小传》第一册中，张步瀛、陆锺汉、杨亮、寿昌、盛时霖、于源、计光炘、徐立方、陈时、吴潮、王文鸿、张宝德、胡联庆、侯云松、张燮承、杨得春十六人在第十二册中，胡培翚、汪熹孙（即汪喜孙）在第五册中，陈庆镛、顾翃在第十二册开始张步瀛前，俞熊在第十一册，王劼在第十一册（位置较俞熊前），顾廷杏在第一册（段、江之后），其顺序与《小传》所载略有差异，也就是说，王欣夫先生当时装裱并没有严格依照《小传》的顺序。

综上所述，陈奂曾经裒辑他生平师友往来的书函为《流翰仰瞻集》，装裱为十四册，后因战乱散佚，今仅存四册。《流翰仰瞻小传》则为《流翰仰瞻集》所收发函各人的小传，收有陈奂所撰的一百九十六（八）人的生平大略，作为陈奂友朋信息的基本记录，其内容大致可信，可以作为清代中后期学人传记资料的有益补充。不仅可借以考知陈奂交游的概况，更可以补充清代学人传记资料的不足。而上述这些文献的搜辑、整理及保存，不仅与欣夫先生一贯所身体力行的保存前贤遗文的精神有关，更是欣夫先生表彰师门学术的见证。欣夫先生与陈奂的渊源可见于他的《蛾术轩箧存善本书录·庚辛稿》卷一“尚书集注音疏十二卷尚书经师系表”条，在此文中他说道：“回溯艮庭辛苦成书，一传其孙子兰，再传而至南园，复礼师为南园三传弟子。则于艮庭为五传，及余而六传矣。余于先儒深愧无能为役，而保守遗书，斤斤弗失。”也就是说，这些文献的搜辑，又可反映出欣夫先生对于师门的拳拳之意。王欣夫先生曾经作《征君陈先生年谱》跋云：“大隆自志学之年，好《毛诗传疏》，曾梦见征君容色清癯，手《文集》、《年谱》二书，郑重付托。后遍访不得，居常耿耿，仅据所见序跋、碑传辑成《三百堂文集》二卷，印入《乙亥丛编》。嗣于征君曾孙赞尹处忽见钞本《年谱》，为之狂喜。今得校正付印，以报冥冥付托之意，亦云奇矣。”正可反映欣夫先生于表彰陈奂生平、文献日夜萦思的情状，至今读来，依然感人至深。

我与文庙

韦泱

上海文庙，离我居处仅咫尺之遥。每个周日，逢文庙书市的旧书交易时分，便是我淘书的“朝圣”之日。暑去冬来，年复一年，自行车默默载我前往。回程中，前面的车筐常常装有一摞沉甸甸的旧书。风吹日晒，自行车为我的淘书立下汗马功劳。南来北往的书友每临上海，我带着他们去文庙，是表示诚挚友情的最好礼节。文庙是我的邻居，彼此都居住在上海的老城厢里。每次去文庙，就像去拜见一位师长、一个好友。上海文庙书市创立之早，规模之大，影响之广，在全国同类旧书市场，当是属数一数二的。不说一说文庙，胸中似有块垒无法释然。想到作家史铁生有散文名篇《我与地坛》，不妨借用于此。

千年书香薪传

文庙即孔庙，本是祭祀孔子的地方。由于孔子谥号为“大成至圣先师文宣王”，所以孔庙又称先师庙、文宣王庙等，汉代后“庙学合一”，故孔庙也称学宫。明代后，各地兴建奉祀关羽的“关帝庙”，称武庙，为与之对应，各地孔庙遂改为文庙，一直沿用至今。

上海的文庙建于南宋咸淳年间，距今有七百来年。所幸的是，穿透历史的烟云，人们读书求学之风，依然薪火相传一脉相承。文庙是上海老城厢一景。过去的老城厢里，旧书店是不少的。旧时的文人，常以在那里淘书为乐。郑振铎、唐弢、黄裳在上海的时候，都是旧书店的老主顾，一来一去，跟掌柜的也混熟了。阿英那篇《城隍庙的书市》，一遍遍地看，看他一家家走进饱墨斋、翼化善书局，看得我心馋呀，真羡慕那时文人们淘书的福分。真想让时间倒流，与他们一起去淘旧书。

20世纪80年代中期，地方文化部门做了一件好事，把文庙大成殿前的一大块空地利用起来，开设“文庙书市”，每周日对外开放，两百来个摊位井然有序，买卖双方供需直接交易，这倒符合市场经济规律。读书人在这里犹如“老鼠掉进了米缸”，除了淘书的满足，还有讨价还价的乐趣。巴黎有赛纳河畔旧书长廊的壮观，日本有神保町旧书一条街。上海文庙可与其相媲美，就类似于西方国家的旧书“跳蚤市场”。

每到周日，文庙就人山人海，读书人赶集似的汇聚而来，用“水泄不通”来形容也不为过。远远看去，整个场景充盈着古色古香的意味。一千多平方米的场地中央，摆满了一排排书摊。四周围则是雕梁画栋、秦砖汉瓦的庙宇殿堂。大成殿是文庙的主体建筑，屋檐匾额上的“大成殿”三字，是清雍正皇帝的御笔。殿前，站立着一尊“圣人”孔子佩剑的全身铜像。东西两侧长屋为“两庑”，原是供奉先贤的地方，现陈列着明清著名文人书撰的对联碑刻近三百副。与文庙连成一片的建筑还有崇圣祠、明伦堂、魁星阁、尊经阁等，可供游人观赏。如今的文庙书市，可见是续了千年的书香，弘扬的是中华源远流长的文明。

与别处的文庙相比，上海的文庙另有一番韵味，多了一种浓浓的书香气息。不然，它何来这么大的名声。文庙书市，是爱书人的一方觅宝之地，一种难以抵御的诱惑，更是一个放牧心灵的精神家园。

三十馀年来，文庙书市在全国声誉鹊起。沪上不少书迷因了这个书市，淘得了不少珍稀书刊。我是“近水楼台”，得益自然匪浅。闲时在书橱前如数家珍般逡巡，一眼便知，这《三毛流浪记》四册初版本是得自文庙书市，我还为此写过专文哪。我来到这座千年书香不断的庙宇殿堂，度过了一个又一个惬意而快乐的日子。而且，常常是满载而归。文庙待我真是不薄啊！上世纪80年代，这里的旧书品种既多，价格亦廉，我先后淘得民国年间出版的黄裳旧著《锦帆集外》，臧克家签名本，周而复信札，以及陈逸飞夹在《人物画参考资料》中的几幅速写。如此等等，能不忆文庙书市。

奇遇给我惊喜

淘书的乐趣，就在于“拣漏”带来的不期之喜。有人说，一旦迷进去，就如同吸鸦片那样，会慢慢上瘾，欲罢不能。每周日上午浸泡在书市，或多或少，总有收获。即使临到离场，仍两手空空，心里也是惬意的，拍拍手上的灰尘，一副志笃意爽的神情，毕竟在书海里尽情地徜徉一番。所以，每次去文庙，即使颗粒无收，亦心情释然，权当是过一把瘾。况且，平时难得见到的书友，会在文庙不期而遇，相欢切磋，作一些淘书心得交流，深感“吾道不孤也”。

我回忆哪个淘书日，都有温馨可人的情景，且历历在目，清晰如昨。

一次，听天气预报说，今日阴有阵雨。早晨起床急忙观天，天已亮却阴着脸，幸好未下雨。赶紧漱洗，骑车出门，不消五六分钟，就抵达文庙路上的文庙。

也许是天气预报给人造成的恐惧心理，当日文庙内书摊及淘书者均不多，倒使人的心情显得安逸从容些。进得庙内的大殿前，看着书贩们在忙着往桌板上放书，我遂想起，昨晚忘了在口袋里多塞点儿钱。馀款大概有百八十吧。若是八九十年代，这点钱淘书足够了。那时遇到好点的民国版本，亦十元二十元的，时下已几百元一本，不带上千儿八百的防着点，会有捉襟见肘之虞。然而已车到山前，回去取钱显然是远水解不了近渴，这一仗只能省着点“子弹”，一枪一个准才行哪！

头一个目标直奔中间两排摊位的西边中端一家，那中年男子已熟悉，黝黑的脸膛，挺有精神，一看便知不是本地人。他的书摊上，有不少上世纪五六十年代的旧书，遇巧了，还能见着民国版的，价格亦公道。我在摊位前，低头翻看，不一会便检出六册可意之书，递给摊主，他看后说一百吧。我心里知道，这不贵啊。但我给自个儿打过“预防针”：能节省就节省。我伸出大拇指和食指，做了个八字：“行不？”摊主笑了，说您以前真不大跟我讨价的，有两本封面特好的，单卖就得五十块一本呢。他嘴上这么说着，八十元也就收下了。谢天谢地，这第一关算顺利过了。回家细看，最满意的是一册《苹果园》，关露著，工人出版社印行，1951年3月北京第一版，印数一万册。有书友专藏50年代文学版本，这不就是一种经典之书吗。关露一生，只出版过两本小说集，一本是1940年7月，由光明书局出版的长篇小说《新旧时代》，列为“光明文艺丛书”之一，再一本就是《苹果园》了。20世纪40年代末，关露深入大连劝业工厂的流浪儿童学校体验生活，曾亲手把一个流浪儿送进这所学校，又一直关心他的成长。这些学生在那里半天读书，半天劳动，劳动的地方过去是地主庄园，解放后政府把它改为苹果园。在这样的环境下，那个流浪儿获得了新生，进步快速，还被评为劳动模范。关露由此产生了创作冲动，以苹果园为背景，写出这部儿童题材的长篇小说，寓意新中国的儿童像果树一样，在阳光雨露下健康成长。这册《苹果园》，系竖排繁体字印刷，这样的版式，最合我心，与民国版本别无二致。书品近于十品，扉页盖有椭圆形蓝章“中共中央华东局党校图书馆”。书后贴有空白的“借还书日期表”，还插着空白借书卡，说明此书从未有人借阅过。初见封面，发觉左上角怎么缺了一小条，约五分之一样，心中有点怏怏，待回家翻阅时，却见缺少的一小条封面竟夹在书中哪，真是转阴为晴。此书给我另有一喜，是在书中翻出一张小小的彩色糖果包装纸，俗称“糖纸头”，此为上世纪五六十年代的产品，上印“上海爱民糖果厂”。时下有人专门收藏此物，见之更添一份怀旧情怀。我曾写《一言难尽话〈女声〉》一文，打算编入文集，却苦于没有关露的旧著作配文书影，这担忧立马迎刃而解了。仅仅这册《苹果园》，即使开价百元以上，我也会毫不犹豫地收下的。

第二册是《细菌与人》，高士其著，开明书店1951年4月出版。此书1936年8月初版，后多次再版重印，印数达一万两千册。这高士其名字，现在已显陌生。其实他是我国最著名的科普作家，1905年生于福州，后负笈美国威斯康辛大学和芝加哥大学化学专业。在实验室因被细菌感染，患上脑炎后遗症而致瘫痪。抗战时到达延安。终生从事科学知识的普及与推广。我意欲写写这个科普作家，《细菌与人》使我增加了一种版本依据。

《我与〈支部生活〉》一书，是该刊“创刊十周年征文纪念集”，前面有时任上海市委文教书记石西民的《继续奋进》作前言，作者中有戏剧表演家周信芳、筱文艳，作家胡万春、唐克新、费礼文等，还有漫画家乐小英的征文，由此可了解《支部生活》从1954年7月1日创刊后的情况。现在此刊已由当时三十二开改为十六开，仍在刊末保持“小品文”配漫画的优良传统。此书为硬封精装，请了许多画家如贺友直、华三川、颜梅华、汪观清、洪荒、乐小英等配插图。此书为非卖品，难得一见。

《诗的欣赏与创作》，为邹荻帆所作，系三联书店1985年出版的“今诗话丛书”之一，这套丛书共十一种，已陆续配得差不多了。因诗歌、诗话之书是我研究范围所需，故收下。再说两本摊主所说“封面特好”的旧书。确实不赖，封面是戏曲人物全彩画，一为《陈胜王》，任桂林著，一为《易水曲》，武克成著，系中南文联筹委会编，上海杂志公司刊行，为“新戏曲丛书”，1950年8月一版。虽我不谙戏曲，但爱旧式书影，故收下。

转战第二个书摊，见《“铁道游击队”的小队员们》，由中国少年儿童出版社于1958年1月出版，这可是《铁道游击队》一书的姐妹篇，是作家刘知侠专门为儿童写的一部同样题材，但以儿童为主角的长篇小说。过去只知其一不知其二，这次首见此书，能不喜欢。《鲁迅小说里的人物》，由上海出版公司印行于1954年4月，摊主一定不知，著者周遐寿便是周作人，十元钱就售我了。曾在一家旧书店见过此书，售价过百元呢。另得周瘦鹃、周铮父子所著《园艺杂谈》，陈之佛、吴山合编的《应用美术人物编》，以及《文学遗产选集》第一辑等。这些均是上世纪50年代的出版物，透着旧书特有的旧气，那是在时光的消蚀下，慢慢熬出来的，有一种历史的沉淀。

这样下来，口袋之钱已所剩无几，且饥肠辘辘，仍想再转转。在一摊位上看到《欢乐的阳光》，是丁芒前辈的第一部诗集，由新文艺出版社出版于1957年9月。去年我在南京拜访过老诗人，相叙甚欢。此诗集以后可请作者签名留念。又见《密斯脱特威斯脱》，马尔夏克著，任溶溶译，时代出版社1950年的再版本，此书我已藏，并请任老签过名，再见仍喜欢得很，不愿舍弃。且摊主开价不高，两书仅十五元。可惜我从裤袋里仅掏出两张五元纸币，摊主不肯降价，我想包里可能有零钱，果然又找出四个“钢蹦”，十四元交摊主，说“全在这里了”，摊主愉快收下。回家一合计，当日共淘书十五册，从衣袋到包袋，纸币加硬币，花银共一百八十四元。这天淘书可用八个字概括：弹尽粮绝，满载而归。

淘书日记为证

文庙淘书，催生了我的淘书日记，曾出版拙著《跟韦泱淘书去》。尽管我淘书的地点天南海北，苏州、广州、北京、天津，还有香港的神州旧书店等等，但上海文庙无疑是在我淘书日记中出现频率最多的地点。我珍视这些看似简单的淘书日记。这里记录了我每次淘书的经过，我淘得的每册书的点滴。寒冷与酷暑都不敢懈怠。盛夏，沪上气温高达三十八度，我汗流浃背踯躅于拥挤不堪的旧书市场。严冬，零下五摄氏度，对温湿气候的上海来说，这样寒冷的气候亦不多见，我仍戴上绒帽及双层手套，骑上自行车，赶往心中那个注定的地点。一般情况下，只要不下雨（书最怕雨水，一下雨书商亦作鸟兽散），我不会无故缺席。此中甘苦，只有自己知道。而每一册书的得来，则各自不同，是一次次与书商或斗智斗勇，或互相谦让的结果，有时“得来全不费功夫”，有时“擦肩而过成悔恨”。因是地摊式的自由市场，讨价还价在所难免，只要双方自愿，便可成交。淘书的结果自然令人陶醉，而讨价还价的过程，更能留给淘书人无尽的回味。淘书，使我学会了与摊主侃价的技巧。学会侃价，确也省下不少银子，或者说，可以用同样的款子，去淘来更多的旧书。这乐趣，似乎由锱铢必较中滋生而来。何时，有人出道问答题考我：什么时候我最快乐？我毫不迟疑答曰：每次将书淘来，一册册在手上摩挲，一句句写下淘书日记之时。这无疑是在清点得之不易的战利品，一种劳而所获的充实感、成就感便油然而生。

我之淘书，全凭兴趣所至，所谓“跟着感觉走”是也。自己感到一本旧

上海文庙书市一角
老外在上海文庙书市淘书

书该出多少价钱合适，就将书淘下。一切顺其自然，并不刻意，亦无须志在必得。我不是藏书家，不一味讲究书的版本价值。我亦不做旧书买卖营生，心中没有赚钱的奢望。我只是一个喜欢带点前代气息、有点历史沧桑感的旧书，或者说，是从这些旧书中找点资料写写文章的读书人。这样，过分昂贵的旧书，我可能会不屑一顾。而有的缺封面、缺版权页的书，我会趋之若鹜。我淘书的目的只有一个，为我写作而用。这样，便有了淘书的轻松与快乐。这些淘书文字，常得书友谬奖，便不揣浅陋，检出若干文字，给相关报刊发表，为淘书添些馀兴吧。

且看夏天的淘书日记："七月二十五日，周日，摄氏三十八度。淘书人亦要冬练三九，夏练三伏，权当一种晨练，出一身汗，其实是爽事，亦是减肥的良方。今晨骑车到文庙路，已大汗不止，一边淘书，一边汗流如注，仍乐此不疲，淘了几十本书价亦便宜。"再看冬天日记："一月二十五日，周日，零下五度。晨去文庙书市，如此寒冷的气候，骑自行车去淘旧书，还是第一遭，路上双耳冻得生痛，亦冻出了鼻涕。到达文庙，仍较早，刚开市。"

每年的淘书，到岁末年初，像商家做小本买卖那样，总要有个"盘点"，看看一年的收成如何，至少可以有个小结，对自己是个安慰。以刚过去的2012年为例，这年的一头一尾都是文庙的旧书交易日。那就以这两天的淘书日记为证，回顾淘书历程，因为那是最为真实的记录。

"一月一日，周日，晴。晨去文庙，在路口车摊，让摊主对自行车作保养，出来时取。淘得：《译林》（1979.1），系创刊号，已有藏，未知董宁文有需否？《花城》，文艺丛刊（1），一九七九年四月一版，十二月三印，印了二十五万册，简直不敢想象的印数，重印二次，也是不可思议之事。《花城》现为大型文学名刊。《马承源纪念集》，上海博物馆二〇〇五年编印，非卖品。《法国崩溃日记》，张君励译，商务馆印行，民国三十二年五月初版，土纸本。《誓把刘少奇拉下马》，漫画专刊，一九六七年第七期，品相稍差，主要为封面封底，故价不贵。"

这是元旦这天的淘书收获，花银一百四十元。《译林》创刊号后来给了南京董宁文，因他现在为这家出版社编《译林书评》。民国版本虽一册，为翻译书，但是土纸本，当属难得。马承源为上海博物馆老馆长，青铜器专家。上世纪90年代中期我编《上海投资》，在朵云轩的一次拍卖预展上，与他有过一面之缘。当初艺术品市场刚兴起，我请教他："艺术品投资如何做得更大？"他答："需要有好的企业介入。"后来的事实证实了他的说法，许多拍卖公司、艺术品公司应运而生。我说何时来拜见您作深入探讨？他说欢迎。想到马老年事已高，就一直未去打扰，到他去世，终成遗憾。

再看这一年最后一个文庙旧书交易日的淘书日记。

"十二月三十日，周日，雨止天晴，零下三度。早上睡了懒觉，九点后带着相机去文庙，拍了雪后文庙的淘书场景。淘得《文学评论集》，陈涌著，人民文学版，一九五三年三月初版（12000册）。《扬州名胜》，孙蔚民、王炳章、江树峰、陈达祚著，江苏扬州人民版，一九五九年五月一版一印（6000册）。《从松花江到湘江》，韩笑著，新文艺版，一九五五年七月一版，五六年五月二印（6601—9100册）。《怎样画山水》，余彤甫编，'工农兵业馀美术自学丛书'，上海人美版，一九五九年六月一版，六三年二月二印（160001—190000册）。《新华小学地图》（上册），本国部分，新中国地图社编制，中华书局版，一九五三年八月初版（150000册）。《常用字字帖》（1–4），翁闿运（楷）、单晓天（隶）、胡问遂（行）、徐伯清（草）、方去疾（篆）、吴建贤（繁）书写，上海书画社版，一九七八年十二月一版一印，至一九九二年十二月十印。我曾听过翁闿运老师的书法课哪，三十多年后，六位书家都去世了，令人感慨。《吴祖光研究专集》，陈公仲、吴有生编，江西人民版，一九八五年十月一版一印（3200册）。《文学概论讲稿》（上册），徐中玉编著，华东师大函授部内部发行，作者《前记》写于一九五六年七月二十三日。《中国现代新诗理论批评史》，潘颂德著，学林版。"

这一天花银一百三十元。与元旦淘书的花费大致相当。虽无民国版，但也有一些难得版本。如陈涌的评论，韩笑的诗集，许是他们的第一呢，现已属难见。除文学外，书画也常得我的青睐与关注。《怎样画山水》是新中国成立后第一种美术普及类大众化丛书之一种，该丛书重印无数，影响甚大。

不嫌繁琐，将2012年首尾两次文庙淘书日记抄录于此，亦算是善始善终的淘书品行吧。与以往各年的淘书相比，去年自然是歉收的一年。这很自然，因为可亮眼的旧书愈来愈少，民国版更是寥寥。那就退而求次，上世纪50年代的版本也不轻易放过。但从这两次淘书日记中，仍可看出我的淘书趣味与意向。

我所收藏的『周作人』

张铁荣

我的藏书中，与周作人相关的占有很大比重。下面说的就是我所收藏的“周作人”。

我是由于教书和写文章才买书的。记得上大学的时候，李何林师曾说过：学生要多借书少买书，买的书一般就有一种占有欲，反正书是自己的，想什么时候看就什么时候看，结果就是看不完或不看；借的书就不同了，记着快些看完好还给人家。对此我一直是牢记心头。

我是从20世纪80年代初期开始进行周作人研究的。那时中国社会科学院文学所负责组织全国各大学编辑一套中国现代作家的研究资料，其中的《周作人研究资料》交给了南开大学。当时我刚好从北京鲁迅博物馆进修回来，于是刘家鸣教授就把任务交给了张菊香老师和我。这是我进行周作人研究的开始。

《周作人研究资料》出版以后，我又跟张菊香老师一起编写《周作人年谱》，从此正式走入了周作人研究的领域。那时候是以北京为中心，在全国各地跑资料，上海、浙江、南京的各大图书馆，都是一去就十天半个月地安营扎寨，因此备感原始资料的可贵。当时自己一狠心，就用一个多月的工资，购置了一套上海文艺出版社影印出版的“中国现代文学史资料丛书（乙种）”的《语丝》杂志。

那时由于是最先开始进行周作人研究，因此南开大学在国内外同领域就很有名气。日本的周作人研究专家木山英雄教授，1986年9月专门访问了南开大学。正是那时，木山先生赠送给我一本书，就是他写的《北京苦住庵记——日中战争时代的周作人》，在本书扉页上木山先生写着：“张铁荣先生批正，一九八六年九月，木山英雄敬赠。”签名的左下角还盖了一枚刻有“几夜满”的红印章，后来到了日本我才知道，这个“几夜满”就是木山日文发音的中文汉字。

1988年9月底我到日本讲学，到学期末正好是赶上新年假期，我便往东京去访问木山先生。记得那天还有尾琦文昭先生，我们在木山先生带领下走访了鲁迅、周作人在东京生活过的地方。当时正值日本昭和天皇病故，晚上东京都因“自肃”许多高楼的灯火都不开，而木山先生带我到帝国大厦去喝酒，他说我们不要管什么天皇不天皇，什么时候知识分子都不要失去个人的自由空间。这对我的震动很大，也令我非常感动。当天，我就住在位于神奈川县横滨市的木山先生家里。在他家洗过澡后，我们边喝啤酒边谈周作人。他取出早已准备好的一本厚厚的中文杂志送给我。仔细一看，是早已在国内绝迹的《骆驼草》和《骆驼》杂志的合订本，写着“《骆驼草附骆驼》，伊藤虎丸编，亚细亚出版社出版”。伊藤虎丸是东京女子大学的教授，日本中国现代文学研究的专家。木山先生在这本刊物的扉页上写上了：“张铁荣先生惠存，一九八九年正月，木山英雄。”《骆驼草》是一套散文性质的周刊，创刊于1930年5月，共出版26期，主持人是周作人。他在这个杂志上发表了很多文章，编辑则是废名。《骆驼》则是周作人、徐祖正、张定璜、沈尹默等人，以“骆驼同仁”的名义编辑的一册小开本杂志，1926年7月创刊。这册合订本是研究周作人的重要资料。此外，木山先生还将他翻译的周作人关于日本的文章结集送给我，这本书名为《论日本文化》。

2004年，木山先生的《北京苦住庵记》再版，改名为《周作人出任伪职始末》，他托人把这本新书专送给我。这部新的著作，是在前书出版四分之一世纪以后，特别是“文革”结束后大量的周作人研究新资料、新观点出现的基础上，重新改定的，并增加了“后日编”五篇文章和一个附录。后来，赵京华先生把这本书翻译成中文，2008年9月我又收到三联书店叶彤编辑寄来的中文版。叶彤先生在信中写道：“张老师：您好！遵木山先生嘱，奉寄《北京苦住庵记》一册，请查收。敬祈，秋安！叶彤拜 9月8日。”当时真是非常感动，连夜认真通读全书，后来还写了一篇发言稿，参加了在北京鲁迅博物馆举行的该书研讨会。

在日本讲学期间，我还经常去位于东京神田的神保町，那里是最著名的书店街。著名的内山书店、东方书店、鹤本书店和许多卖中文书的店铺都在那条街上。在这条街上淘书，是我的人生一大乐趣。在这里我买了1936年出版的《一个日本人的中国观》，内山完造著，尤炳圻译，价格是1700日元，相当于人民币120元，按说不算太贵的。此外，买了一些有代表性的日本歌磨的浮世绘以及相关研究的书，还有一些日文书则是按照周作人在《我的杂学》里面的书目买的，再就是港台版的《周作人晚年书信一百封》、《知堂回想录》、《抗战时期沦陷区文学史》、《抗战时期文学资料》、《中国新文学作家资料索引》、《中国新文学作品书名资料索引》以及其他许多台湾版的研究著作。

周作人和鲁迅是相辅相成相互作用的。知堂是丰富的，研究周作人一定要懂得鲁迅。当然，不了解周作人也不可能知道一个真实的鲁迅。记得舒芜先生曾经反复强调过这一点。研究作家一定要以他们的著作文本为基础，因此回国后我即购买了《鲁迅全集》、《周作人自编文集》、《周作人文类编》和后来出版的《周作人散文全集》、《周作人译文全集》等。所有这些，都为今后的中国现代文学研究特别是鲁迅和周作人研究，打下了坚实的资料基础。

写到这里，不能忘记说的是我的几位南开大学同事：李锡龙教授帮助我从网上下载了《新青年》杂志，宋声泉博士帮我从国家图书馆下载了全部的《沉钟》杂志，刘运峰教授帮助我购买了《浅草》杂志。再就是我的朋友们的赠书，其中最重要的有王世家兄赠的《鲁迅著作编年全集》，人民文学出版社赠送的2005年新版《鲁迅全集》，孙玉石先生赠的《孙玉石文集》，上海出版博物馆赠送的《金性尧全集》，鲁迅博物馆赠送的《回望鲁迅》丛书和《回望周作人》丛书，还有辽宁人民出版社赠送的《苦雨斋文丛》等。

我手头还有很多关于鲁迅研究与周作人研究的学术著作，都是全国各地尤其是大学同行们的研究成果，当然还有一些是港台的和国外的，每册书的扉页上都有作者的珍贵题签。每次查阅翻检诵读，心中总是充满了温情和研究的动力。

我与《鸿雪因缘图记》的因缘

王朋

大凡收藏者都有一个毛病，那就是求精、求全。昨天得了块眉子纹，今天就想金星金晕；今天得了块坑仔岩，明天就想水归洞大西洞，恨不得将天下宝物都据为己有，但最终成就者却很寥寥，这不仅取决于眼光财力，还取决于运气。我收藏多种版本的《鸿雪因缘图记》，靠的就是运气。

《鸿雪因缘图记》是清代麟庆用图画形式记述身世和经历的作品，目前已知大陆共有四种不同的版本。

麟庆，字见亭，满州镶黄旗人。生于乾隆五十六年（1791），卒于道光二十六年（1846），以嘉庆十四年（1809）进士，授内阁中书，升兵部主事。道光三年（1823），出为安徽徽州知府，四年调颍州知府，后历任河南开归陈许道、河南按察使、贵州布政使、湖北巡抚、江南河道总督兼兵部侍郎，后又兼署两江总督管两淮盐政。由于作者各处为官，因此《鸿雪因缘图记》涉及山川古迹、风土民俗、河防水利、盐务等多个方面，反映了道光年间广阔的社会风貌，加上作者文笔流畅简练，配图写刻精美，从一出版就广受好评，成为藏书家追逐的目标。

初识《鸿雪因缘图记》还是在上世纪90年代初期，那时候刚刚读了几本古籍收藏方面的书，踌躇满志地想在古籍收藏上一试身手。这时机会来了，一位在文化市场搞经营的朋友告诉我，有位朋友托他出售一套古籍书，问我想不想看看，我当然一口答应。这是一套六册线装的《鸿雪因缘图记》，光绪二十二年（1896）点石斋石印。当时，我对石印的概念还不很清楚，但对书上每页一幅的绘画大为欣赏，因此心情一激动，价格上没谈几个回合，便慷慨解囊买将

1984年北京古籍出版社影印版封面
道光二十七年（1847）刻本封面
道光十八年（1838）刻本封面
光绪二十二年（1896）石印本封面

下来。回家再细细探究，才知道石印本和木刻本价格悬殊，心中每有悔意，好几次想找朋友退书，但又怕别人讥笑，由此一拖再拖，这套书便在我处沉淀下来。

到了上世纪末的几年，开始进入我古籍收藏的黄金时期，那时古籍拍卖已经进行了好几年，许多沉淀的古籍被翻腾出来，而社会上对此认识还不是很深，涉猎的人很少，因此每星期六在青岛市曹县路和峄县路交界处的大沟旁边（那时青岛还没有正式的文化市场），经常有成套的古籍出现，而且价格不是很贵。但在认识了经常卖旧书的小Z先生之后，我的钱包就开始放假了，对一分钱难倒英雄汉一语有了刻骨铭心的理解。记得一天小Z又给我打来电话，说有一套好书问我要不要。那时，我既希望他打电话来又怕他打电话来，希望他打电话来是期待着能买到一些好书，怕他打电话来是因为一来电话我就要到处借钱，那个滋味就像快要饿昏时有人要送你三亩良田，使人悲欣交集，分不清伟大理想和权宜之计的关系。但这次当我听说是一套带图的古籍时，我还是咬着牙答应了下来，因为那个时候带图的刻本书已经炙手可热了。通过讨价还价，我以现在看来非常便宜的价格将书买了下来（与当时买其他古籍比算贵的），这书就是道光二十七年（1847）所刻的六卷本《鸿雪因缘图记》。

谁知过了没几天，我又接到小Z的电话，说有两册《鸿雪因缘图记》的残本问我要不要。我已经有了全套的，还要残本干什么？但是我不敢回绝他，因为回绝后他可能会转而寻找其他买家，今后的买卖可就不太好成交了，所以我还是坚持着说拿来看看吧。既然是残本，那就得按残本的价格，于是这两册书就又到了我的手里。回到家中一看大喜，原来这不是残本，而是道光十八年（1838）初刻不带图的《鸿雪因缘图记》。就这样，三种版本的线装《鸿雪因缘图记》就在我的手上凑齐了。

按说，事情到这也就算结束了，可奇就奇在还有下文。2003年，我到北京去参加一个培训，趁着周末的空闲时间，我决定到潘家园去瞅瞅。在那里，我买了一套超大开本的活字本《陈氏家谱》，还买了一套缺了两册的万历版《淳化阁帖》。向回走时，我看到一个专卖古籍刻版的摊位，原想买上几颗木活字回家欣赏，没想到人家一卖就一盒，我感觉没有必要，就在一大堆木刻版里胡乱翻弄。这些木版大都是刻制粗糙的私塾书籍或是民国广告，就在我准备起身离去的时候，忽然看到了一块刻制比较精致的木版，再仔细一看，原来是《鸿雪因缘图记》的刻版。我有点不太相信自己的眼睛，难道真有那么巧？我赶紧拿在手里，生怕被别人捷足先登。最后，我以80元的价格买下了这块木版，回家一对，和道光十八年（1838）版当中的两页严丝合缝。这样，我就又有了一种《鸿雪因缘图记》的书版。

2006年，我又花240元在孔夫子旧书网上购得一套北京古籍出版社据道光二十七年（1847）六卷本影印的《鸿雪因缘图记》，总计三厚册，出版时间为1984年，当时定价是11.8元。

以上就是我和《鸿雪因缘图记》的一段因缘。《图记》初刻在苏州，二刻在扬州，三印在上海，四印在北京。经历多少次兵燹文祸，经过多少人赏玩递藏，最终却在我的书斋珠联璧合，这不是一种因缘又是什么？当然，这些书在我的书斋也是暂时客寓，它们的将来又会怎样谁也不知道。还记得苏东坡的那首诗吗：“人生到处知何似，应似飞鸿踏雪泥。泥上偶然留指爪，鸿飞那复计东西。”诚哉斯言！

道光二十七年（1847）刻本牌记
道光十八年（1838）刻本牌记
道光十八年（1838）初印书板

两宜轩本《说文解字注》

时永乐

1980年在河北大学读二年级时，同学张君知我喜欢语言文字之学，利用去北京的机会，特意买来一部中华书局影印清代陈昌治刻本《说文解字》赠我，至今难以忘怀。但说实话，凭当时的本科水平，研读白文《说文》，只能是懵懵懂懂，因此便想找好的注本来看。读了王力先生的《中国语言学史》，知道清代有“说文四大家”，而段玉裁凭借其《说文解字注》，在《说文》研究中坐第一把交椅。图书馆藏有此书，但因是线装本，不向本科生开放，故拥有一部《说文》段注便成为我的梦想。

我所在的保定，虽为历史文化名城，有着较为深厚的文化底蕴，但若论购书之便，远无法与京、津、沪等大城市相提并论，我跑遍保定大小书店而不得。直到1982年春，大学毕业前夕，利用到天津访亲的机会，方在劝业场二楼古籍书店，购到上海古籍出版社影印的经韵楼本《说文解字注》。十六开精装一册，定价7.4元。这在今天当然微不足道，但对当时靠每月18.5元助学金度日的大学生来说，接下来一个月的伙食费就要精打细算了。然而，当时我无暇顾及这些，记得回到亲戚家，兴奋的心情仍然难以平抑，一边翻阅着心仪已久的书籍，一边哼着自己改编的“手捧宝书”小曲。

大学毕业后我留校任教，教授古代汉语、古籍整理等课程，经常要研读古书，这本《说文解字注》就成为得力助手；而在文科工具书使用法课程中，它又成为我的研究与讲授对象。随着翻阅次数的增多，我常疑经韵楼本有讹误不通之处，并非学术意义上的善本，可又担忧自己学疏才浅，以不误为误，不敢自必。后来读到周祖谟先生《要培养整理古籍的人才》一文（载《文献》第十三辑），说到讲授版本学不能只讲“黑口”、“白口”等，了解版本的优劣，要靠亲自阅读比照。周先生还举例说：“比如，段注《说文解字》，一般都认为经韵楼本印得很好，但实际上这个本子错字很多，而两宜轩的老的石印本却把错字改了。”周先生的话，一方面印证了我的疑惑并非全无道理，但另一方面又让我多了块心病——如何得到一部“把错字改了”的两宜轩石印本《说文》段注。学校图书馆藏有不少古籍善本，《说文》段注也有刻本和石印本多种，却独无不入许多人法眼的两宜轩本。其后，尽管我1988年买到上海古籍出版社的《说文解字注》（附《说文解字四角号码通检》），1998年买到扫叶山房民国十七年（1928）石印本《大字原本影印段氏说文解字注（附刻四种）》，2008年买到许惟贤先生整理本《说文解字注》（凤凰出版社2007年版），但“两宜轩老的石印本”却仍是梦牵魂绕，让我不能释怀。

近年来，实体书店日益世俗化，我开始更多地通过网络购书。新书则多来自京东、卓越和当当，每次搞活动，价钱低廉得让你不得不动心；日久难觅之旧书，则多通过孔夫子旧书网。大约是2009年7月初，一天我习惯性地打开孔网，输入“说文解字注”检索，发现有个本子的出版社一栏为“两宜轩珍藏”，索价500元。记得当时操控鼠标的手都有些颤抖，它虽然不是宋元旧刻，也非孤秘难寻的写本抄本，但毕竟是我寻觅了二十馀年爱物。书到手之后，发现品相颇佳，白绵纸印刷，封皮书签题“段氏说文解字注”，书名页大字篆书“说文解字注”，左下角分五行小字楷书“增附六书音韵表说文部目分韵说文通检说文提要”，书名页之后有隶书牌记“两宜轩珍藏”。

两宜轩本《说文解字注》正文半页十八行，许氏原文大字单行，段注小字双行。许惟贤先生在《说文解字注》整理本前言中说：“段注一书，于嘉庆二十年（公元1815年）段氏去世前刻印完成，是为经韵楼初刻本。此后清代有皇清经解学海堂本、苏州保息局本、湖北崇文书局本、城都尊经书院本、船山书局本、上海江左书林本等，民国间有扫叶山房石印本、世界书局影印本、中华书局四部备要排印本等，新中国成立后有上海古籍出版社的影印本等。”历数段注各种版本颇详，独缺两宜轩本；《中国古籍总目·经部》著录有“清末两宜轩石印本”，唯辽宁图书馆有藏。看来此本虽然时代较近，但流传并不广。而我最关注的还是此书的质量，即是否“把错字改了”。于是我将此本与许先生整理本比勘，发现许先生在每篇末“附注”中指出的经韵楼本讹字，两宜轩本大都改正了。仅以第一篇上为例：“瑝”字下段注：“《广韵》云：‘《说文》音皇。’十韵。”许先生“附注”云：“‘韵’当作‘部’。”“玟”字下段注云：“砇、瑉、瑉皆玟之或体。”许先生“附注”云：“下‘瑉’字当是‘碈’字之误。”“雺”字下段注云：“《月令》：‘雰雰冥冥。’”许先生“附注”云：“今本《礼记·月令》‘雰’作‘氛’。观下文段氏谓‘皆当作此雰’，则引此引亦当作‘氛’，误书作‘雰’。”而这几处错误两宜轩本皆已改正。由此我们可以看出：第一，两宜轩本确实是“把错字改了”的善本，虽然其文物价值不及经韵楼原刻，但从校勘精审角度而言，远在经韵楼本之上。第二，两宜轩本之校雠，虽不知出自何人之手，但发现校者不仅心细如发，熟于经史，具有扎实的小学功底，而且深晓校勘之法，其所改者多为手民之误或其他明显讹误，至于段氏记忆失误与论断不妥之处并不轻改，即不替作者修改原著。今日之学者明白此理且能力行者亦鲜矣。

说藏书，谈的却是一部石印本，不免贻笑大方。但想到毕竟是追寻了二十馀年的心仪之物，便又顾不得许多了。

王筠著述书板入藏鲁图始末

杜云虹

2009年，适逢山东省图书馆百年庆典，我参与筹办馆史展，有幸接触到清代学者王筠著述书板的原始资料。这些书板1947年购入，其时距书板入藏已六十多年，且馆藏八百馀块书板封存于新馆古籍书库，一直未能系统整理，故不能断定王筠书板是否在内。2012年，山东省图书馆“册府琳琅”展厅装修一新，我又参与策划常规展览，其中有书板展示内容，因得便随机打开一箱书板，取出三块作为展品。公务之馀细观三块书板，其中一块为王筠之子王彦侗所辑《六家奕谱》，遂查出购藏王筠著述书板相关资料，一颗惴惴之心得以放下——虽然相隔日久，但王筠书板确然存焉，惜与其他书板掺杂封存，尚未整理细目。有感于这段经历，觉得有必要将王筠著述书板入藏鲁图始末揭示给世人。

王筠（1784—1854），字贯山，号菉友，山东安丘人，清代研究《说文解字》的“说文四大家”之一。王筠著述颇丰，然刊刻则少，多以稿抄本传世。所刊著作，或亲力亲为，如《说文释例》等；或由子孙刊刻，如《说文系传校录》、《蛾术编》为其子王彦侗所刻，《菉友臆说》为其侄王彦佶所刻，《说文韵谱校》为其从外甥刘嘉禾[①]所刻；或友朋、门生所刻，如《弟子职正音》、《夏小正正义》为王祖源[②]所刻（收入《天壤阁丛书》中），《说文部首读补注》为尹彭寿[③]所刻。

王筠著述非一人一时一地所刊，王氏后人将书板运回安丘，曾汇印为《王菉友九种》、《菉友遗书五种》，所印共有王筠著述十种，即《夏小正正义》、《弟子职正音》、《毛诗重言》、《双声叠韵》、《菉友臆说》、《蛾术编》、《禹贡正字》、《正字略定本》、《四书说略》、《教童子法》。这些书板民国间流入书贾王宋廷[4]之手，另有王彦侗所辑《六家奕谱》书板，共计333块，1947年由山东省图书馆购入。购藏往来公文，现存山东省档案馆全宗101号卷宗内。

民国三十六年（1947）四月三日，兼代山东省立图书馆馆长罗象临，呈省教育厅（图书馆时隶教育厅）厅长李泰华图字第35号文《为现有菉友著述刻板十种求售请求派员勘估购存以维文献由》，该文称："窃查安邱王菉友先生为有清一代著名学者，其著作多种，久矣流行于世。现本市麟祥南街住户王贡忱存有菉友著述刻板十种，计约三百四十馀板左右，以系吾东省重要文献，愿以半价二百万元售于本馆，经象临前往勘验一次，其板分盛于四木箱中，尚属完整。窃以菉友先生著述关系东省文献，任其散佚，本馆实觉可惜，若由内政部拨来之文献收复费项下拨款购存馆中，待机印行，既可保存齐鲁文献，亦可宣扬先哲著作，将来裨益我国文化，诚非浅鲜。至其索价二百万元系半值，按之现在物价亦正低廉，可否由钧座派员会同本馆前往勘估购存之。"其后抄附书板原单一份，题为《王菉友著述刻板》，今据原单列表如下：

书名	页数	板数
夏小正	序二页，八十页	四十一板
弟子职	十一页	六板
毛诗重言	四十五页	二十四板
双声叠韵	廿三页	十三板
菉友臆说	五十五页	卅一板
蛾术上	四十三页	四十板
下	三十二页	
禹贡正字	廿七页	十四板
正字略定本	六十三页	卅三板
四书说略	大学九页 论语廿四页 共104页 中庸卅六页 孟子卅五页	五十五板
教童蒙法	十三页	七板，现无书
六家弈谱		七十板
合计		三百卅四板

四月十八日，罗象临又呈省教育厅总字第十七号文《为遵令查勘菉友著述刻板谨将查勘情形会呈鉴核由》，文称委派山东省政府教育厅第三科办事员王德馨，前往王贡忱家详加勘验，其书板盛于四木箱中，共十种三百卅三块，尚完整无缺，王贡忱愿半捐半卖，以廉价一百六十万元售与山东省立图书

馆。后附《王蒉友著述刻板清单》，末注云："板存王贡忱家。卅六年四月十六日查。"其详目与前表所附书板原单相较大同小异，仅《毛诗重言》多一板，《双声叠韵》少二板，故"合计"亦少一板，为三百三十三板。

五月一日，省教育厅厅长李泰华签发《据呈拟购王蒉友著述刻板十种款由文献收复费项下开支指令照准由》下达指令："令代理省立图书馆馆长罗象临三十六年四月三日、十八日呈二件为拟购买王蒉友著述刻板十种，款由文献收复费项下开支请鉴核由。两呈暨清单均悉。准予购买，价款壹百六十万元，并准由该馆前领文献收复费五百万元内开支。仰即遵办，具报为要。"

根据李泰华指令，罗象临次日即着手办理购买事宜，并于五月七日呈总字十八号文，向省教育厅汇报购买过程。文称："案查本馆拟购王蒉友著述刻板十种用款请由文献收复费项下开支一案，前后呈蒙钧厅教会三甲字第二四一六号指令内开：两呈均悉，准予购买，价款一百六十万元，并准由该馆前领文献收复费五百万元内开支。仰即遵办，具报为要等因，奉此遵于本月二日赴麟祥南街王贡忱先生之逢源阁，按照前开刻板清单，详细典验，共计木板十种四箱三百三十三块，当即交足价款一百六十万元（王贡忱出具逢源阁收据一纸），将刻板如数雇车运置本馆藏书楼上。所有购买王蒉友著述刻板十种经过情形，理合开具清单遵令具报，恭恳鉴核存查。附清单一份（照前单稿售）。"这样，安丘王氏著述书板333块最终入藏山东省图书馆，庋于奎虚书藏。

注释：

①刘嘉禾，潍县人，光绪十六年（1890）为王筠刊刻《说文韵谱校》。是书内封有牌记"光绪庚寅夏六月潍县刘氏开雕"，卷端题"安邱王筠贯山撰，从孙甥刘嘉禾斠刊"。

②王祖源（1822—1886），原名伯濂，字渊慈，号莲塘，山东福山人。著有《急就篇直音》、《声调三谱》、《明刑弼教录》等，刊刻《天壤阁丛书》。有三子，长子王懿荣最著名。

③尹彭寿，字慈经，号竹年，山东诸城人。清末金石学家、文字学家。著有《说文解字补》、《山左南北朝石刻存目》、《石刻考证》、《益都金石志》、《石鼓文汇》等。

④王寀廷，原名王贡忱，字拱宸，号眉孙，又号丑石。山东桓台人。光绪二十八年（1902）举人。民国初田中玉主鲁，任山东省议会会长、济南日报社社长。开设逢源阁书店，以王懋卿（张景栻《济南书肆记》及王献唐《双行精舍题跋续》或称"王茂青"）为经理，主营旧书，兼营书画文物。家富藏书，且多善本，尤重乡邦文献。藏书室曰"止适斋"。著有《止适斋藏书目录》、《止适斋书目》、《存书随手录》稿本，均藏山东博物馆。详见王绍曾、沙嘉孙《山东藏书家史略》。

鲁迅“毛边到底”与《呐喊》初版毛边书

沈文冲

鲁迅于毛边书有特殊的嗜好，曾坦陈自己是中国毛边书的“作俑者之一”。鲁迅一生钟情毛边书，甚至到他逝世前的一年半，还风趣地称自己是“毛边党”。可以说，鲁迅对毛边书的喜爱矢志不渝。他著译的书籍、编辑的期刊等总计六七十种，几乎都留了毛边本。正是因为鲁迅身体力行地积极倡导，使得不少新文学作家在书籍的装帧美学理念上，都皈依了鲁迅“毛边党”，因而也才有了上世纪二三十年代中国毛边书的鼎盛期，以至出现了空前绝后的1929年“日出一本毛边书”的毛边书文化史上的人文奇观。所以，时下提到毛边书，无不把鲁迅视为毛边书这一版本形式的首倡者与中国毛边书的鼻祖。

人们这样判断，自然是有充分的历史事实为依据的，因而也是客观公允的。早在1909年初，时在东瀛留学的鲁迅与二弟周作人合译的《域外小说集》出版时，装订就采用了“三面任其本然，不施切削”的毛边装订形式，并从此开了我国书刊毛边装帧的先河。《域外小说集》因此也成为中国百年毛边书的滥觞。学成归国后，鲁迅翻译出版的《爱罗先珂童话集》（1922年7月商务印书馆初版）、《桃色的云》（1923年7月新潮社初版）等书，也都印有毛边本。

1923年8月，鲁迅的第一部短篇创作集《呐喊》，由北京大学第一院新潮社初版发行。鲁迅依照个人出书的惯例，一如既往地印制了少量毛边书。《呐喊》是鲁迅创作中最具影响力的作品，仅在鲁迅生前就印了二十三版。在本书初版三年后的1926年8月，当鲁迅的第二部小说集《彷徨》初版时，《呐喊》已经印至第五版，印数达11500册。并且从1926年5月的第四版开始，《呐喊》已经改由鲁迅扶持的北京大学学生李小峰创办的北新书局印行，封面上的书名及署名，也由新潮社原先较小的铅体字，改成由鲁迅自己书写的美术字，并且也照例印有毛边书。

但就在这时候，在印不印毛边书的问题上，鲁迅与李小峰发生了一次因为意见不同而引起的争执。对此，早年曾经得到过鲁迅帮助并有较多交往的作家荆有麟在他的《鲁迅回忆》（1947年4月上海杂志公司初版）一书中，有如下记述：

中国印毛边书，是鲁迅先生所主张，而且开创的……先生主张将书装订成毛边，待看完以后，将沾油汗的毛边截去，书便很整齐摆在桌子上了，既新鲜，又不生霉。但看毛边书，却非常之麻烦，第一先用刀子割，不割是不能看。第二看完又得切边。不切边放不整齐，因此，一般买书的人，多不高兴要毛边，以此，先生第一次在北新书局印毛边书，就再三告诉北新老板李小峰，一律装成毛边，一本都不许切边，但等印成，李小峰将一二十本送给先生，预备供给先生赠人时，书却都是切好的了。先生当时火起来了，问李小峰，究竟怎么一回事?李小峰是这样答复的：

“一开始装订，我就将毛边的摆出去卖，但没有人买，要教我切了边才肯要，我看没办法，所以索兴都切了边。”

鲁迅先生马上说：

“那我不要切边的，非毛边的不行，你能将就买客，当然也可以将就我。切边的我决定不要，你带去好了。”

李小峰只得将截边的光本带回去，再为先生送毛边的去，此后为先生送的，虽然都是毛边，但寄到外埠分店的，还是切边本，在北平，恐怕先生看见不答应，便将毛边本送上街坊上了，待以后，毛边本成了时髦品，那只能又作别论了。

鲁迅在《而已集》（1928年11月上海北新书局初版）的《扣丝杂感》（1927年9月15日）一文中也说：“书籍不切边，我也是作俑者之一……附带还要说几句关于毛边的牢骚。我先前在北京参与印书的时候，自己暗暗地下了三样无关紧要的小改革，来试一试。一，是首页的书名和著者的题字，打破对称式；二，是每篇的第一行之前，留下几行空白；三，就是毛边。现在的结果，第一件已经有恢复香炉烛台式的了；第二件有时无论怎样叮嘱，而临印的时候，工人终于将第一行的字移到纸边，用‘迅雷不及掩耳的手段’，使你无可挽救；第三件被攻击最早，不久我便有条件的降伏了。与李老板约：别的不管，只是我的译著，必须坚持毛边到底！但是，今竟如何？老板送给我的五部或十部，至今还确是毛边。不过在书铺里，我却发见了毫无‘毛’气，四面光滑的《彷徨》之类。”

承前所述，鲁迅的初版《呐喊》，的确是印了毛边本的，但遗憾的是留存下来的却少之又少，以至让潜心研究关注毛边书文化十多年的笔者产生一种错觉，以为《呐喊》初版本可能已经没有毛边本存世，或者《呐喊》有初版毛边本只是一种误传。譬如，北京鲁迅博物馆就没有《呐喊》初版毛边书藏本，当代多位大藏书家兼“毛边党”如唐弢、黄裳、丁景唐、林辰、姜德明、陈子善、龚明德、王稼句、徐雁等的藏书中，均不见有《呐喊》初版毛边本收藏。为了避免误判，笔者还曾以书信的形式，向黄裳先生、姜德明先生作过具体的求证，得到的反馈是“所问毛边书问题，我无知”（黄裳语）；“我对此知识甚少，不能对您有所帮助”（姜德明语）。这些回答，一方面体现出老一辈作家“知之为知之，不知为不知”的实事求是精神与严谨作风，另一方面也告诉我们，《呐喊》初版毛边本的确存世量稀少，连这些资深的“毛边党”也都未曾有机会寓目。

但笔者对《呐喊》初版毛边本的追索，并没有就此停住。因为1957年初在北京创刊的诗歌月刊《诗刊》的“编后记”中，就说到“《呐喊》初版是毛边的”，唐弢、丁景唐先生也都持此说，尤其姜德明先生在回复笔者的信中提到：原在上海鲁迅纪念馆工作的“周国伟的《鲁迅著译版本研究编目》，也说《呐喊》初版是毛边本”。据此，笔者又认真地给周国伟先生写了一封信去请教。遗憾的是，未详是因为信件邮失了呢，还是别什么的原因，总之笔者迄今没能得到回音。因而，这最后的一点希望，最后的一点努力，似乎也只能归于落空了。

然而，事有凑巧。不久，笔者在南京董宁文兄所编的《开卷》杂志2012年第九期上发表了一篇短文《黄裳先生与毛边书与我》，文中草率地对《呐喊》初版有无毛边本下了“未有毛边本印制存世”的结论，并把这个错误的推断，一度写进即将付梓的拙著《中国毛边书史话》书稿（内蒙古教育出版社将于2013年三四月间刊行）之中。文章刊出后两个多月，未见读者提出不同意见，并私以为自己的这个推论抑或站得住脚，但就在我窃喜之时，2012年最末一天的午间，一个北京打来的电话给了我“当头棒喝”。电话中说：新潮社初版《呐喊》毛边本确实存在，已在上海鲁迅纪念馆找见。打来电话的不是别人，正是我所敬重的原《鲁迅研究》月刊资深编辑、知名学者王世家先生。王先生在当天给笔者的信中这样写道：

拜读您的大作（引者注：指《黄裳先生与毛边书与我》）时，适值鲁博廿二种初版本（引者注：北京鲁迅博物馆编辑出版的留有部分毛边本的鲁迅初版著作重印本）出版，故对新潮社初版的《呐喊》有无毛边本也很关注。大作中的“结论”很肯定：“未有毛边本印制存世”，但论据却无任何说服力。

周国伟的《鲁迅著译版本研究编目》、沪馆（引者注：指上海鲁迅纪念馆）编印的《鲁迅与书籍装帧》均明确记载了毛边本的存在，依据是沪馆藏有这版的毛边本，您似乎没有费气力去查询。至于徐迟、唐弢、丁景唐先生所论，决不会是空穴来风的胡言，他们的见识、眼界恐怕要比我辈高远得多多，他们自己无藏不等于其他人或单位也无藏，只是在文中没有展开论述而已。

我曾托沪馆李浩兄帮助查询，本月廿六日来信告：“昨秦海琦往库房检视《呐喊》初版，是为毛边书……”同时寄下书影二帧（秦先生是该馆保管部主任，库房在郊区）。至此这个问题已得解决。

当年的毛边书，毛的程度不大，不像现今所做者，毛得一塌糊涂；毛边并非越毛越好，毛得无度，反而失去了朴素之美。

鲁迅著作的初版本印量不大，多的是重版本。一九三五至三六年，鲁迅拟编“三十年集”，其动因之一就是“且欲得原版的人，也有便当之处”，惜届时大病，这个计划未能实现。唐弢、丁景唐、林辰、姜德明等藏书家，毕其一生，也未能将鲁迅初版本（或重印本）搜集齐全，足见收藏之难。

上海鲁迅纪念馆收藏的《呐喊》初版毛边本，虽然书品欠佳，封面左上角有一块直角三角形状的缺损（未损书名），目前也还不能确定这是唯一存世的《呐喊》初版毛边本，但重要的是它证明了一个基本事实：当年新潮社初版《呐喊》，的确印有极少量的毛边书。

当然，说到鲁迅初版《呐喊》的毛边本，通常都是指的北京新潮社的初版本。事实上，《呐喊》初版本，还确实有新潮社初版、北京北新书局初版与上海北新书局初版的差别。北京大学第一院新潮社的《呐喊》初版本，列入周作人编的“新潮社文艺丛书”出版；北京时期的北新书局《呐喊》初版本，实际上并没有“初版”的字样标明，书上标明的是“一九二六年五月”印行的“第四版”，只是从此《呐喊》由原来的新潮社印行，正式改由北新书局刊行，并且封面书名由鲁迅自己书写，列为“乌合丛书”的一种，这是北新版的“初版”，也的确印有毛边书且存世；至于上海时期的北新书局《呐喊》初版本，实际在书上出现“初版”字样，已经是在1936年1月出版的《呐喊》第二十三版了。此前在《呐喊》的书上，还从未出现过“北新书局初版”的记录。这二十三版上标明的北新《呐喊》初版时间“一九二六年十月初版”，经学者根据《呐喊》存世版本的实际查证，这个所谓“上海北新《呐喊》初版”，实际应是《呐喊》的第六版，即是北新书局本部从北京迁至上海后，所印行的《呐喊》上海第一版的时间。但令人遗憾的是，目前却还未见有明确标明《呐喊》第六版的版本存世，更遑论《呐喊》第六版毛边书了。

另外，北京新潮社的初版《呐喊》之后，有一个版本的《呐喊》却不能不提到，这就是由鲁迅亲自抽去其中最后一篇《不周山》的第十三版《呐喊》。从这一版起，《呐喊》除“自序”外，收小说从十五篇减至十四篇，此后各版均不收这一篇。后来鲁迅将《不周山》改题《补天》，收入《故事新编》中。据说，促使鲁迅决意删去《不周山》一篇的原因，是当时批评家对《呐喊》的不当批评，认为《呐喊》多“庸俗”之作，“只推《不周山》为佳作”。鲁迅是富有幽默感的人，删掉“佳作《不周山》”，《呐喊》不就只剩“庸俗”了么！实际上是对批评家错误批评的一个回敬。鲁迅后来说：倘使读者相信了批评家的话，“一定自误，而我也成了误人，于是当《呐喊》印行第二版时，即将这一篇删除”。虽然这一版的开本、封面、版式未作改变，但页码从初版的272页，减少到了254页，版权页有了变化，改为横排。版权证是蓝色的“鲁迅”阳文版权印花。由此可知，这才真正算得是《呐喊》的又一个“初版本”，可惜这个“一九三〇年一月十三版”的《呐喊》是否印有毛边本，目前还不得而知。

编后记

《藏书家》自2009年第16辑推出后，又暂时歇刊了几年。这几年里，不断有读者通过各种方式询问《藏书家》的出版消息，可见有相当一批读者是一直在关注此书的。

从本辑起，《藏书家》的重新与读者见面，较之以往有了几个新的变化：第一次出现了由相关专家组成的编委会，是为进一步提高书稿质量的重要举措；再次改变了开本，并以彩色版式示人，一方面使图片更真实地反映原版本面貌，同时也算是与时俱进地适应现今读者的审美需求；适当调整了栏目名称和增加了栏目容量，以扩大内容的涵盖面，使之更切"藏书"之题，当然不变的是我们既有的编辑思路和理念，因此老读者对之仍会一见如故；再就是变化了编辑团队，从前十辑的完全由齐鲁书社独立编辑组稿，到第11–16辑的邀请著名藏书家合作并任执行主编，再到从本辑开始由齐鲁书社、天津图书馆、三希堂藏书三方携手，以及青年藏书家王振良先生的加盟，形成了一种新的编辑合作模式。集三方优势合力打造这一藏书家的平台，必然会带来一些新气象，这正是我们想呈现给读者的。

《藏书家》的再次续出，与藏书界和学界的关爱支持密不可分，在稿件征集阶段，周晶、杜泽逊、韦力诸先生，或精心结撰成篇，或倾情推荐佳作，使我们在启动征稿后大约一个月时间里，就完成了本辑的组稿和初审工作。本辑收入的三十馀篇稿件，涵盖了我们设定的绝大部分栏目，藏书文化研究的诸多领域几乎都有专论。李致忠先生的《陶陶室藏"两陶集"流传始末》，深入浅出地讲述了珍本古籍的递藏流转过程，极富知识性和趣味性；翁连溪先生的《晚明春宫版画述略》，叙述辨析有条不紊，打破了人们对明代春宫版画的一些认识误区；

郑伟章先生的《津门读书记》虽然只是读书札记，但对于版本形态等的叙述细致入微，对相关问题的考订精审赅备，延续了其《文献家通考》的一贯风格；刘尚恒先生的《中国藏书文化研究散议》，则从理论层面对有关“藏书家”和“藏书文化”等问题进行了深入探讨，读后启人深思；曹式哲先生整理的雷梦辰遗稿《津门书肆二记》，既是对天津书业史空白的填补，也可看做是对前人的一种告慰。此外，沈津、吴格（致之）、辛德勇、薛冰、韦泱、顾净、杨栋、沈文冲等学界和藏书界翘楚，在本辑中也都有特色的专文。作为新面世《藏书家》的初辑，相信本辑的文章内容是足够丰富的。

在这里需要敬告读者的是，从本辑始，《藏书家》编辑部分设在齐鲁书社和天津图书馆，由设在天津图书馆的编辑部负责组稿。在此欢迎各界朋友踊跃投稿，并注意本辑“稿约”函中所示的投稿要求和地址。另，从本辑始，《藏书家》拟定为每三个月出一辑，亦请新老读者关注。

为方便作者撰稿，谨将初拟之栏目设定简介于本文之后，恳望听到您的宝贵意见。

2013年5月

附：栏目简介

《藏书家》栏目设计，尽量保持继承既有传统，但作了一定增删分合。栏目名称大多重新设计，除尽量避免同字重复外，主要考虑是内容指向更加明确，编辑分类更趋科学。

开卷新谈：综合性的关于藏书话题的漫笔、随想和札记等，欢迎有些经验总结或理论探讨的味道，尤其是具有前瞻性的内容，可宏观大论，亦可微观咀嚼。

藏家点将：介绍或研究古今藏书家，欢迎关于鲜为人知的中小藏书家的文章。当代藏书家尤其是在世者从严掌握。关于著名藏书家的文章应有新意，且勿人云亦云。

天禄寻踪：介绍各类藏书机构（以私人藏书楼、藏书室为主），强调对建筑之实地考察和调查，配建筑现状或者遗址现状图片。将会关注有关中小藏书家之藏书楼、藏书室的文章。关于著名藏书楼、藏书室者应有新意。

书海披沙：讲述聚书、理书、读书的故事和心得，诸如淘书记、访书记、搜书记、理书记、阅书记以及竞买图书等事，相关日记尤所欢迎。注意阅书记应有所发明，且勿写成一般读后感。其中具有目录性质者入“簿录萃英”栏目。

簿录萃英：个人撰写的具有目录性质的文章，包括一般著录及提要、叙录、题跋等。诸如淘书录、访书录、赠书录、阅书录、经眼录等。应体现书录之个性和特色，有著录，有提要，有品评，有故事，有闲趣，兼具一定文献学价值。

旧籍重温：稀见藏书文献的整理（标点、注释、疏解），包括各种书目、序跋、批注等。稀见主要指：各种内部资料本或私刻私印本（包括铅印本、稿抄本、油印本及相关复印件等）；刊于1949年以前，新中国成立后未正式重印者；刊印于1949年以后，但流传范围不广者。辑录者应准确识别，仔细核校，尽量保持文献原貌。

馆藏故事：讲述各级各类图书馆入藏的珍稀古籍或著名图书的故事。

缥缃闲话：以序跋及其他形式出现的关于图书版本的故实和考订等。注重各类珍本旧籍，兼顾其他具有一定版本价值的各类特色图书等。

石渠断简：各种原始文献或者稀见文献中辑录出来的有关藏书或藏书家的片段内容，除照录原文外，应详细交待出处、背景并有一定的解读。

文津茶座：介绍图书文献学知识，主要是版本学和目录学，兼顾校雠学和辑佚学，以知识性普及为主，可以史论结合，注重列举实例，具有趣味性和实用性。关于文献学类图书之评介，侧重于评点特色、总结规律、汲取经验，不取无原则吹捧者。

典藏撷要：有关藏书之整理、分类、保存、去污、修复等方面的知识，包括各类小窍门、小方法等，易学易懂，方便实用。侧重有利于个人藏书者应用，过于专业之修复技术等不收。作者最好有具体实践经验。

故纸遗闻：关于古旧书流通领域（含拍卖）的人和事，兼及行业历史和发展趋势之探讨。

异域芸香：介绍境外中文图书庋藏、利用、流通等，以古旧书为主。

故老追怀：对已经去世但时代较近的藏书家或图书文献学家之回忆和怀念。要求被追怀者具有较高声望和社会影响，作者所述必须“三亲”（亲历、亲见、亲闻）。

蠹鱼杂忆：作者个人藏书（不是读书）经历之回忆，要求含雅趣，有意味，耐品读。

琅嬛琐录：不易归并栏目的有关藏书的遗闻逸事和野谈故实，兼及书房、书票、书标、书签以及书籍装帧等外围内容。另可揭刊稀见的文献家照片、画像等，配以三两百字短文。

稿约

一、来稿尽可能按本书之栏目设定撰文。要求文稿内容鲜活充实，行文轻松简练，辞句严谨规范。有思想，有新意，有趣味，避免纯学术论文的端庄呆滞。

二、引文一般随文注释，必须另加注者不超过十个，且均置于篇后。请勿使用码下注。

三、受编辑人手所限，本着文责自负的原则，对文稿中的引文，以及人名、地名、书名、官名等专有名词，敬请仔细核对，以减少此中疏误。公历和农历的时间转换请注意年头岁尾月份。

四、文章以2000字至6000字为宜，超长者可另行沟通，特邀稿件不受此限。

五、使用简化字，尽量配图片。图片为JPG格式，勿插入文档；文件名设定为照片说明，大小不低于1M。

六、文章署名（包括笔名）置于标题下面正中。作者真实姓名、工作单位、联系地址、邮政编码、电子邮箱以及电话等，请附于文末。

七、除特殊约稿外，一般只收电子文稿，邮件发至jwbwzl@sina.com，标题中请注明“藏书家”字样。

八、投稿三个月内未接到采用通知者，作者可另行处理。请勿一稿多投，如有发现将谢绝继续惠寄稿件。

九、来稿一经刊用，除正常支付稿酬外，另将奉赠样书两册。

十、欢迎对如何办好《藏书家》提出建议和意见。您的意见除发编辑部信箱外，亦可径发齐鲁书社（信箱：qilupress@126.com）。

2013年6月

图书在版编目（CIP）数据

藏书家. 第17辑 / 宫晓卫主编. — 济南：齐鲁书社，2013.8

ISBN 978-7-5333-2884-9

Ⅰ. ①藏… Ⅱ. ①宫… Ⅲ. ①藏书—文集 Ⅳ. ① G253-53

中国版本图书馆CIP数据核字(2013)第147732号

藏书家　第17辑

宫晓卫　主编

出版发行	齊魯書社
地　　址	济南市英雄山路189号
邮政编码	250002
网　　址	www.qlss.com.cn
电子邮箱	qilupress@126.com
制　　版	北京三希堂图文设计有限公司
印　　刷	北京奥美彩色印务有限公司
开　　本	787毫米 ×1092毫米　1/16
印　　张	12
字　　数	160千
版　　次	2013年8月第1版
印　　次	2013年8月第1次印刷
标准书号	ISBN 978-7-5333-2884-9
定　　价	28.00元